CB077346

Evelyne Ofugi
キッチンで喜び
Alegria na Cozinha

Festas Saudáveis e Divertidas

SENAC
Serviço Nacional de Aprendizagem Comercial-DF

PRESIDENTE DO CONSELHO REGIONAL
Adelmir Santana

DIRETOR REGIONAL
Luiz Otávio da Justa Neves

EDITORA SENAC DISTRITO FEDERAL
Coordenador: Luiz Otávio da Justa Neves
Editora-chefe: Bete Bhering
mariabh@senacdf.com.br
Livreiro-chefe: Antonio Marcos Bernardes Neto
(marcos@senacdf.com.br)
Coordenação Editorial: Gustavo Coelho
(gustavo.souza@senacdf.com.br)

Equipe da Editora
Bete Bhering
Gustavo Coelho
Nair Ofuji
Luiza Camelo
Paula Dias Garcia

EDITORA SENAC-DF
SIA Trecho 3, lotes 625/695,
Shopping Sia Center Mall - Loja 10
CEP 71200-030 - Guará-DF
Telefone: (61) 3313.8789
e-mail: editora@senacdf.com.br
home page: www.editora.senacdf.com.br

CONSELHO EDITORIAL
Ana Beatriz Azevedo Borges
Antonio Marcos Bernardes Neto
Elidiani Domingues Bassan de Lima
Kátia Christina S. de Morais Corrêa
Luiz Carlos Pires de Araújo
Paulo Henrique de Carvalho Lemos
Thales Pereira Oliveira
Verônica Theml Fialho Goulart
Viviane Rassi

NESTA EDIÇÃO
Texto
Evelyne Ofugi

Revisão textual
Edelson Rodrigues

Capa, Projeto gráfico e Diagramação
Gustavo Coelho e Luiza Camelo

Foto Capa
Andréia Fernandes e Pollianna Carla

Edição foto capa
Anderson Ribeiro

Fotos
Andréia Fernandes e Banco de imagens (Thinkstock)

Revisão de prova
Nair Ofuji

Copyright © by Evelyne Ofugi
Todos os direitos desta edição
reservados à Editora Senac-DF.
Editora Senac Distrito Federal, 2018.

Ficha Catalográfica

E93a

Ofugi, Evelyne. Alegria na cozinha: festas saudáveis & divertidas /
Evelyne Ofugi - Brasília: SENAC, 2018.

376p.: il. ; 21x28cm

ISBN: 978-85-62564-66-6

1. Gastronomia. 2. Festas. 3. Alimentação saudável. I. Título.

CDU 642.2

Lidiane Maia dos Santos – Bibliotecária – CRB 2284/DF

Alegria na Cozinha
Festas Saudáveis e Divertidas

Evelyne Ofugi

Livraria & Editora Senac-DF
Brasília-DF,
2018

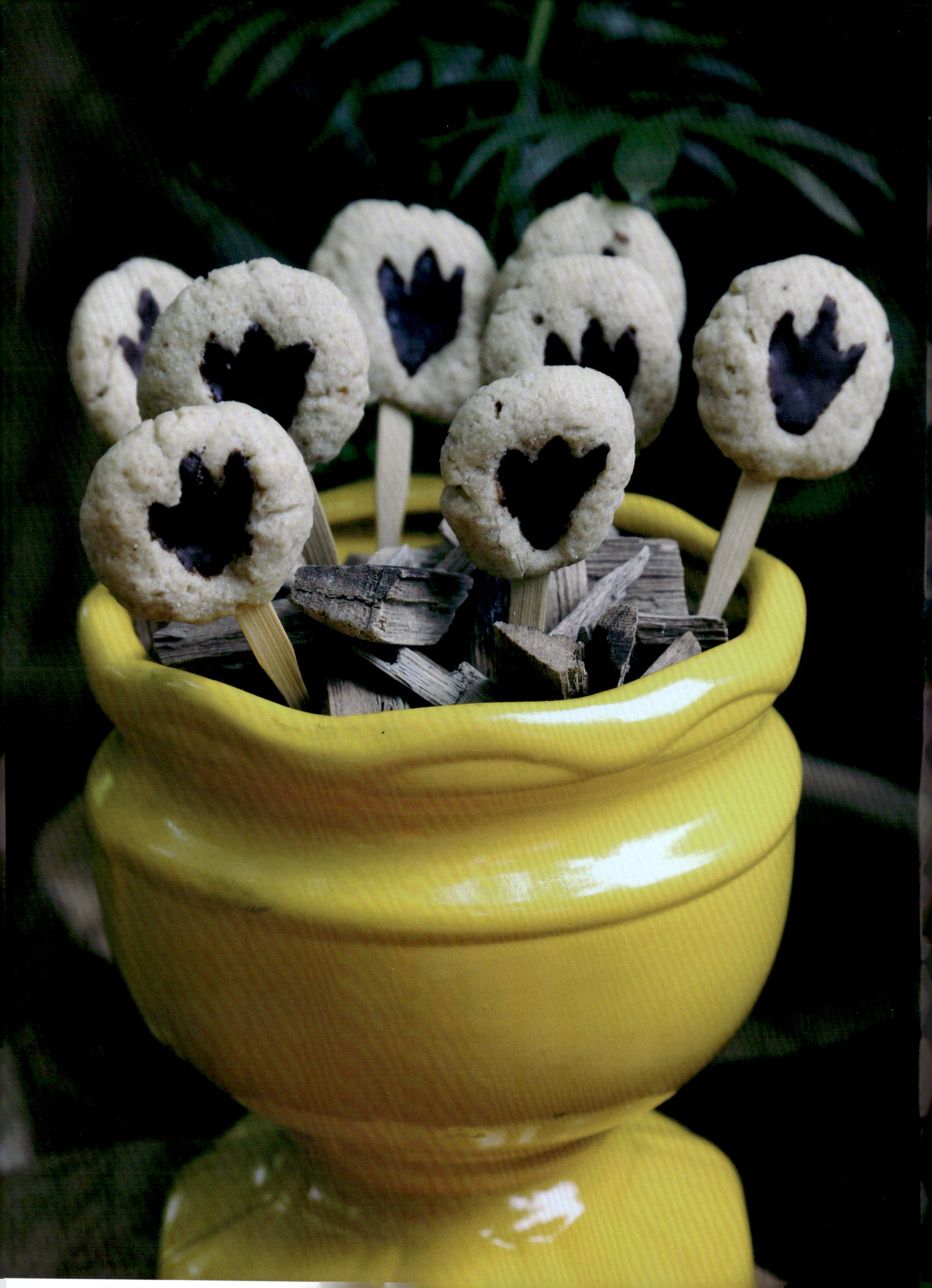

AGRADECIMENTOS

O meu agradecimento vai primeiramente à minha amiga e fotógrafa do livro, Andréia Fernandes, às decoradoras talentosas que aceitaram o desafio – e que vocês irão conhecer uma a uma, em cada capítulo deste livro –, bem como à equipe que esteve por trás de cada mesa com todo o cuidado e carinho. Aos colegas, amigos, fãs e adoradores da comidinha saudável e divertida que acompanham a Bentô Kids, e a todas as pessoas que nos incentivaram e ajudaram para que esta obra se concretizasse. À editora Senac-DF e sua equipe que me ofereceram suporte e acreditaram no projeto de algo inovador para auxiliar os profissionais e as pessoas que se interessam por festas infantis e saudáveis.

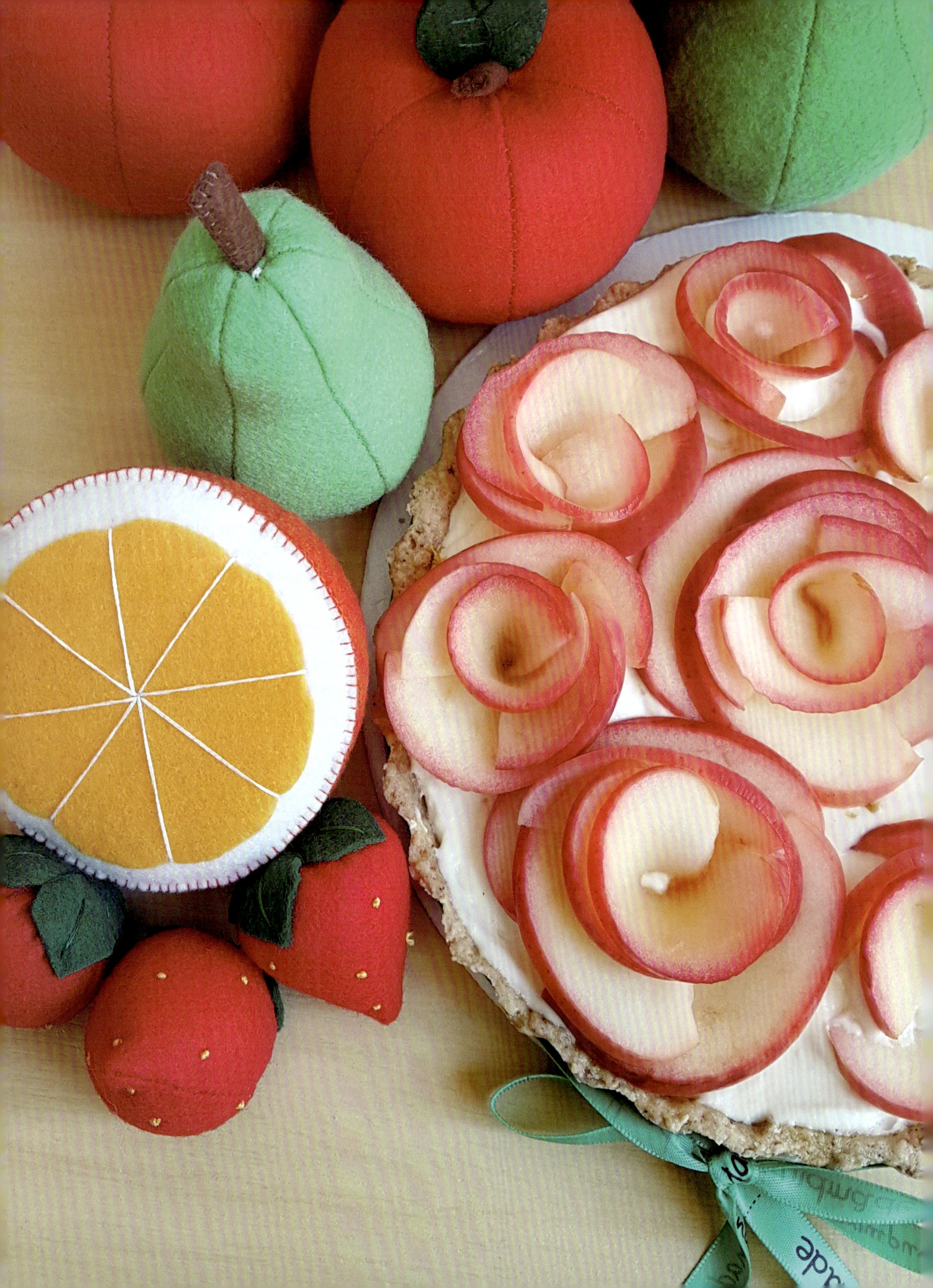

INTRODUÇÃO

As melhores memórias da nossa vida acontecem nas festinhas de aniversário ano após ano. Cada tema, cada cena e momento vivido, ficam marcados para sempre.

Quando falamos em festas infantis, comumente nos lembramos dos doces e bolos que, na maioria das vezes, não são adequados a crianças muito pequenas nem àquelas com restrições alimentares, ou nos lembramos, ainda, das quantidades elevadas de açúcar, gordura e carboidrato. Esse fato deixa alguns pais de cabelo em pé!

No livro *Alegria na cozinha: lanches divertidos*, ensinamos como a criança pode se alimentar bem na hora do lanche; então, como não falar e não fazer um livro que possa tornar os momentos especiais e únicos das festas infantis também mais saudáveis, mais bonitos e saborosos para todos, principalmente para os pequenos?

Alegria na cozinha: festas divertidas vem com muitas novidades, como passo a passo e algumas técnicas profissionais necessárias para modelagem em massas de diferentes texturas. O livro é dedicado às pessoas que já possuem experiência, ou que gostam de cozinhar, bem como àquelas que querem aprender a arte do comer com os olhos.

Neste livro você vai encontrar receitas inovadoras, instruções e dicas que farão a maior diferença para quem quer aprender um pouco mais do ramo da alimentação saudável e divertida para festas infantis. O livro também conta com a presença de decoradoras renomadas nesse ramo, bem como parceiros em papelaria, produtos personalizados, embalagens, móveis, louças e tudo o que uma festa infantil precisa para ser perfeita.

A arte culinária saudável e criativa é considerada difícil, mas neste livro vamos ensinar detalhadamente como fazer cada receita de cada capítulo, sejam elas tradicionais ou novas, com viés saudável, com instruções e dicas preciosas, para que você escolha qual fazer.

Em respeito e consideração aos *chefs* de cozinha, cozinheiros e bons conhecedores da gastronomia e suas brilhantes e lindas técnicas, vamos utilizar um pouco do artesanal e muitas vezes o não usual na cozinha para adaptar materiais importados, ou extremamente específicos, pois assim podemos atender a todos, sem distinção, seja em casa ou em uma cozinha equipada.

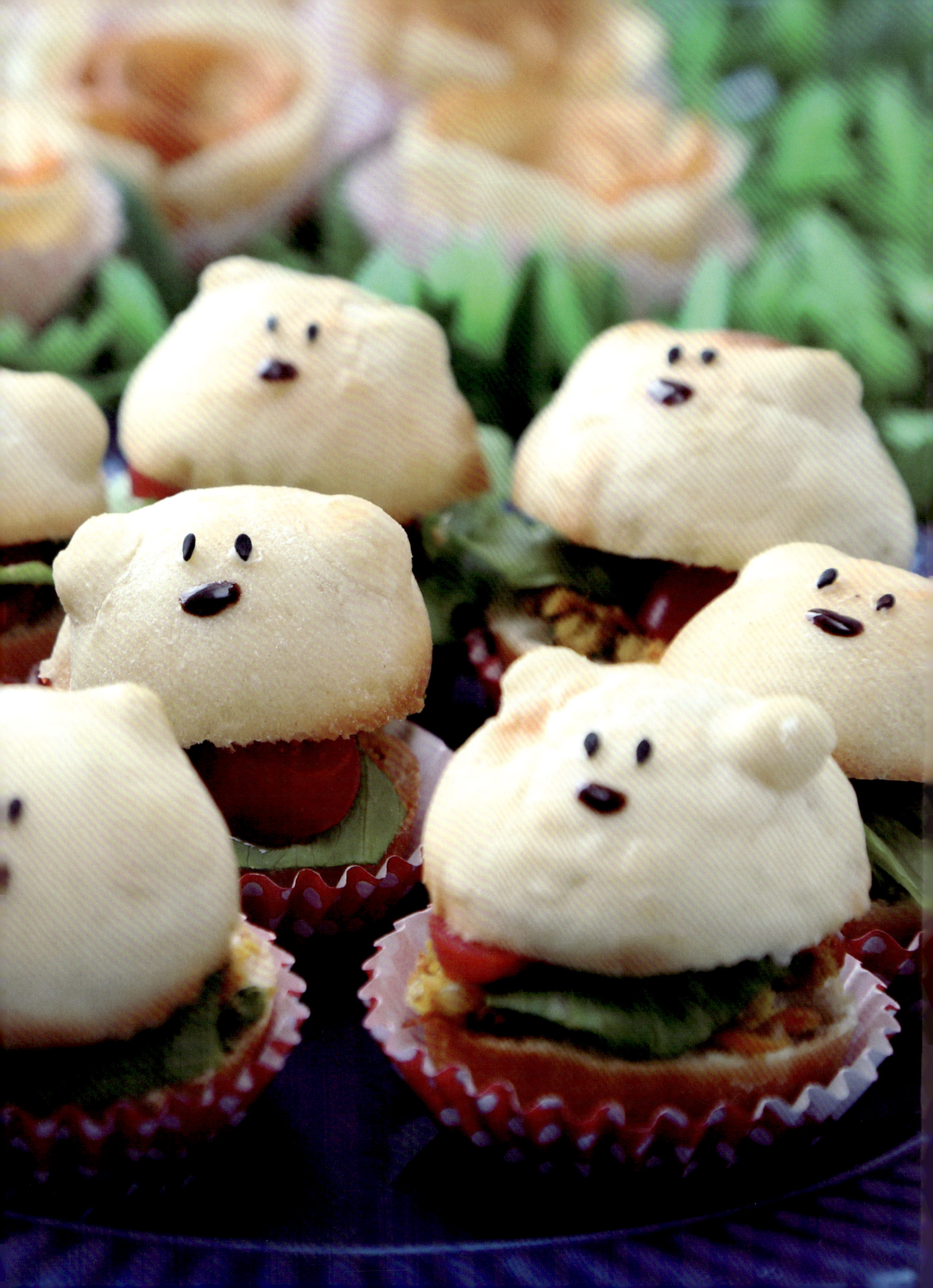

SUMÁRIO

Agradecimentos 5
Introdução..7
Sumário..9
Utensílios..14
Tabela de equivalência culinária 18

Coberturas 20

Merengues (sem glúten) 20
    Merengue francês..20
    Merengue italiano 20
Glacê real 21
Ganache..21
Cobertura de cacau e leite de coco 22
Cobertura de tâmaras e leite de coco...22

Cremes... 23

Cremes Tradicionais 23
    Creme *chantilly*..23
    Creme inglês..23
    Creme de confeiteiro 24
Cremes Diferenciados 24
    Creme mascarpone para sobremesas 24
    Creme de mirtilo 25
    Creme de ricota e *mascarpone* 25
    Vanilla Crème 25
    Creme de confeiteiro sem leite..26
    Creme de coco 26
    Creme de coco verde e mel...27
    Recheio de geleia de damasco e amêndoas...........................27

Cremes salgados, *dip*, pastas e patês 28

Creme de ricota 28
Patê de grão-de-bico...28
Patê de ervas 28
Creme de milho...29
Guacamole 29

Recheios Salgados ... 29

Frango (1) ... 29
Frango (2) ... 30
Carne ... 30
Carne moida (buraco quente) ... 31
Carne seca ... 31
Carne de panela ... 32
Hambúrguer de carne e de frango ... 32
Tomate seco, mussarela de búfala e rúcula 1 ... 33
Tomate seco, mussarela de búfala e rúcula 2 ... 33
Espinafre e ricota ... 33
Shimeji e shitake ... 34

Mistura de farinhas sem glúten ... 35

Mix de farinhas sem glúten para salgados ... 35
Mix de farinhas sem glúten para bolo ... 35
Mistura de farinhas sem glúten (1) ... 35
Mistura de farinha sem glúten (2) ... 35

Fermentação de pães ... 36

Esponja ... 36
Sova ... 38

Modelagem de pães ... 40

Pão de abóbora ... 41
Pão pipa ... 43
Colorindo a massa ... 46
Massa de pão de batata ... 47

Bolo de frutas ... 48

Bolo pequeno de melancia ... 48
Bolo médio (Palhacinho de melão) ... 53
Bolo grande ... 55

Corte das frutas...57

Melão..57
Kiwi 59
Goiaba 62
Pêra 63
Morango..65
Manga..66

Cabanas... 69

Sopinha colorida...76
Pipoca *gourmet*..76
Frappe rainbow..80
Rosquinha de gatinho......................................82
Biscoitinho de ursinho 86

Bosque (1 aninho)...91

Saladinha de frutas de animais 98
Bolinho de mandioquinha assado................100
Muffim de banana nanica 103
Pão de quê 106
Mini-hambúrguer de ursinho.........................111
Esfirra de carne no formato de ratinho 115
Arranjo de frutas do bosque.........................118
Extra – Kanten 122

Festa PiqueNique..125

Espetinhos de frutas de flores......................130
Pãozinho com patê colorido de flor 136
Torta de rosas de maçã.................................138
Pão de queijo de florzinha 148
Rosquinha salgada de caracol.....................151
Extra - Copinhos de frutas 154

Araras 157

Ninho de coco queimado com ovinhos de sequilho.......... 166
Sequilho.. 168
Sequilho de fubá... 168
Coqueiro de abacaxi... 169
Dip de cenoura com pepino... 172
Arara *trifle cake*... 176
Biscoito de Arara.. 180
Mini naked cake tropical... 184
Whoppie pie de folhas.. 187
Tábua de frutas das araras 190
Naked cake Arara.. 194

Dinossauros 203

Biscoito *champagne* em formato de osso 210
Cookie print no palito... 212
Sanduiche natural Dino... 214
Ciabatta Rex... 216
Melancia T-Rex 218
Jelly gummy.. 221
Cookie Dino.. 223
Extra : Dino *nuggets*... 225

Brinquedos Antigos 229

Pastel assado em formato de avião 234
Sanduiche natural de pipa.. 237
Barrinha de cereal de ioiô... 241
Salada de frutas de carrinho, ursinho, avião e bola 244
Naked cake sonho gigante... 249
Biscoito de aveia.. 250
Pão doce recheado de ursinho 267
Biscoito de amêndoas para os biscoitos 3D 273
Muffim de chocolate de carrinhos 276
Extra: Bisnaga de carrinho.. 278

Verão 281

Sanduíche de chinelinho 292
Chocolatinhos brancos com frutas secas 296
Miniempratado de macarrão 298
Biscoitinho de conchinha do mar 300
Espetinho de prancha de *surf* 304
Baldinho de melão 310
Croissant de caranguejo 316
Bolo Castelinho de Areia 321

Natal 331

Torta salgada de guirlanda 338
Massa de biscoito *gingerbread* e *gingerbread man* 341
Árvore de biscoitos 345
Panetone/chocotone sem glúten e sem lácteos 348
Panetone/Chocotone tradicional 351
Pão de Queijo Natalino 353
Árvore de natal de frutas 357
Extra - Pãozinho com patê - Árvore de Natal 361

Anexo 365

UTENSÍLIOS

Os utensílios são parte essencial para a confeção de lanches para festas infantis. Abaixo mostraremos os utensílios profissionais e os utensílios substitutos para algumas ferramentas profissionais não obrigatórias para a produção de algumas receitas e passo a passos.

Batedores:

1- Massas leves (bolos, mousses e recheios)
2- Massas médias (tortas, nhoques)
3- Massas secas ou pesadas (pães, bicoitos, pizzas e pastéis)

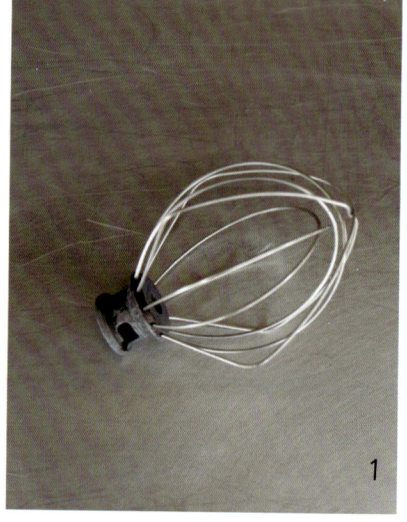

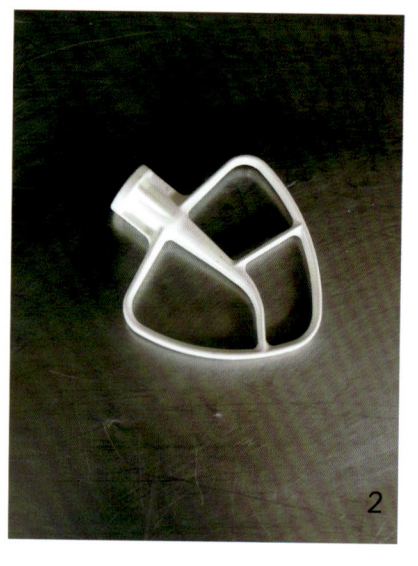

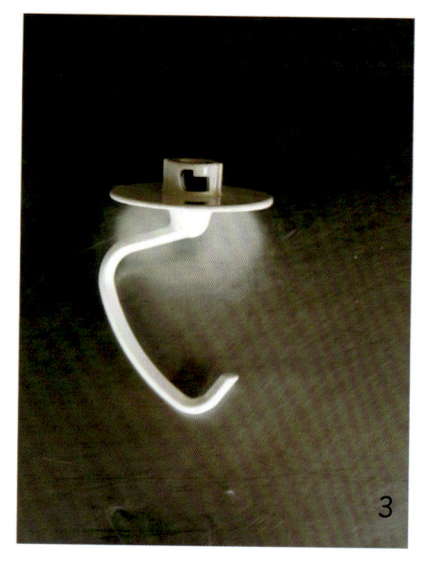

4- Estecas
5- Faca Canelle
6- Maçarico
7- Boleadores
8- Tesoura
9- Base para bolo

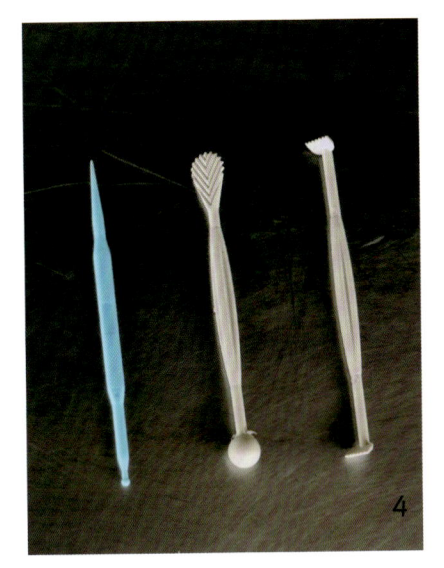

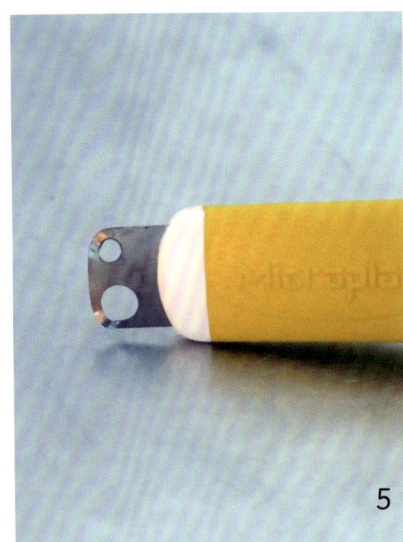

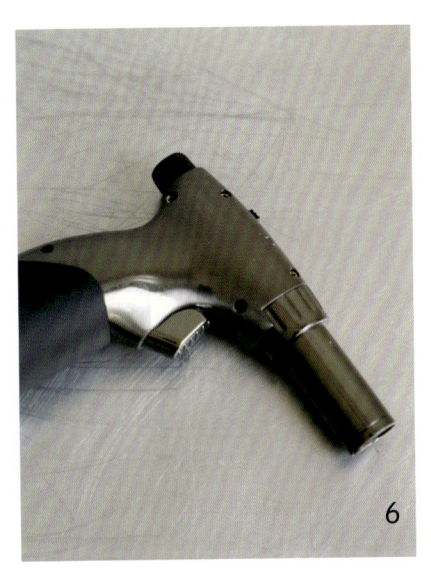

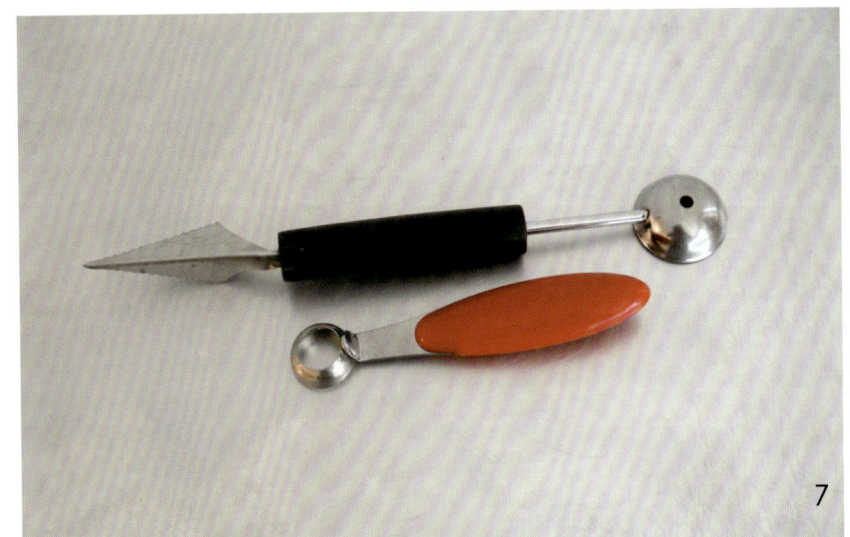

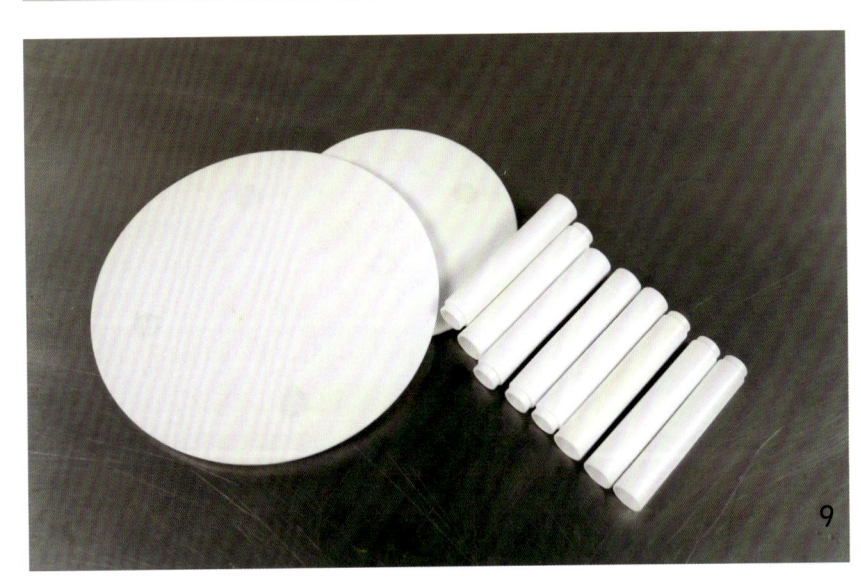

10- Cortadores de biscoito de diversos tipos e formatos

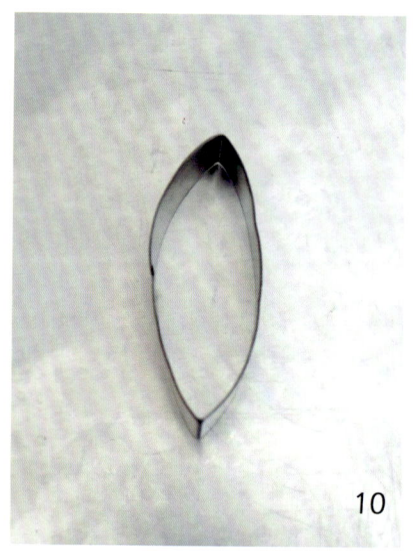

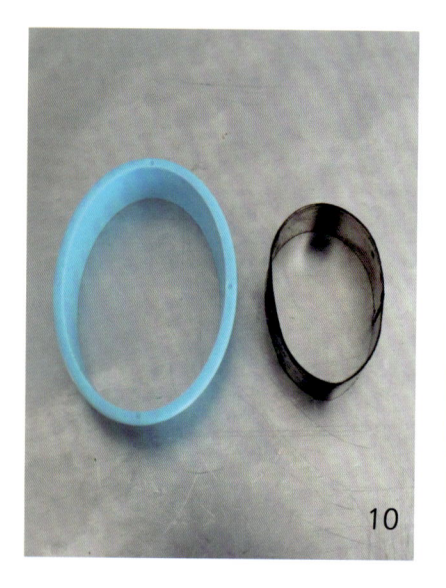

11- Formas de diversos formatos
12- Palitos decorativos
13- Carritilha, colher, descascador de legumes e espátula (da esquerda para a direita)
14- Colhe de sopa, chá e café (da esquerda para a direita)
15- Facas para decoração de frutas e legumes
16- Facas

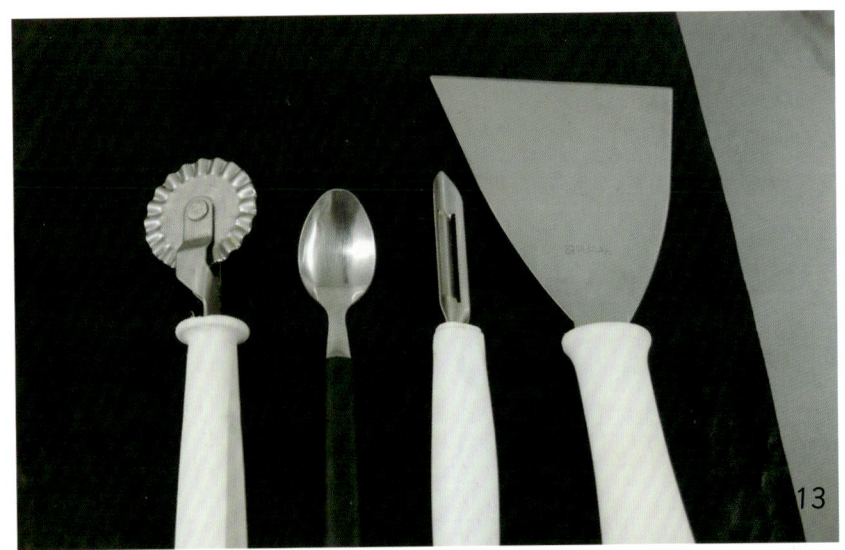

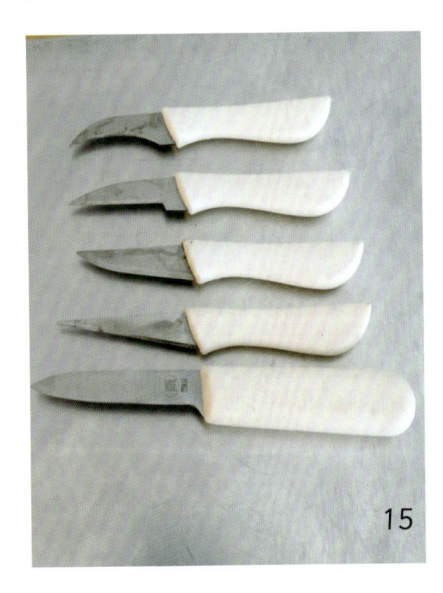

TABELA DE EQUIVALÊNCIA CULINÁRIA

Líquidos (água/óleo/leite/leite vegetal): 1 xícara equivale a 240ml

1 xícara = 16 colheres (sopa) = 240ml
Ovo médio = 50g / clara = 30g / gema = 20g
Essência de baunilha: 1 colher de chá = 5ml
Gelatina: 1 colher de sopa = 12g.

Ingredientes	Equivalência de 1 xícara (chá) em peso
Farinha de trigo branca	125g
Farinha de trigo integral	120g
Farinha de arroz	130g
Farinha de aveia	156g
Farinha de amêndoas	145g
Farinha de milho (fubá)	120g
Polvilho doce	110g
Polvilho azedo	150g
Amido de milho	150g
Araruta	150g
Cacau em pó	90g
Coco ralado fresco	100g
Fécula de batata	140g
Açúcar de confeiteiro	100g
Açúcar refinado	180g
Açúcar demarara	180g
Açúcar mascavo	175g
Açúcar de coco	140g
Mel	300g
Manteiga	220g
Tâmaras	150g

Fermentos

Fermento Químico – 1 colher de sopa (14g)
Fermento biológico seco – 1 colher de chá (10g)
Fermento biológico fresco – 1 tablete (15g)
2 tabletes de fermento biológico fresco correspondem a 10g de fermento biológico seco

COBERTURAS

Merengues (sem glúten)

Merengue francês (suspiro)

Ingredientes
200g de clara na temperatura ambiente
200g de açúcar de confeiteiro
150g de açúcar demerara
Raspas da casta de 1 limão siciliano

Modo de fazer
Bata as claras, acrescentando lentamente o açúcar cristal e aumentando gradativamente a velocidade da batedeira com o batedor globo. Em seguida, adicione o açúcar de confeiteiro e bata um pouco mais, para que o merengue fique consistente. Coloque papel manteiga em uma assadeira e com um saco de confeitar e o bico desejado, faça o formato que quiser. Lembre-se apenas de fazer todos em tamanhos semelhantes, para que todos assem de forma uniforme.

*O merengue suíço é feito com o mesmo procedimento; a diferença é que ele é feito com 250g de clara para 500g de açúcar cristal o demerara apenas . O açúcar de coco foi testado, mas não se obteve o mesmo êxito na consistência e na textura do merengue.

Merengue italiano

Ingredientes
Para a calda em ponto de bala mole (120°C)
500g de açúcar demerara
200g de água

Para o merengue
250g de clara

Modo de fazer
Bata lentamente a clara em neve e despeje aos poucos a calda em ponto de bala mole (quando todo o açúcar está derretido com a água e ainda está claro). Após toda a calda ser incorporada, aumentar a velocidade da batedeira, com o globo em velocidade máxima, até esfriar o merengue.

Ele pode ser usado para confeitar bolos e outras sobremesas.

Glacê real (sem gúten/sem lácteos)

Ingredientes
500g de açúcar de confeiteiro ou glaçúcar
2 claras em neve (40g)
2 colheres de sopa de suco de limão (30ml)

Modo de fazer
Coloque na batedeira o açúcar, as claras em neve e o suco de limão. Bata por 6 minutos ou até obter um creme bem firme. Coloque o glacê em um saco de confeitar com bico *perlê* entre os números 5 e 8, para o acabamento ficar mais delicado.

Ganache

Ingredientes
1kg de chocolate meio amargo
500g de creme de leite

Modo de fazer
Ferva o creme de leite e derrame-o sobre o chocolate meio amargo picado. Deixe descansar por 3 minutos e depois misture tudo. A mistura deve estar homogênea e lisa; caso não esteja, você pode pegar uma parte do ganache, colocar em uma tigela e aquecer no microondas por 30 segundos. Em seguida, retire do microondas e volte a incorporá-lo à mistura. Cubra o ganache com filme plástico, para não formar uma película.

Cobertura de cacau e leite de coco (sem glúten, sem lácteos e sem ovo)

Ingredientes
1 litro de leite de coco
1 xícara de cacau do frade
3 colheres de sopa de açúcar demerara
2 colheres de amido de milho ou amido de arroz

Modo de fazer
Dilua o amido de milho em 50ml de água. Em uma panela, adicione o leite de coco, o açúcar, o cacau do frade e o amido de milho diluído. Use o fogo médio e vá mexendo, para que não forme grumos no fundo da panela. Assim que começar a engrossar, abaixe o fogo e vá mexendo até deixar na consistência desejada.

Cobertura de tâmaras e leite de coco

Ingredientes
1 litro de leite de coco
1 xícara de tâmaras picadas ou processadas (para quem não gosta de pedacinhos, esteticamente falando, o purê da tâmara fica melhor)
2 colheres de amido de milho ou amido de arroz

Modo de fazer
Dilua o amido de milho em 50ml de água. Em uma panela, adicione o leite de coco, as tâmaras e o amido de milho diluído. Use o fogo médio e vá mexendo, para que não forme grumos no fundo da panela. Assim que começar a engrossar, abaixe o fogo e vá mexendo até deixar na consistência desejada.

CREMES

Cremes Tradicionais

Creme *chantilly*

Ingredientes
1 litro de creme de leite fresco
150g de açúcar (preferencialmente açúcar de confeiteiro, mas funciona com o açúcar demerara também)
15ml (1 colher de sopa) de essência de baunilha

Modo de fazer
O creme de leite fresco tem que estar bem gelado, para conseguir dar o ponto desejado. Em uma tigela, acrescente o creme de leite fresco, bem gelado, o açúcar de confeiteiro peneirado e a essência de baunilha. Use o globo da batedeira para bater o *chantilly* ou bata vigorosamente com o *fue* até obter o ponto desejado.

Para fazer a manteiga aromatizada, basta bater o creme de leite fresco com um pouco de sal e ervas. Bata até que ele fique sólido. Você deve ficar atento quando deixar a batedeira batendo o creme de leite fresco para o *chantilly*. Ele pode passar do ponto e começar a criar grumos até se solidificar.

Creme inglês

Ingredientes
1 litro de leite
200g de açúcar
10 gemas
10 ml de essência de baunilha

Modo de fazer
Ferva o leite com 100g de açúcar. Em uma tigela, bata as gelas com o restante do açúcar, até obter uma mistura clara. Assim que o leite entrar em ebulição, despeje metade do leite na tigela com as gemas batidas. Transfira a mistura para uma panela e adicione o restante do leite. Leve ao fogo baixo, mexendo até que ele chegue a 85oC, ou engrosse um pouco. Passe o creme em uma peneira ou passador (*chinois*) e em seguida mexa-o em banho-maria invertido (ou seja, no gelo) até esfriar.

Creme de confeiteiro

Ingredientes
1 litro de leite
4 gemas
250g de açúcar
60g de amido de milho

Modo de fazer
Ferva o leite com 100g de açúcar. Em uma tigela, bata as gemas com o restante do açúcar, até obter uma mistura clara. Em seguida, peneire o amido de milho sobre a mistura. Assim que o leite entrar em ebulição, despeje metade do leite na tigela com as gemas batidas. Transfira a mistura para uma panela e adicione o restante do leite. Usando um *fue*, mexa a mistura na panela por 2-3 minutos. Acrescente a essência ou o aromatizante desejado, misture e coloque o creme em uma vasilha ou assadeira, com um filme plástico por cima, para não formar uma pele sobre o creme . Leve à geladeira, para esfriar; e quando for utilizar, é só bater.

Cremes Diferenciados

Creme mascarpone para sobremesas

Ingredientes
150g queijo *mascarpone*
Opcional: 120ml de creme de leite fresco
3 colheres de sopa de açúcar
2 colheres de sopa de suco de limão siciliano
1 colher de chá de raspas do limão
150g de morangos fatiados

Creme de mirtilo

Ingredientes
150g de mirtilos frescos ou congelados*
100g açúcar de coco ou 150g de tâmaras
1 colher de café de suco de limão
1 sachê de gelatina incolor hidratada

Modo de fazer
Adicione, em uma panela, os mirtilos, o açúcar e o suco de limão, deixe cozinhar por 2 minutos. Retire a panela do fogo, adicione a gelatina hidratada, processe a mistura, passe em uma peneira e leve à geladeira, até que fique consistente.

*O creme de mirtilo pode ser feito com amoras, framboesas, morangos, manga, na mesma proporção de 150gr.

Creme de ricota e *mascarpone*

Ingredientes
150g de ricota
150g de *mascarpone*
2 colheres de sopa de açúcar
250g de morangos em pedaços

Vanilla Crème

Ingredientes
60ml de leite
120ml de creme de leite
Pode substituir por leite de coco – 100ml
1 vagem de baunilha
2 colheres de sopa de farinha de milho (fubá)
1 ovo
2 colheres de sopa de açúcar de coco

Modo de fazer
Misture todos os ingredientes em uma panela e leve ao fogo médio, mexendo sem parar até que a massa desgrude do fundo. Desligue o fogo e continue mexendo por 2 minutos.

Creme de confeiteiro sem leite

Ingredientes
250ml leite de coco integral ou leite de amêndoas
60g gemas (3 gemas, em média)
25g amido de milho
70g açúcar demerara
1 colher de chá de essência de baunilha ou ½ fava de baunilha

Modo de fazer
Em uma panela, ferva o leite de coco com a metade do açúcar e a baunilha; e, em uma tigela, misture bem as gemas com a outra metade do açúcar e o amido. Despeje o leite de coco bem quente nas gemas, vá mexendo bem as gemas com um *fue*, para que não cozinhem. Em seguida, coloque a panela em banho-maria e continue mexendo, até que fique um pouco mais grosso que um mingau. Retire do banho-maria e coloque o creme em uma assadeira. Cubra a mistura com um filme plástico e coloque na geladeira, para esfriar mais rápido.

O creme pode ficar por até 3 dias na geladeira, e sempre que for usá-lo, bata um pouco na batedeira.

Creme de coco

Ingredientes
4 claras de ovos
1 xícara de creme de coco (coco batido com leite de coco e peneirado)
1 xícara de açúcar demerara
1 colher de sopa de suco de limão

Modo de fazer
Em banho-maria adicione as claras com o açúcar e o limão e mexa até virar uma espuma branca. Em seguida, leve a mistura para bater na batedeira em ponto de clara em neve. Vá adicionando o creme de coco aos poucos. Desligue a batedeira. Leve à geladeira, para conservar por até 2 dias.

Creme de coco verde e mel (sem glúten, sem lactose, sem açúcar e sem ovo)

Ingredientes
500g da carne do coco verde
50ml de água de coco
5 colheres de mel

Modo de fazer
Bata no liquidificador a carne do coco e a água de coco. Se quiser engrossar o creme, você pode colocar na panela, com 1 colher de amido de milho, em fogo baixo, mexendo sempre, para não queimar, até obter a consistência desejada. Por último, adicione o mel ou tâmaras para adoçar.

Esse creme fica muito bom com morangos e bananas.

Recheio de geleia de damasco e amêndoas

Ingredientes
60g de amêndoas moídas
4 colheres de geleia de damasco
1 colher de tâmaras batidas no liquidificador
5g de canela

CREMES SALGADOS, DIPS, PASTAS E PATÊS

Creme de ricota

Ingredientes
Para cada 100g de ricota
1 colher de sopa de azeite
1 pitada de sal
1 pitada de noz moscada

Modo de fazer
Adicione todos os ingredientes no liquidificador ou processador, bata, e está pronto. Para mudar a cor do creme de ricota, basta acrescentar a beterraba (1 colher de sopa para cada 100g de ricota) ou espinafre, ervas, açafrão, *curry*, curcuma, urucum ou tomate seco.

Patê de grão-de-bico

Ingredientes
250g de grão-de-bico
3 colheres de sopa de *tahine* ou azeite
2 dentes de alho
1 colher de sopa de limão
5g de sal
1 colher de sopa de salsinha picada

Modo de fazer
Coloque o grão-de-bico de molho de um dia para o outro em água quente. No dia seguinte, escorra o grão-de-bico e triture-o no liquidificador ou no processador, até que fique como um purê. Misture o restante dos ingredientes e leve à geladeira até a hora de servir.

Patê de ervas

Ingredientes
1 colher de sopa de ervas de provence (mistura feita com tomilho, manjerona, orégano, alecrim, basílico, salvia, funcho, estragão e louro triturados)
200ml de iogurte desnatado
Azeite e sal, para temperar

Creme de milho

Ingredientes
100 ml de creme de leite fresco
2 colheres de sopa de milho verde cozido e debulhado
5g de sal

Guacamole

Ingredientes
1 abacate picado
1 tomate picado
Suco de 1 limão
10g de sal
1 colher de sopa de cheiro-verde bem picado

Recheios Salgados

Frango (1)

Ingredientes
500g de peito de frango cozido e desfiado
2 milhos cozidos e debulhados
1 xícara de cheiro-verde picado
1 tomate bem maduro, picado
2 dentes de alho picados ou ralados
1 xícara de cenoura ralada
1 colher de chá de *curry* ou açafrão
1 colher de sopa de azeite
1 colher de chá de sal

Modo de fazer
Coloque na panela o alho, para refogar, com 1 colher de

sopa de azeite; em seguida, adicione os tomates, o milho, a cenoura, o frango e o curry. Misture bem, deixe o frango secar e, em seguida, desligue o fogo e adicione o cheiro-verde.

Dica: Para desfiar o frango, você pode cozinhar o peito de frango em cubos, na panela de pressão, e depois de cozido e a panela já estando fria, basta tampar e agitar "loucamente". Em 3 minutos o frango estará todo desfiado.

Frango (2)

Ingredientes
1kg de frango desfiado
1 colher de café de açafrão ou alecrim ou noz moscada
1 xícara de cheiro-verde picado
2 dentes de alho ralados ou picados
1 cebola média picada
1 xícara de milho verde
1 xícara de tomates picados
½ cenoura ralada
½ abobrinha ralada ou 1 xícara de espinafre ou brócolis
Azeite de dendê, para refogar
2 colheres de leite de coco
1 colher de chá de sal

Modo de fazer
Refogue o frango com o alho e a cebola. Em seguida, adicione os vegetais e os temperos. Coloque o sal aos poucos, para não ficar salgado. Deixe no fogo, misturando de tempos em tempos, para secar todo o caldo da panela.

Carne

Ingredientes
500g de carne moída
1 cebola picada *à brunoise*
2 dentes de alho picados ou ralados
1 xícara de espinafre picado
1 milho cozido e debulhado
1 xícara de tomate batido no liquidificador ou a polpa dele
1 colher de chá de sal

Modo de fazer
Refogue a carne moída com o alho e a cebola. Em seguida, adicione o espinafre picado e os outros ingredientes. Deixe a carne secar, misturando, para não queimar. Em seguida, desligue e espere esfriar, para colocar na massa da torta.

Carne moida (buraco quente)

Ingredientes
500g de carne moída
1 xícara de cheiro-verde
2 dentes de alho ralados ou picados
1 cebola média picada
½ cenoura ralada
1 xícara de milho verde
1 xícara de molho de tomate ou tomate batido no liquidificador
½ abobrinha ralada ou 1 xícara de espinafre
Azeite para refogar
1 colher de chá de sal

Carne seca

Ingredientes
500g de carne seca dessalgada e desfiada
½ cebola picada
1 alho picado
3 colheres de sopa de creme de leite fresco
1 xícara de abobrinha ralada

Modo de fazer
Doure o alho com a cebola picada, acrescente a carne seca e a abobrinha e refogue por 4 minutos. Em seguida, adicione o creme de leite e deixe no fogo por 2 minutos.

Carne de panela

Ingredientes
500g de acém/patinho/cochão mole/rabo/músculo cortados em cubos
2 colheres de sopa de vinagre
1 cebola picada
2 dentes de alho amassado
3 colheres de sopa de azeite
1 xícara ½ de molho de tomate
2 xícaras de chá de água
200g de abóbora cortada em cubos
100g de agrião
1 colher de chá de sal

Modo de fazer
Tempere a carne com o vinagre, o sal, a cebola e o alho . Em seguida, doure a carne na panela de pressão. Junte o molho de tomate, a água, tampe a panela e, após dar pressão, deixe cozinhando por 20 minutos. Desligue, espere esfriar para abrir a tampa. Adicione o restante dos ingredientes e deixe mais 10 minutos na pressão. Desfie a carne, com o caldo, para usar como recheio.

Dica: espere a panela de pressão esfriar e agite-a loucamente para desmembrar a carne.

Hambúrguer de carne e de frango

Ingredientes
Para cada 300g de carne magra, usam -se mais 200g de carne gorda; e no frango, 500g de frango moído
1 ovo
½ cenoura ralada em tirinhas bem finas
½ abobrinha ralada em tirinhas bem finas
1 alho picado
½ cebola bem picada
1 colher de sopa de farinha de linhaça ou chia
2 colheres de sopa de aveia em flocos
½ xícara de cheiro-verde picado
1 colher de chá de sal (negro/rosa/marinho)

Modo de fazer
Refogue a cenoura e a abobrinha com o alho e a cebola e reserve. Em uma tigela, misture a carne, a farinha de linhaça, o cheiro-verde e a aveia; em seguida, adicione a parte refogada e 1 colher de chá de sal e, por último, misture tudo com o ovo. Essa receita pode ser usada também para almôndegas. Para mini-hambúrgueres, use aro circular 4-5cm. Cubra a superfície da sua área de trabalho com um plástico, coloque a carne em cima e coloque outro plástico por cima da carne. Abra a carne com um rolo de macarrão, deixando 1cm de espessura. Retire o plástico de cima, corte os mini-hambúrgueres e leve ao congelador por 2 horas, no mínimo. Depois de congelados, têm validade de 1 mês, se bem armazenados.

Tomate seco, mussarela de búfala e rúcula 1

Ingredientes
1 xícara de tomate seco picado
1 xícara de mussarela de búfala picada
1 maço de rúcula

Para usar como recheio, basta regar com azeite e usar em sanduíches naturais, pizzas, focaccia.

Tomate seco, mussarela de búfala e rúcula 2

Ingredientes
300g de tomate seco picado
2 xícaras de mussarela de búfala picada
2 xícaras de rúculas cortadas bem finas (*chiffonade*)
1 colher de sopa de azeite

Espinafre e ricota

Ingredientes
1 dente de alho picado
1 xícara de cebola bem picada
1 maço de espinafre
Azeite, para refogar
200g de ricota picada

1 colher de café de orégano
1 colher de chá de suco de limão
1 colher de café de sal

Modo de fazer
Refogue o espinafre com o alho e a cebola, adicione o suco de limão, o sal e o orégano. Desligue o fogo, espere o espinafre esfriar e misture a ricota. Tempere com um pouco mais de sal, se achar necessário.

Shimeji e *shitake*

Ingredientes
1 bandeja de *shimeji* (200g)
1 bandeja de *shitake* picado (200g)
1 colher de sopa de manteiga ou 1 colher de sopa de azeite
2 colheres de sopa de *shoyu* (opcional, prefira os sem adição de glutamato monossódico)
1 colher de chá de açúcar demerara

Modo de fazer
Em uma panela, refogue os cogumelos com o restante dos ingredientes por 3 minutos, e está pronto.

MISTURAS DE FARINHAS SEM GLÚTEN

Mix de farinhas sem glúten para salgados

Ingredientes
3 xícaras de farinha de sorgo
3 xícaras de farinha de arroz integral moída
1 ½ xícara de fécula de batata
1 ½ xícara de araruta

Mix de farinhas sem glúten para bolo

Ingredientes
¾ xícara de farinha de arroz branco
½ xícara de farinha de arroz integral
½ xícara de farinha de sorgo
¼ xícara de fécula de batata
3 colheres de sopa de polvilho doce
1 colher de sopa de farinha de arroz para moti
1 colher de sopa de creme (amido) de arroz
2 colheres de chá de baunilha em pó
1 colher de sopa de fermento químico
1 xícara de açúcar de confeiteiro
1 colher de chá de sal

Mistura de farinhas sem glúten (1)

Ingredientes
2 xícaras (315g) de farinha de arroz integral
2/3 xícaras (90g) de fécula de batata
1/3 xícara (45g) de polvilho doce
1 colher de chá de goma xantana

Mistura de farinha sem glúten (2)

Ingredientes
260g de farinha ou creme de arroz
120g de fécula de batata
50g de polvilho doce

FERMENTAÇÃO DE PÃES

Vamos entender primeiramente o estágios da confecção do pão, ou seja, o processo de preparação.

A fermentação é uma etapa importantíssima na produção do pão, pois é nessa etapa que o fermento reagem com o açúcar, tendo como resultado o álcool e o gás carbônico. Quanto mais lento é esse processo, mais sabor, aroma e durabilidade, ou seja, melhor qualidade terá o pão.

Temperaturas °C	Fermentação
2o °C	Inativo
16o - 21 °C	Fermentação lenta
21o - 32 °C	Ideal para o fermento fresco
41o - 46o °C	Ideal para o fermento seco
59 °C >	O fermento morre

Agora que entendemos sobre as temperaturas adequadas para a fermentação lenta, vamos explicar o que é a esponja.

Esponja

A esponja é o processo de fermentação lento, sua função é dissolver bem o fermento para que ele esteja espalhado por igual em toda a massa, no qual adiciona-se uma menor quantidade de fermento em comparação com o método direto (juntar todos os ingredientes de uma só vez na masseira e pronto), consequentemente, mais ácida, mais aromática, mais saborosa e tem a shelf life maior, ou seja, maior durabilidade. No processo de formação da esponja, o sal e a gordura não entram, pois inibem o desenvolvimento da levedura. Após a etapa da esponja é que o restante dos ingredientes da massa são adicionados.

Para a esponja é necessário:
100ml de água morna entre 16oC e 21oC
50g de farinha de trigo
10g de fermento
Tempo de espera para o crescimento da esponja: 20 - 30 minutos

A próxima etapa é a adição do restante dos ingredientes e a sova.

37

Sova

Com a mistura dos ingredientes, a farinha se mistura com a água para formar o glúten. A sova é feita para alinhar as cadeias de glúten e assim tornar a massa mais elástica e lisa. Ela é essencial para se ter um pão leve, fofinho e aerado. Quando a sova é mal feita ou não acontece, o resultado é um pão massudo e pesado.

O processo de amassamento dura em média 15 minutos em uma batedeira planetária (batedor tipo gancho) ou masseira e no procedimento manual gira em torno de 20-30 minutos. Existem várias formas de se sovar uma massa para cada tipo de preparação ou confecção.

Depois do processo de sova tem o descanso da massa (15min) em seguida a modelagem e o forno.

Falando sobre o forno e temperaturas, entramos é um assunto delicado. Nenhum forno é igual. A temperatura que colocamos nas receitas são temperaturas ideais, mas nem sempre o forno tanto industrial como o convencional apresentam a temperatura exata e esse desbalanço de temperatura pode afetar ou não na hora de assar a massa.

Lembre-se de seguir os passo da esponja e da sova para que a massa fique saborosa e fofinha!

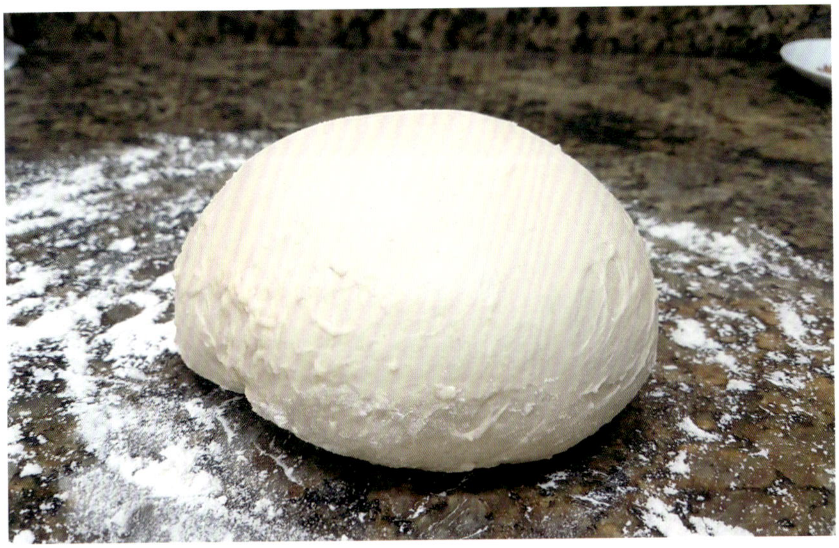

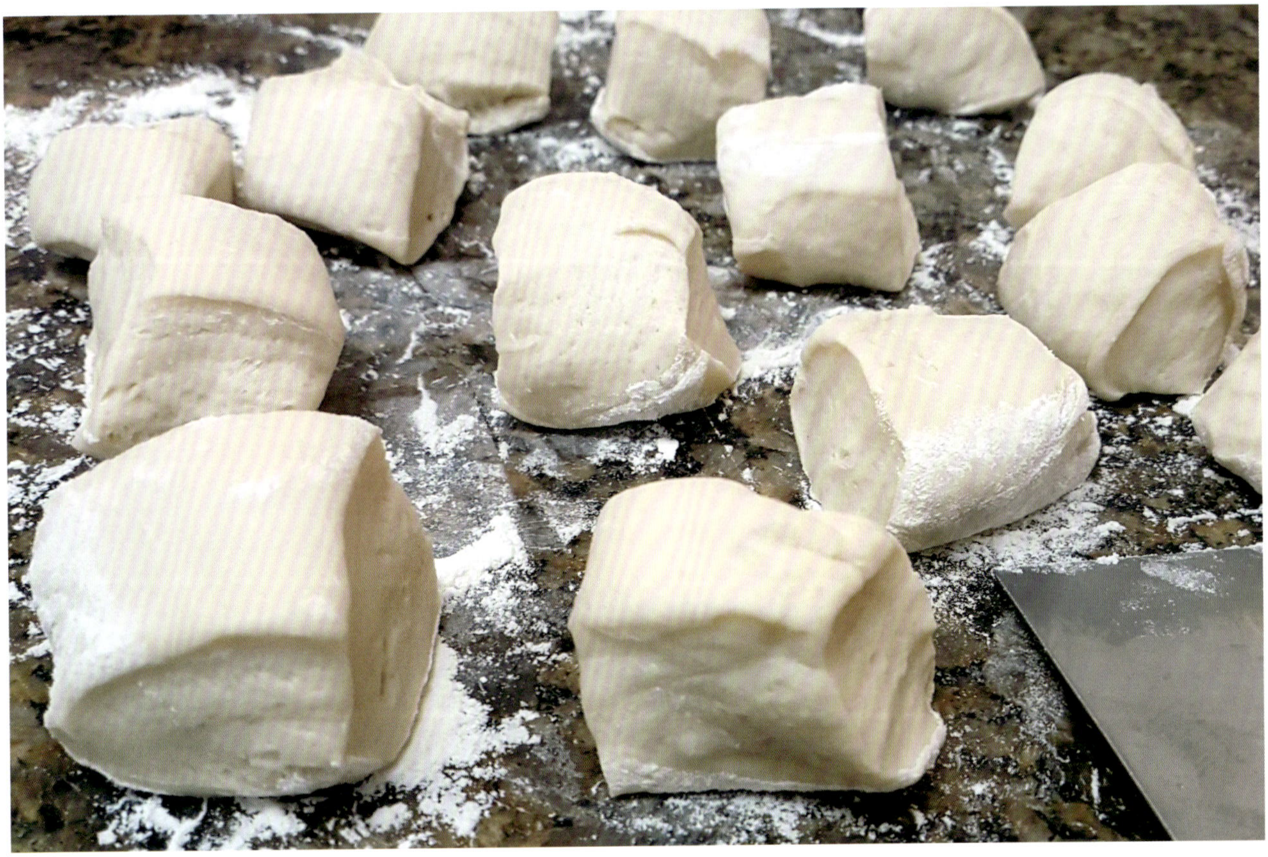

MODELAGENS DE PÃES

Alguns são bem simples, outros exigem mais prática. Aqui mostraremos algumas modelagens que saem do trivial e partem para o lúdico.

Dica 1: Para que a massa fique mais macia ou não resseque enquanto está modelando, você pode deixar á mão um borrifador com água filtrada. Ele será bem útil quando a massa ficar com a superfície quebradiça enquanto molda.

Dica 2: Para grudar orelhas, olhinhos e afins, é recomendado pincelar água ou gema batida.

Dica 3: A gema batida também é bem útil caso queira seu pãozinho dourado e brilhante.

Apresentaremos o passo a passo de cada modelagem a seguir.

Pão de abóbora

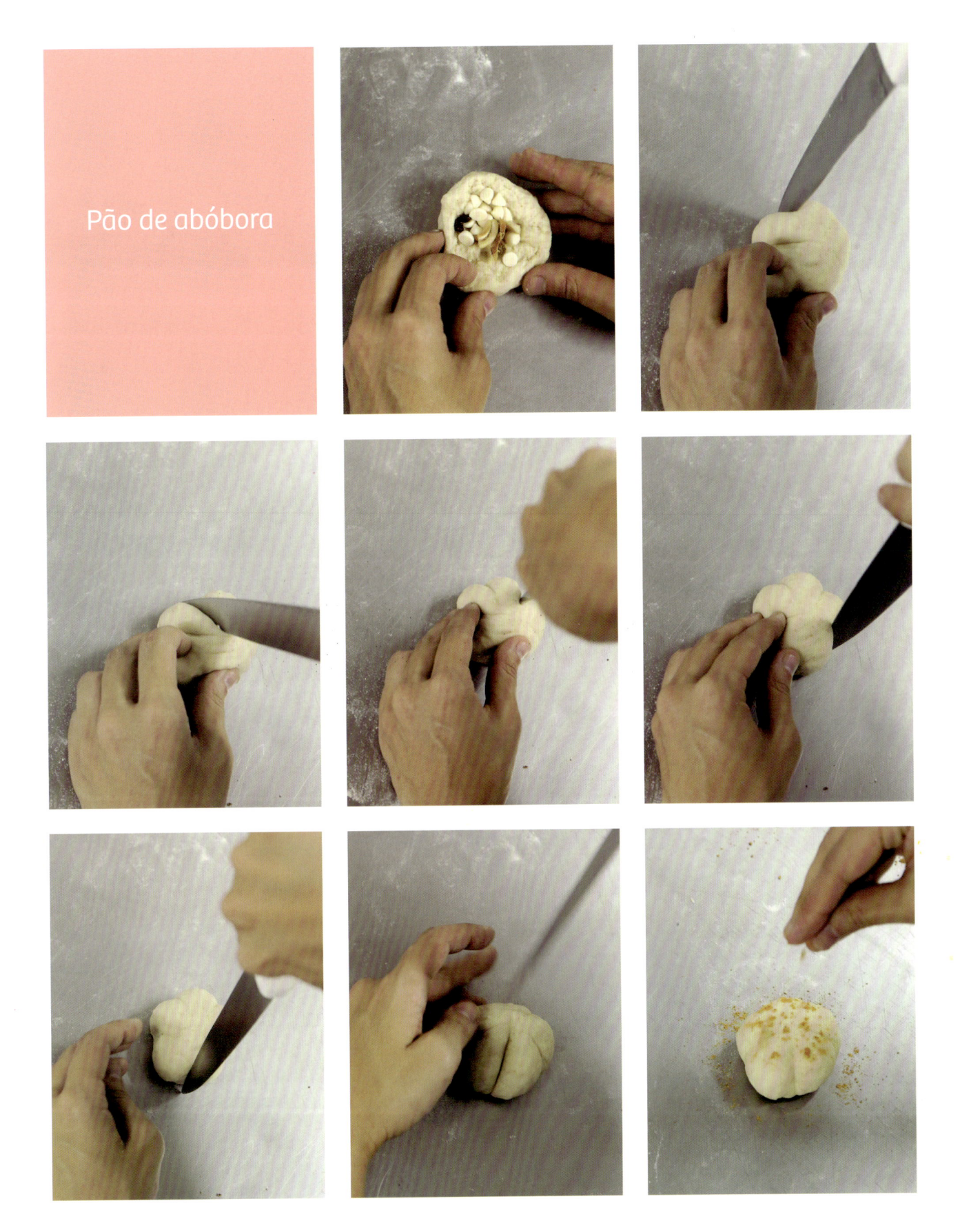

42

Pão pipa

44

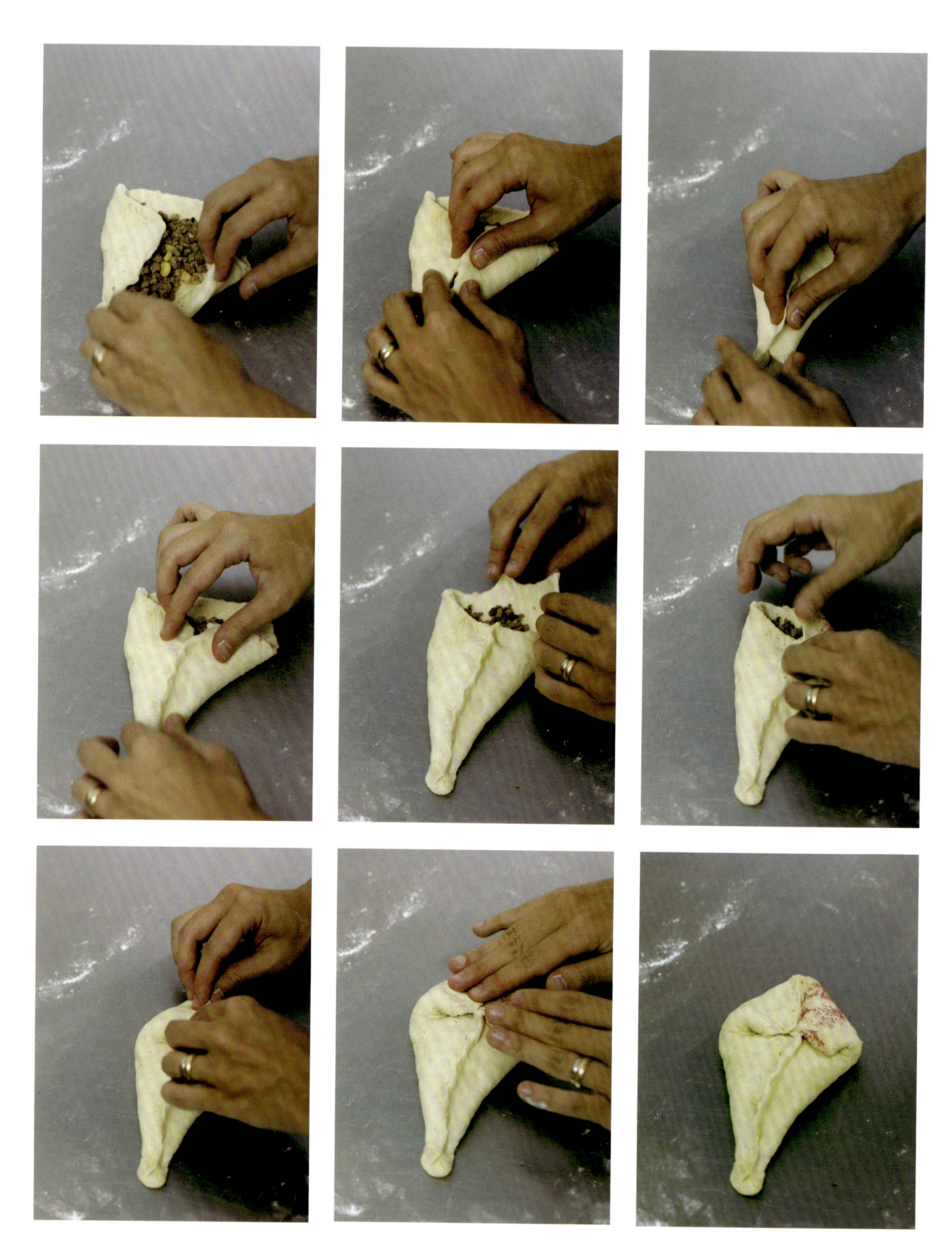

45

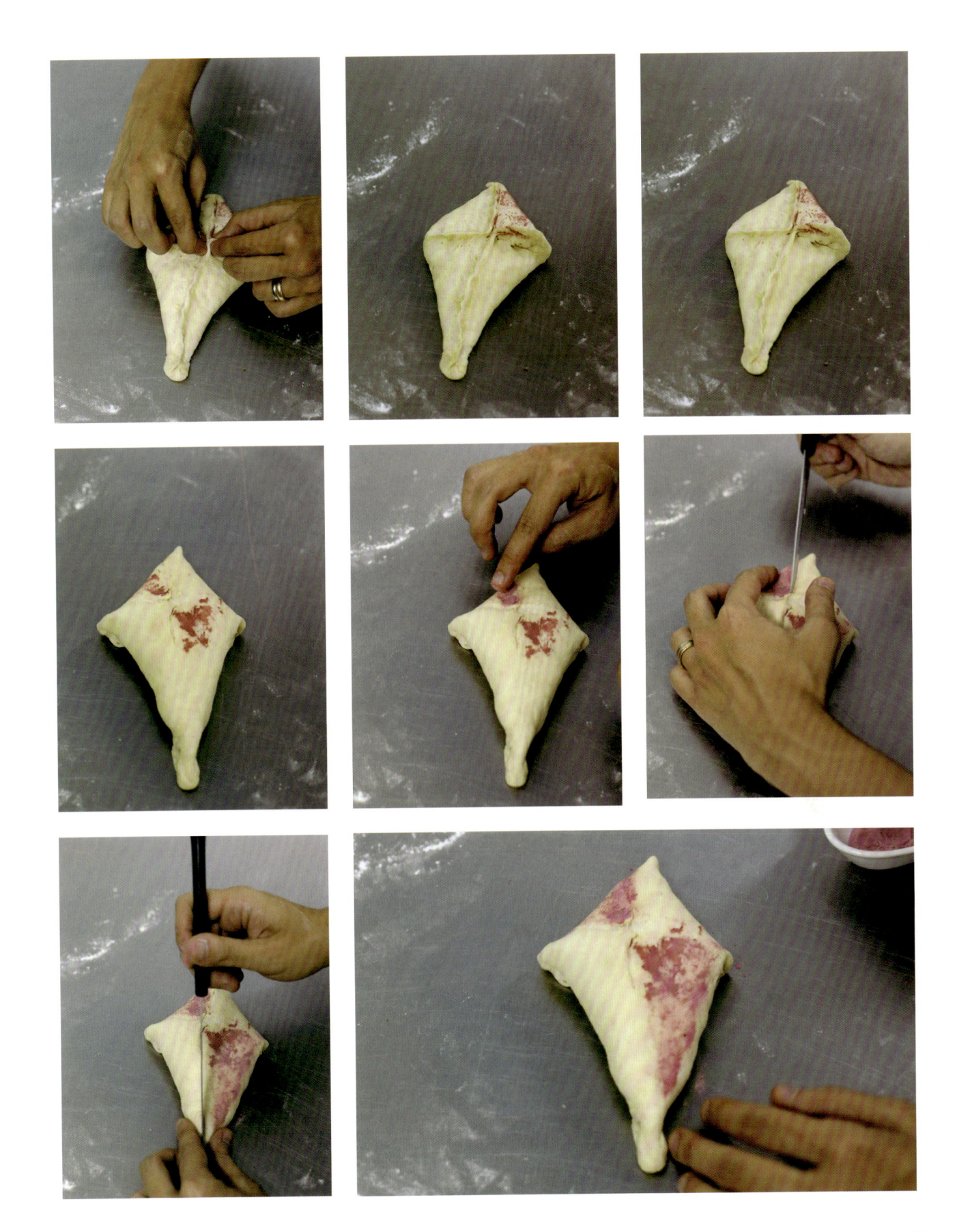

Colorindo a massa

Massa de pão de batata

Material
Batedeira ou masseira

Ingredientes
50g ovo
10g fermento biológico seco
800g farinha de trigo
200g purê de batata ou, para a massa verde, 200g de purê de espinafre
30ml de óleo
60g de açúcar demerara
10g de sal
400ml água morna

Modo de fazer
Adicione, na masseira, 400g de farinha, o açúcar, o fermento e a água morna. Deixe fermentar por 20 minutos, até formar a esponja; em seguida, adicione o restante dos ingredientes e deixe sovando por mais 20 minutos. Se a massa ainda estiver grudando, adicione mais 50g de farinha. Desligue a masseira e deixe a massa descansar por 15 minutos. Em seguida, siga o passo a passo para modelagem.
Asse o pãozinho, em forno médio preaquecido, por 30 minutos ou até dourar.

BOLO DE FRUTAS

Para sessões de fotos como Smash The Fruit, fotos de 1 aninho, os bolos de frutas são a melhor pedida. Festas de mêsversários também ficam um arraso com esses bolos tão bonitos e saudáveis.

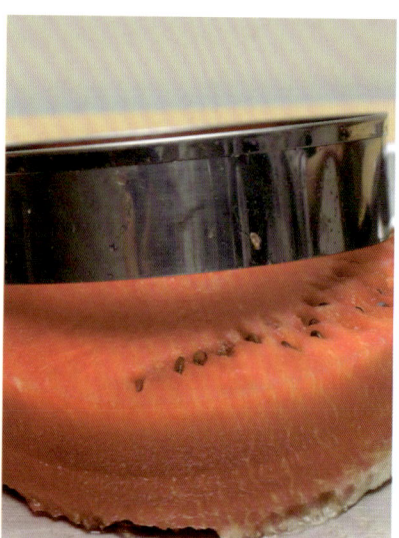

Bolo pequeno de melancia

49

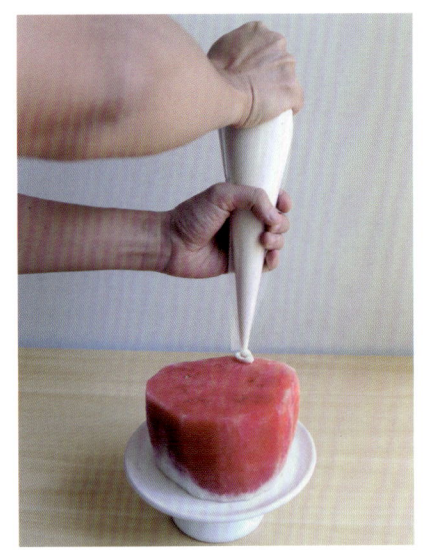

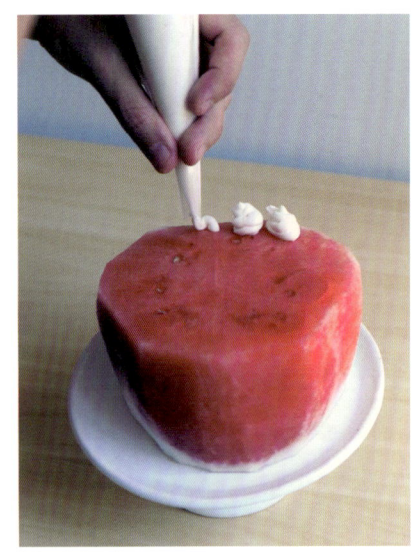

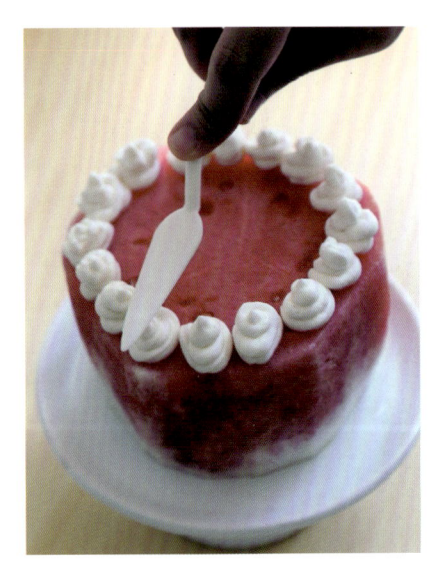

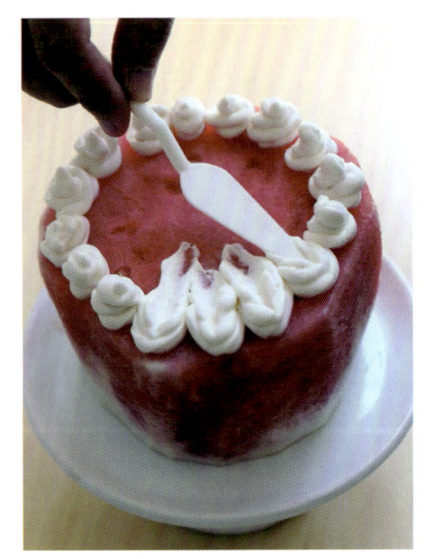

50

51

52

Bolo médio
(Palhacinho de melão)

53

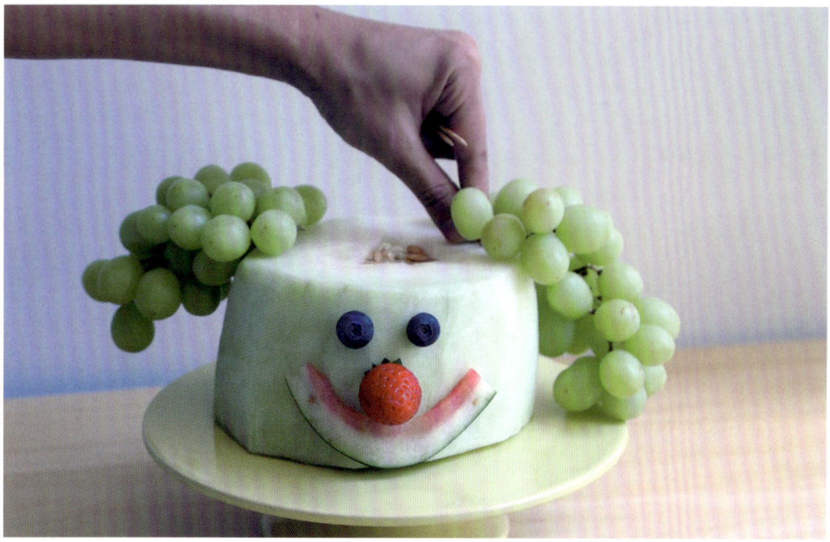

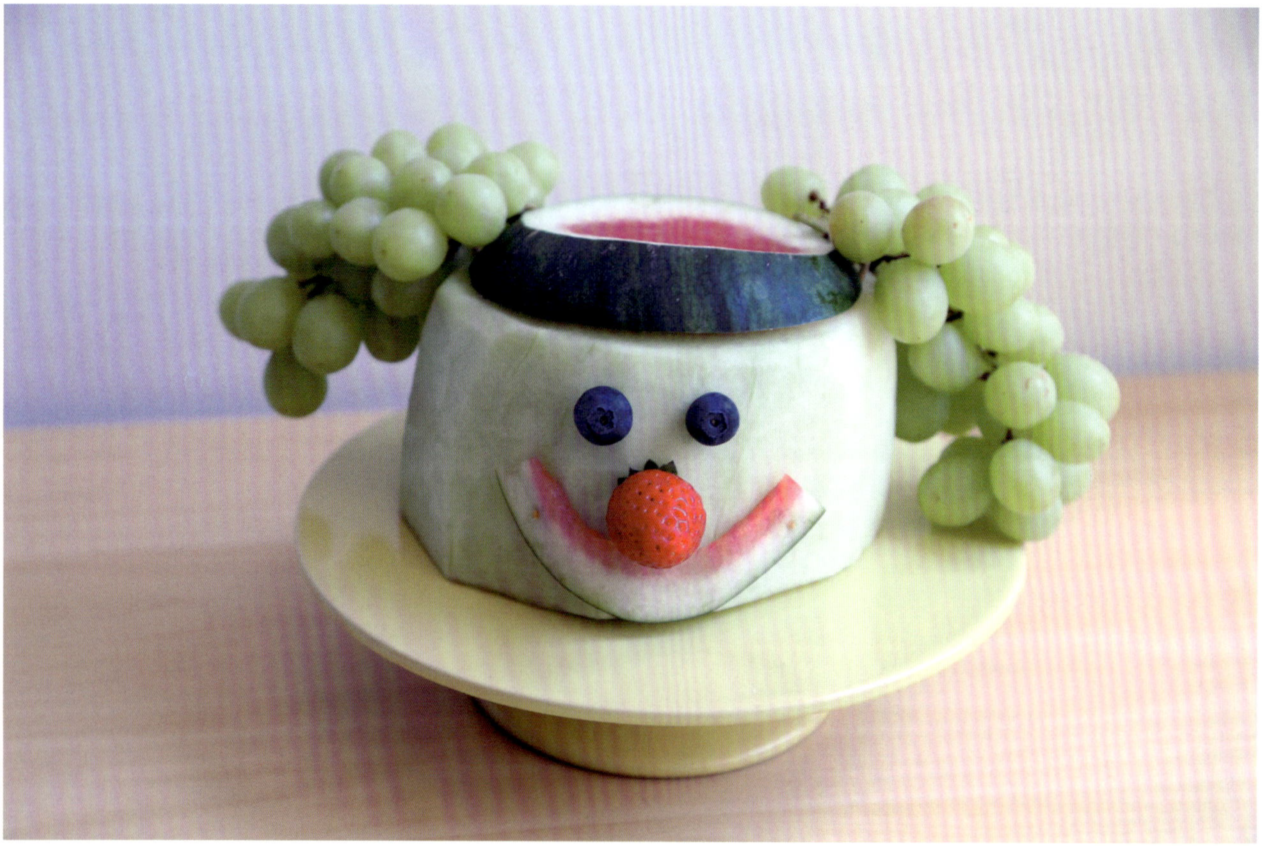

Bolo grande

56

CORTE DAS FRUTAS

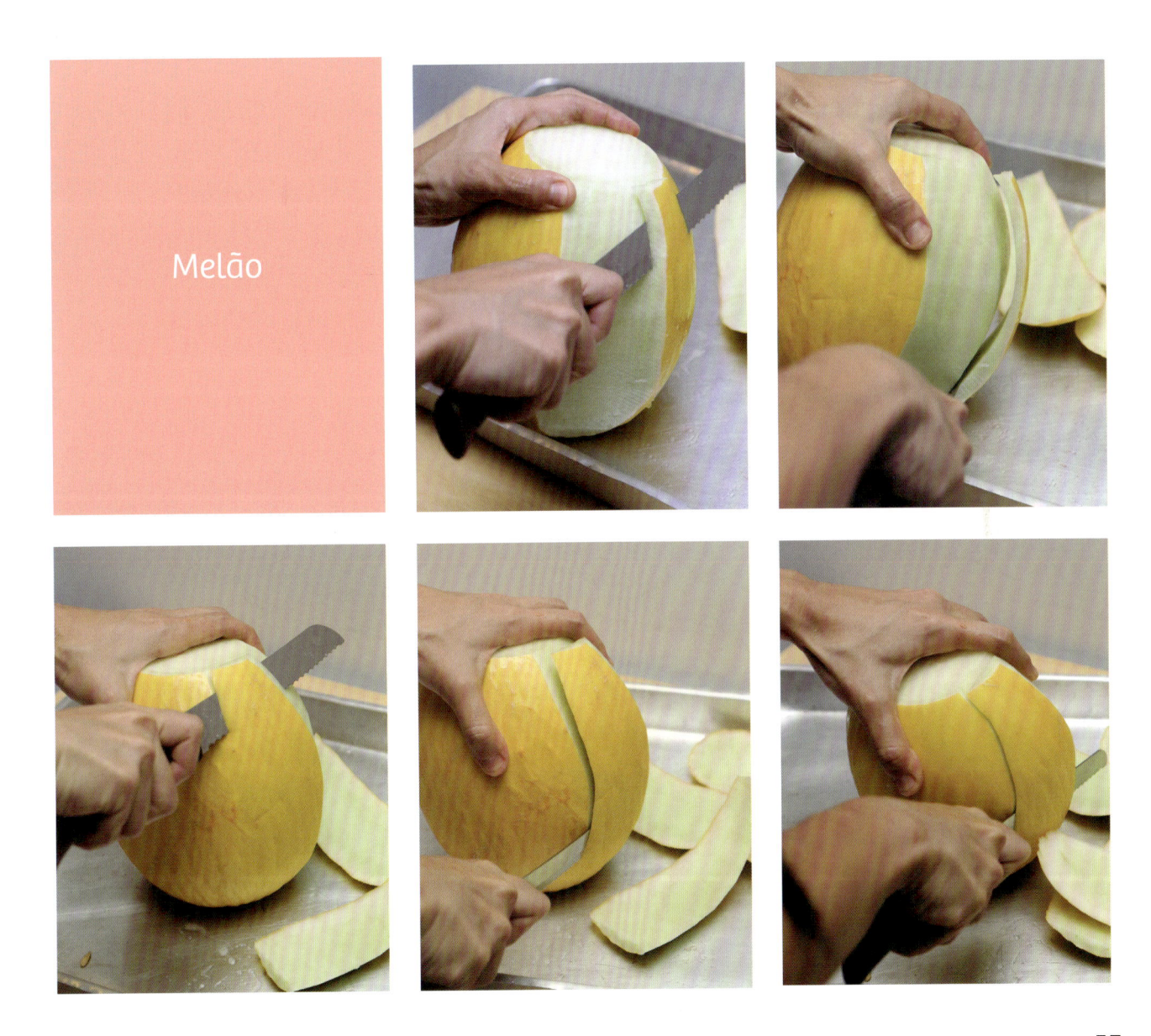

Melão

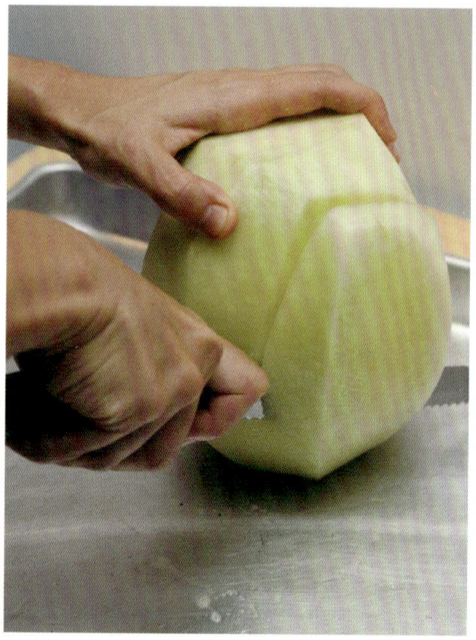
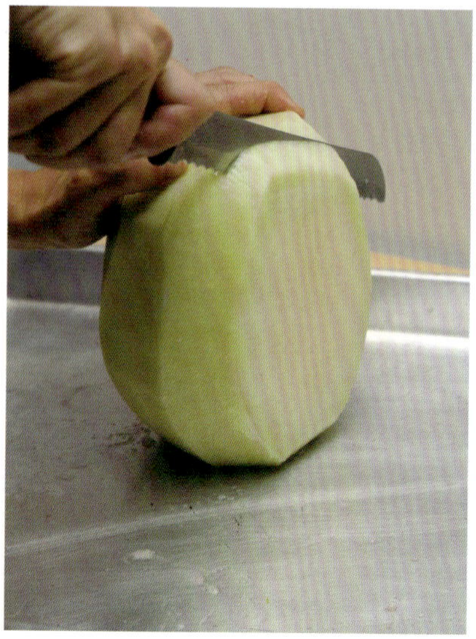
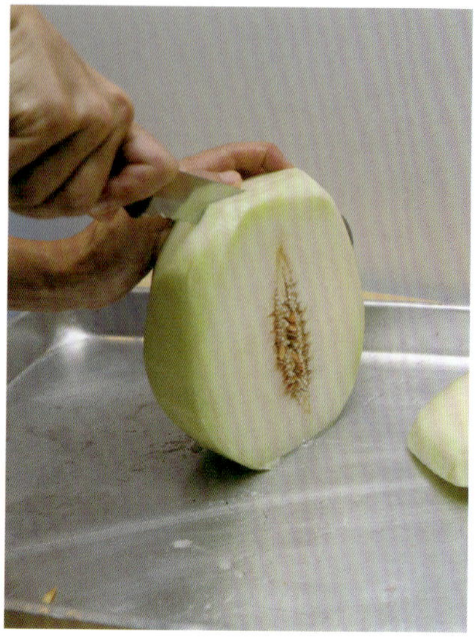
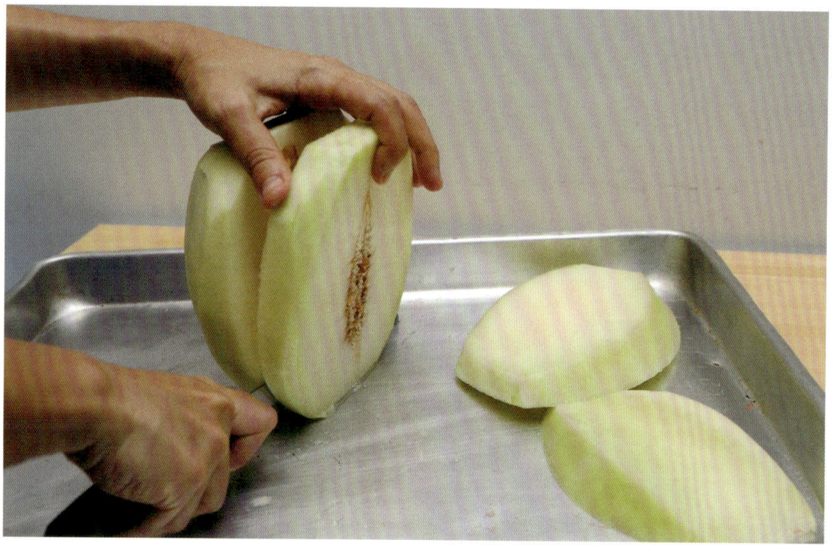

Kiwi

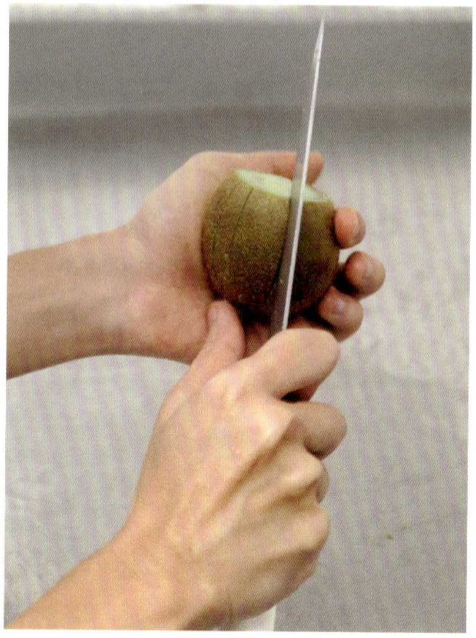
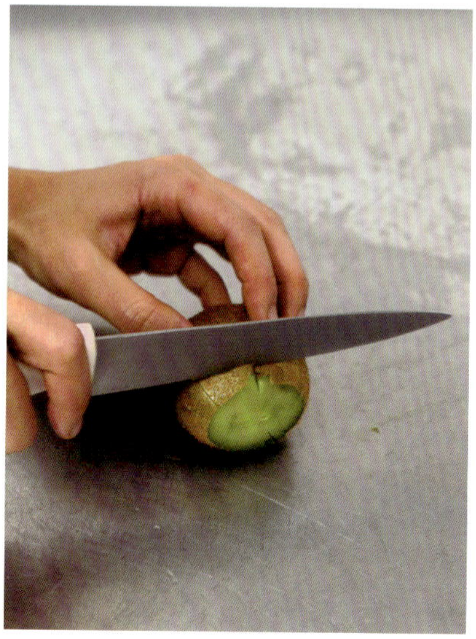
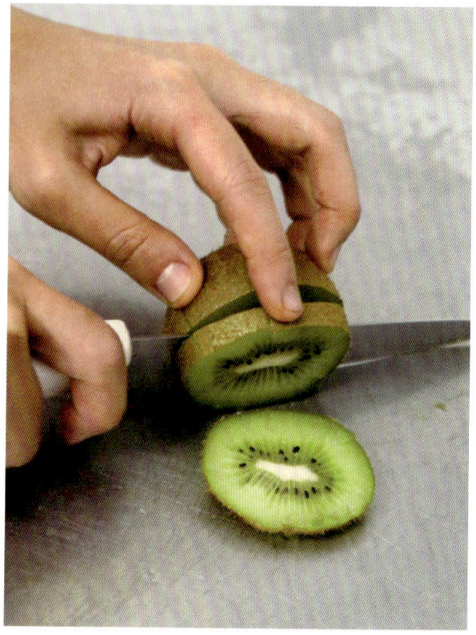
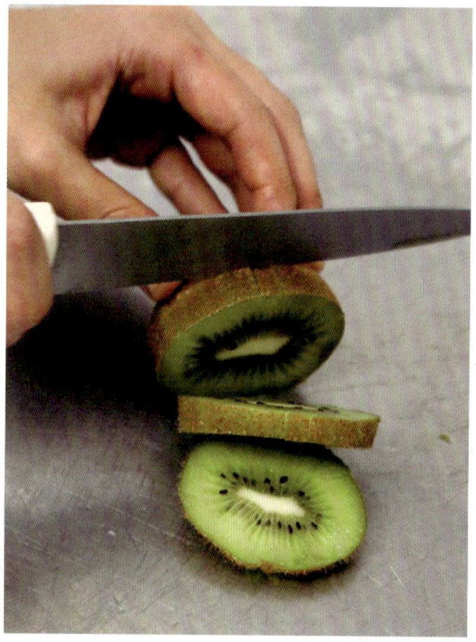
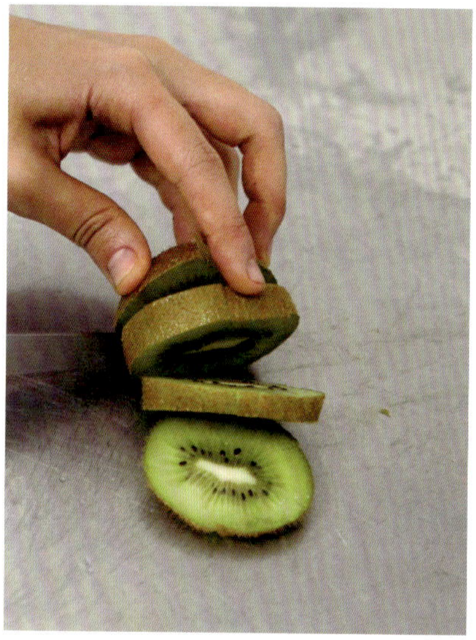
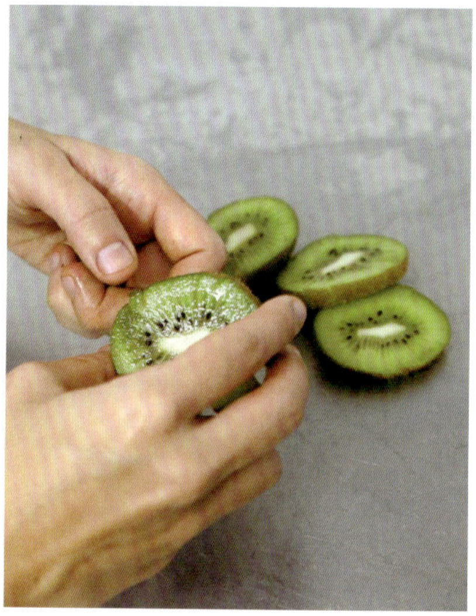
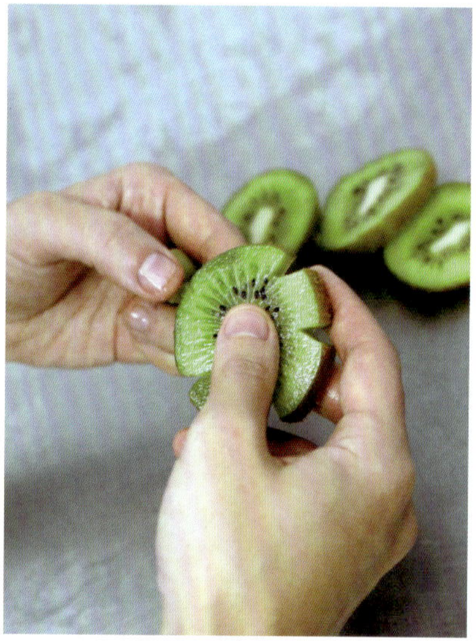
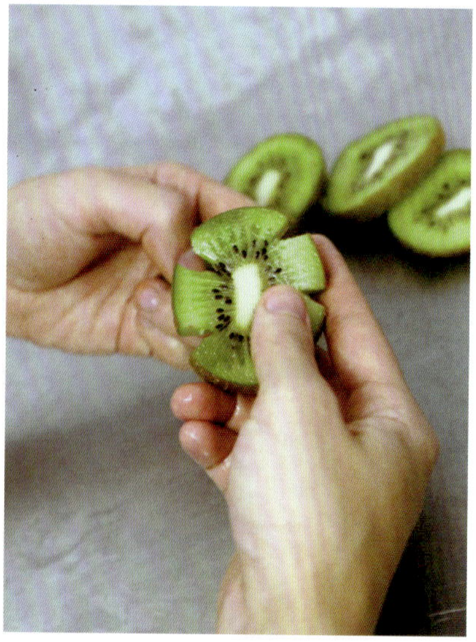
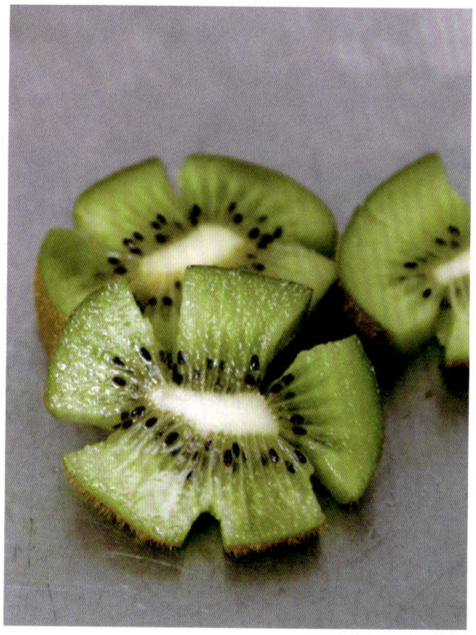

61

Goiaba

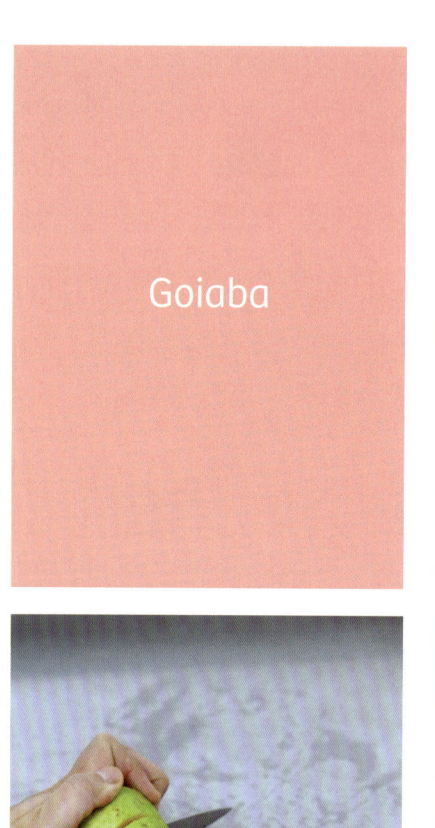

Pêra

64

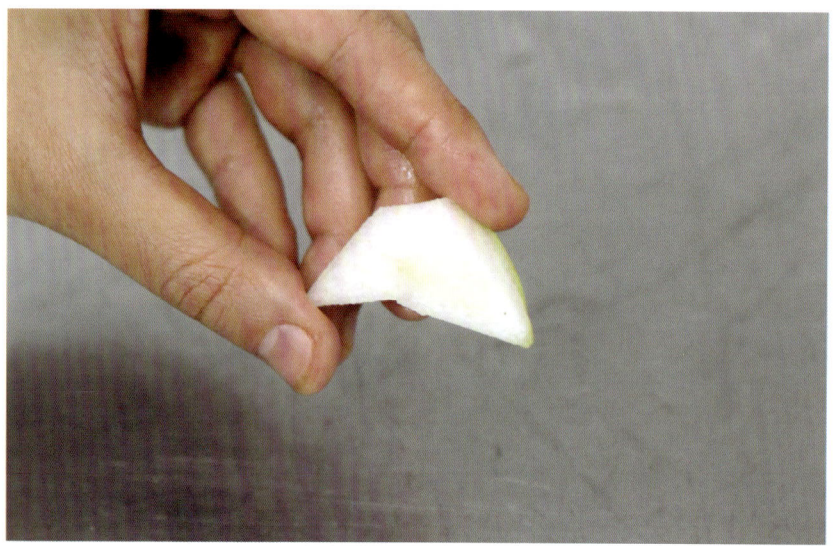

Morango

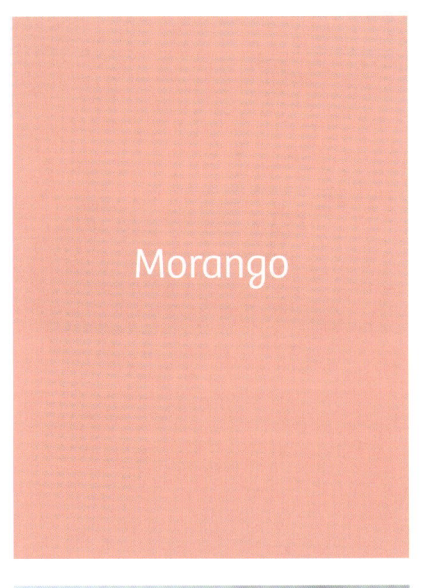

Manga

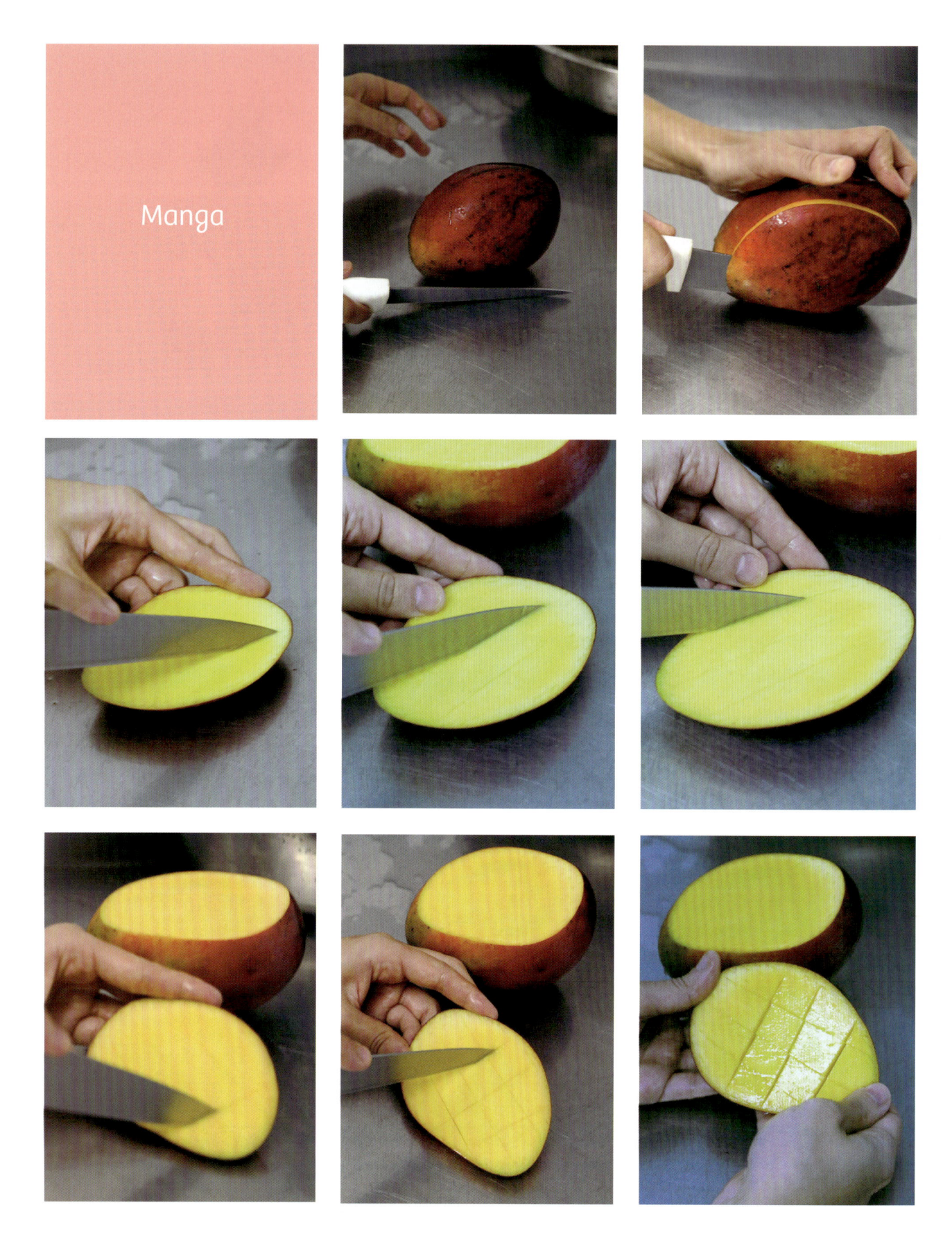

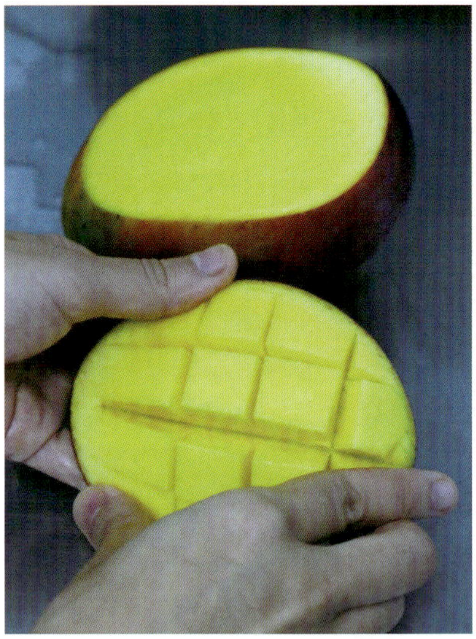

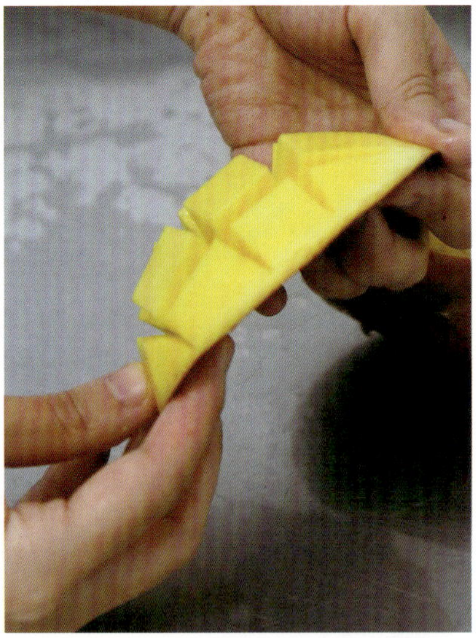

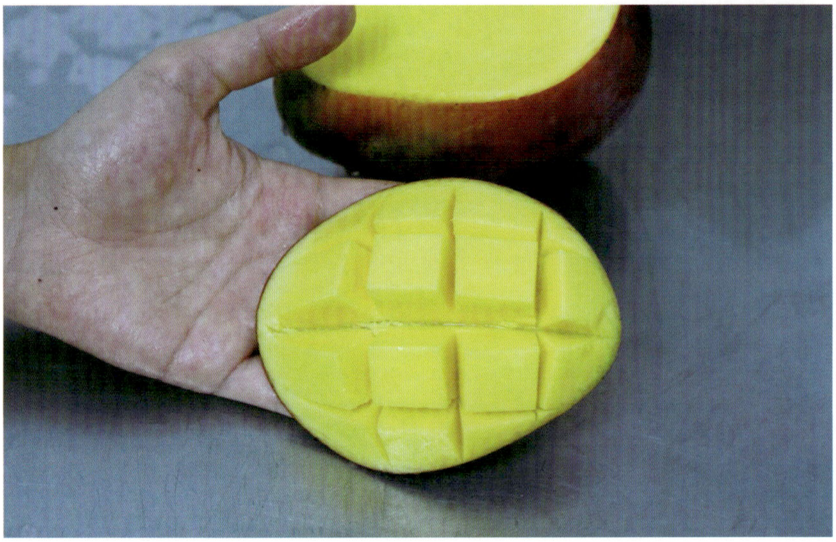

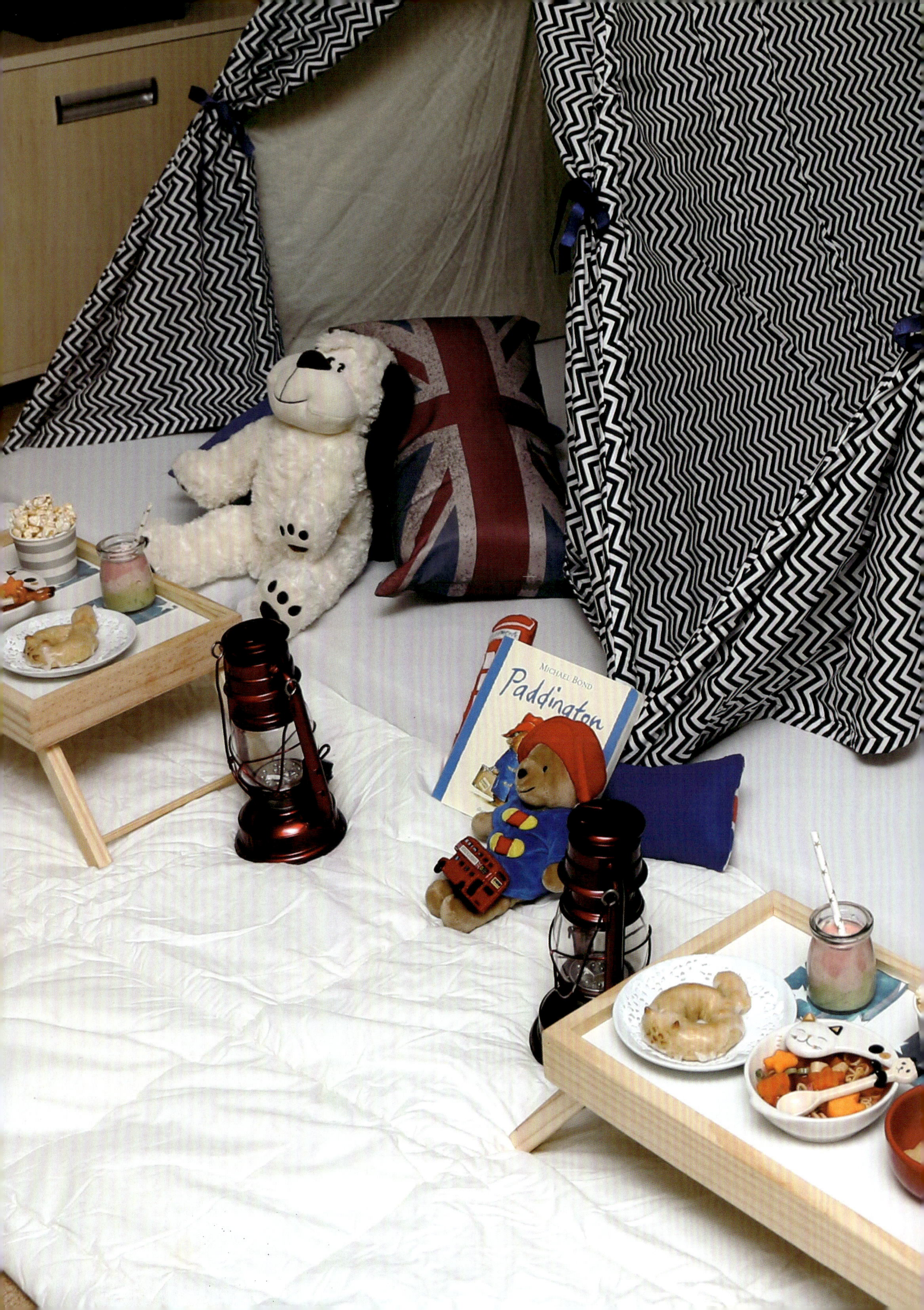
MICHAEL BOND
Paddington

Cabanas

O tema "Cabanas" é um tema de festa infantil bem divertido. Pode ser a noite do pijama, com contação de histórias, cineminha e muita bagunça. Esse tema é ótimo para uma festa pequena em *petit comité*, para poucas crianças na sala de casa.

A dica é fazer um lanchinho bem noturno, como um queijinho quente, biscoitinhos com leite, uma sopinha, bolinhos, pipoca e vitamina. Nada muito prolongado e poucos doces, para não agitar a criançada na hora de dormir.

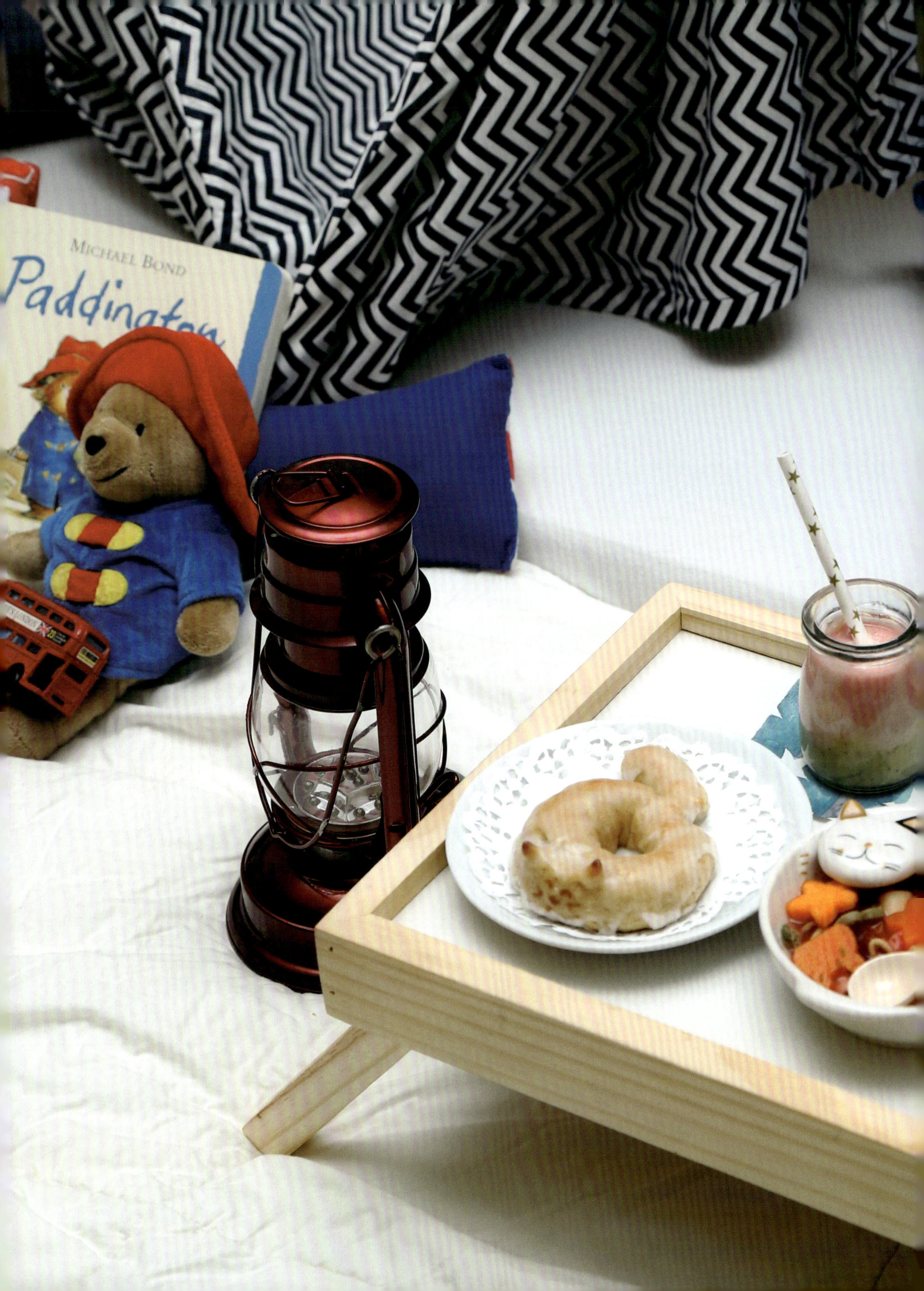
MICHAEL BOND
Paddington

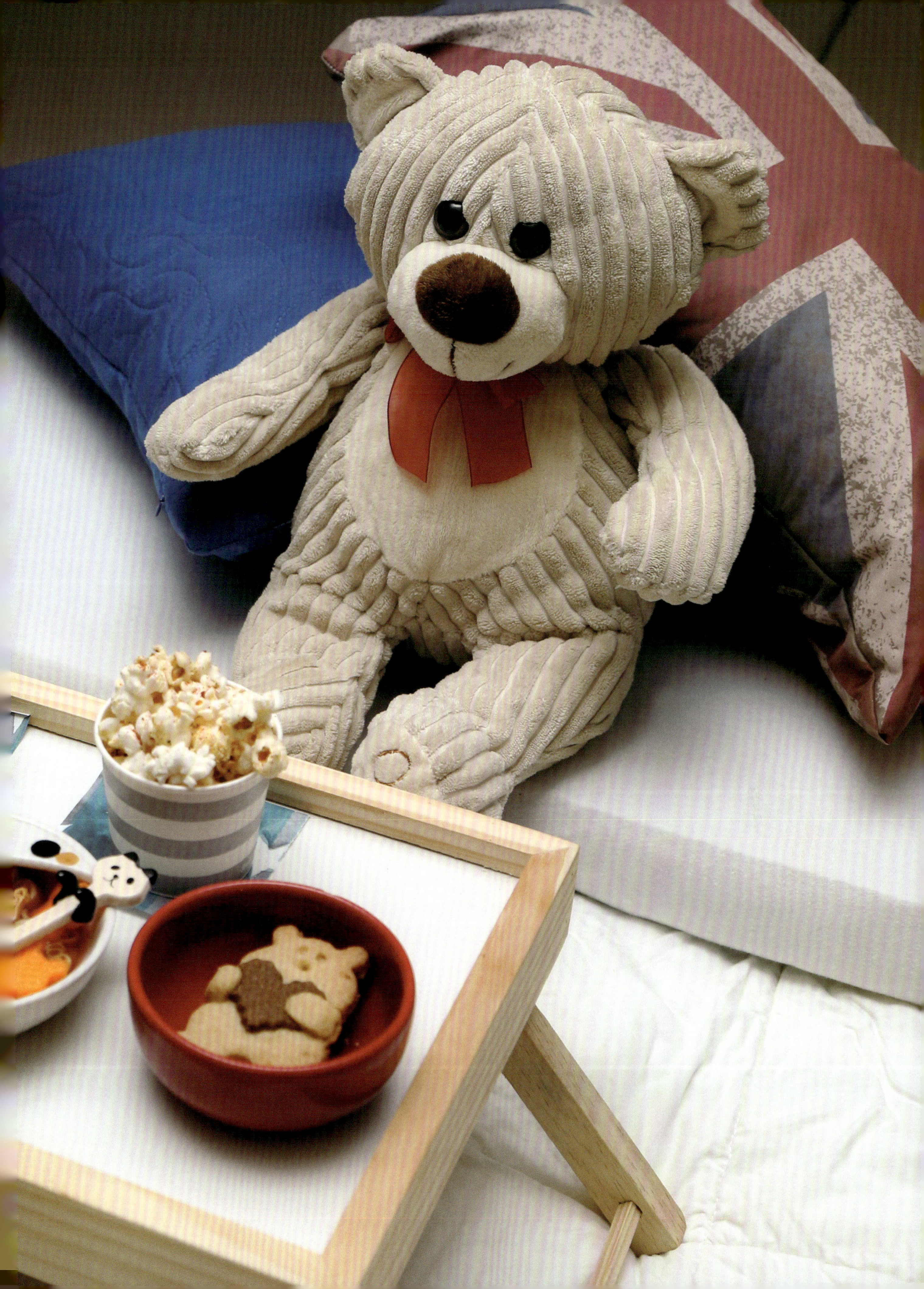

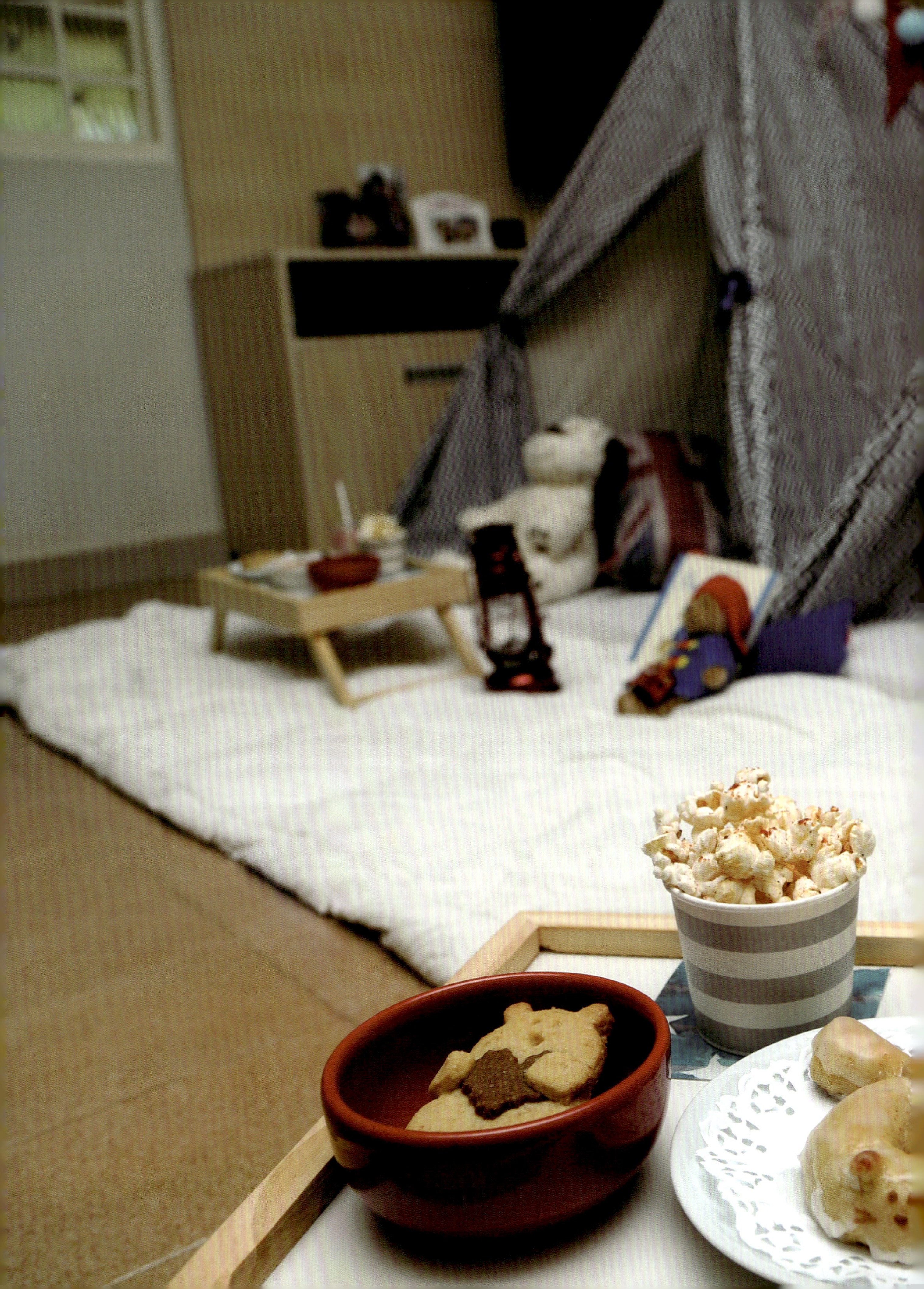

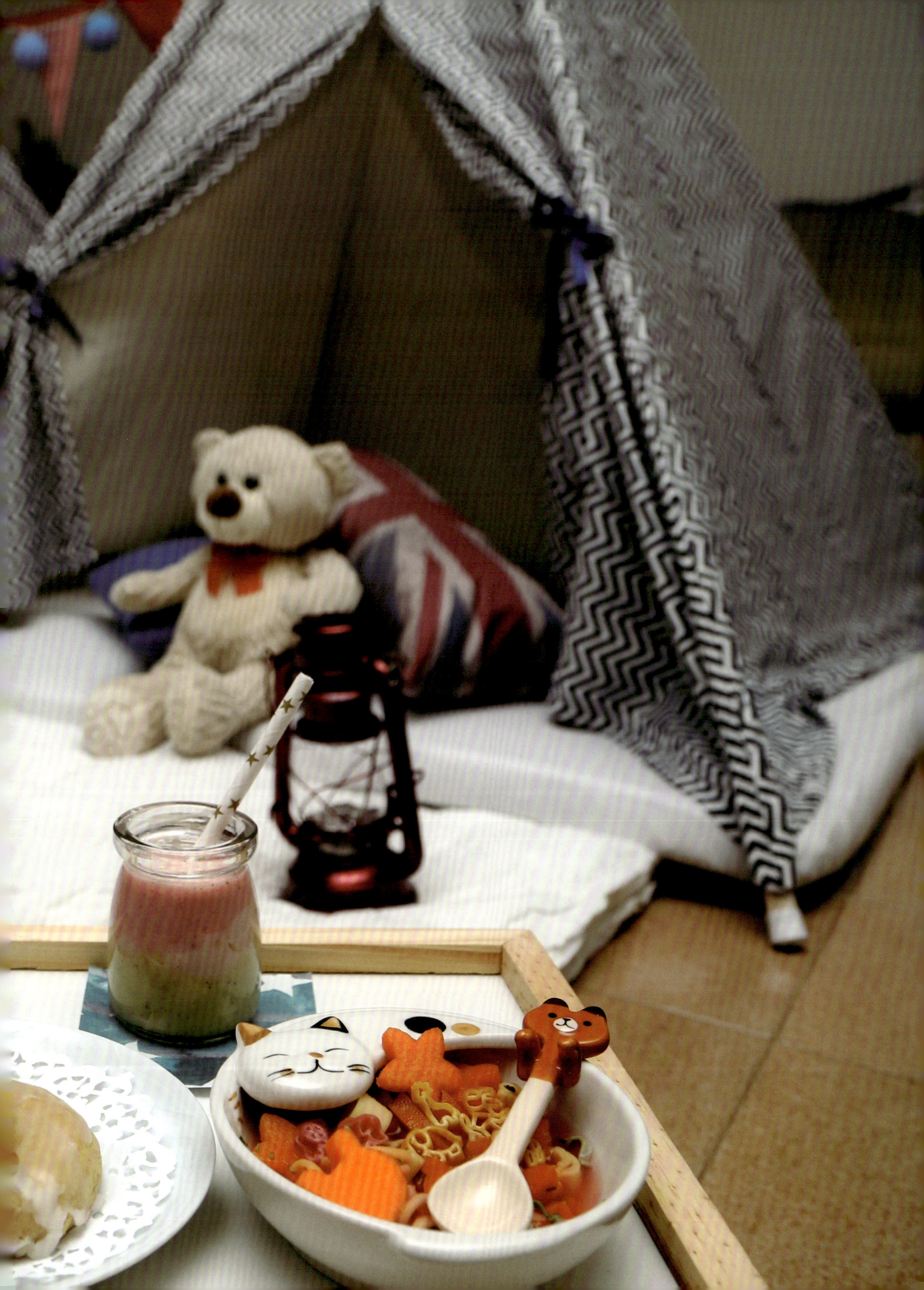

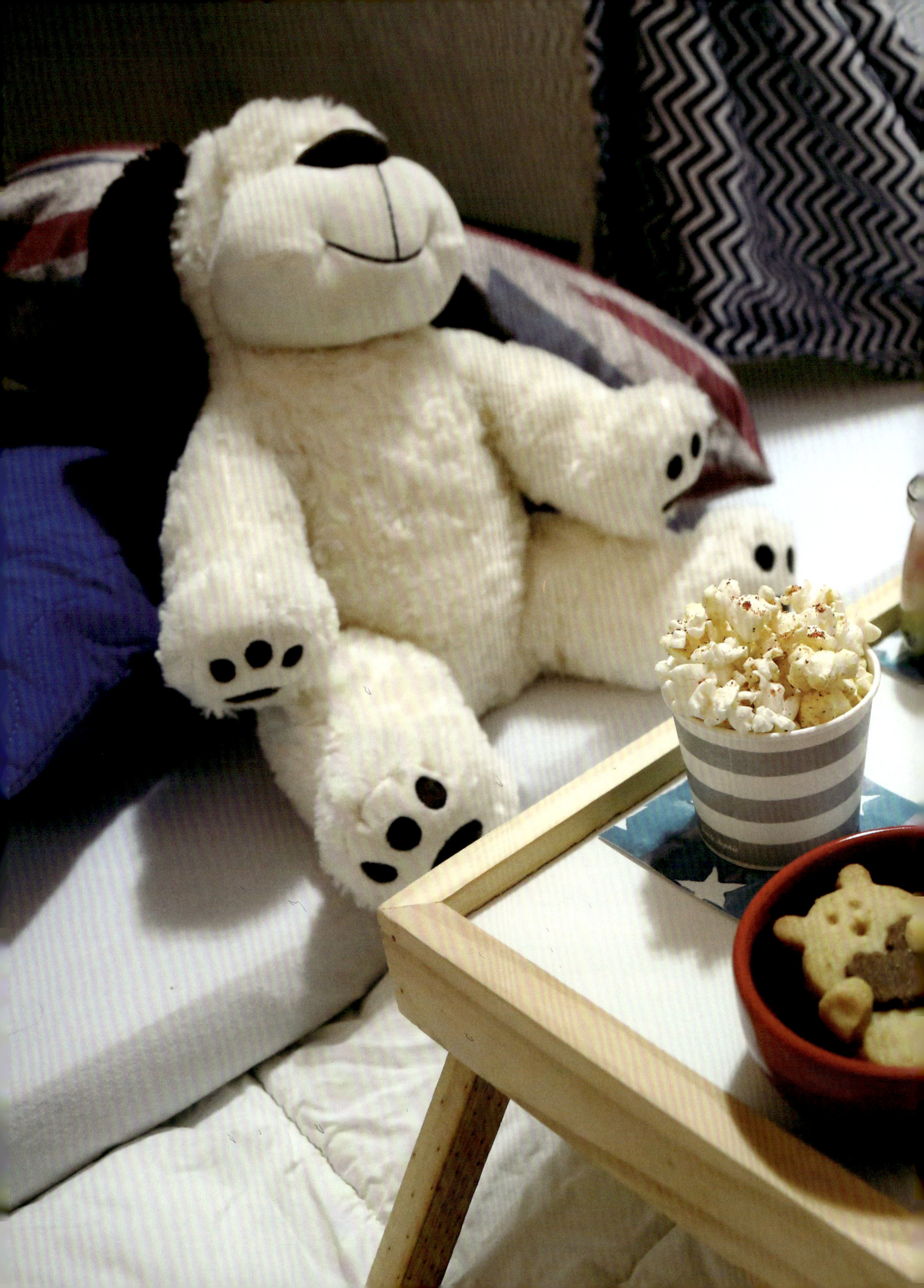

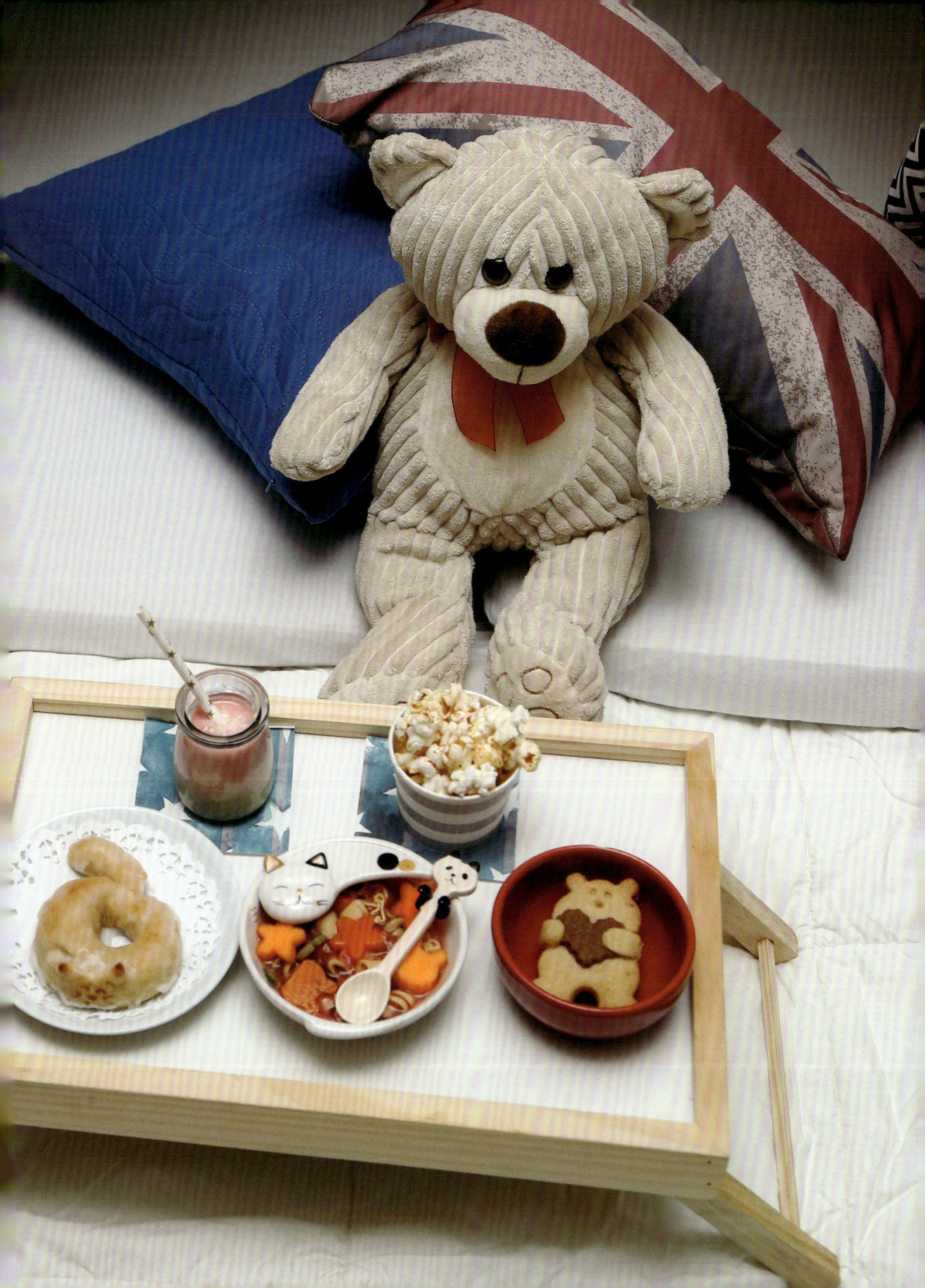

Sopinha colorida

Ingredientes

120g de cenoura cortada à Juliene
200g de batata cortadas à Juliene
50g de beterraba cortada à Juliene
50g de cebola picada ou ralada
100g de abóbora em cubos
100g de tomate picado
15g de *curry*
5g de pimenta-do-reino
15ml de azeite
200g de macarrão em formatos diversos

Opcional: 400g de patinho em cubos ou de peito de frango em cubos

Modo de fazer

Refogue a cebola com azeite. Em seguida, adicione os legumes e coloque água suficiente para cobri-los. Deixe cozinhar até que os legumes fiquem moles, adicione o *curry*, a pimenta-do-reino, o sal, e está pronto. Vá adicionando o sal aos poucos, a gosto. Para crianças, sugiro pouco sal. Caso queira adicionar a carne ou o frango, refogue-os juntamente com a cebola, no início do passo a passo.

77

Pipoca *gourmet*

Ingredientes

15ml de azeite
130g de milho para pipoca
2 dentes de alho amassados
3 ramos de tomilho
15g sal
10g pimenta-do-reino moída ou açafrão ou paprica
10g tomilho fresco, para finalizar

Modo de fazer

Em uma panela média, aqueça o azeite por cerca de 3 minutos. Retire do fogo e transfira para uma tigela. Adicione o milho, o alho, os ramos de tomilho e o sal. Cubra e deixe descansar, em temperatura ambiente, por 4 horas. Escorra o milho em uma peneira fina. Reserve o azeite e descarte o alho e o tomilho. Em uma panela grande, com tampa, coloque 1 colher de azeite e junte com o milho. Tampe e aqueça em fogo por cerca de 4 minutos, sacudindo com frequência. Deixe descansar por 30 segundos ou até que o milho termine de estourar.

Transfira para uma travessa e tempere com a pimenta-do-reino, o tomilho fresco e sal, se necessário.

79

Frappe rainbow

Material

Taças
Liquidificador
Canudos

Ingredientes

1 xícara de fruta picada (morango/pêssego/kiwi/manga/morango)
1 banana média congelada
100g de iogurte natural, coalhada ou iogurte grego
2 cubos de gelo
Opcional: Tâmaras, para adoçar

Modo de fazer

Adicione todos os ingredientes no liquidificador e bata. Para cada cor, uma fruta diferente. Pegue a taça, coloque a primeira camada de *frappe*, leve à geladeira ou ao congelador, até que adicione a segunda camada de *frappe*. Repita a operação para quantas cores e camadas desejar no seu *frappe*.

81

Rosquinha de gatinho

Ingredientes

310g de farinha (*mix integral+ branca*)
10g de fermento biológico seco
30g de açúcar
5g de sal
15ml de essência de baunilha ou amêndoas
220ml de leite morno ou leite vegetal
60g de manteiga *ghee* derretida
50g de ovo

Para o glacê

100g de confeiteiro
45ml de água
Opcional: Substituir a água por suco de beterraba, caso queira o glacê rosado.

Modo de fazer

Misture os ingredientes, menos o sal. Misture a massa e deixe descansar por 5 minutos; depois misture a massa novamente, até que ela fique homogênea e desgrude do fundo da tigela. Cubra a massa com um plástico e deixe o fermento agir por 2 horas. A massa irá aumentar de tamanho. Cubra uma bancada com farinha, adicione a massa na bancada. Abra a massa com um rolo, deixando uma espessura de mais ou menos 1cm. Para cortar os *donuts*, use um cortador circular de aro 6cm e outro de 3cm. Unte uma assadeira com manteiga *ghee* ou óleo vegetal e coloque nela os *donuts*. Preaqueça o forno por 10 minutos, a 200°C. Asse os *donuts* por 25 minutos ou até ficarem dourados.

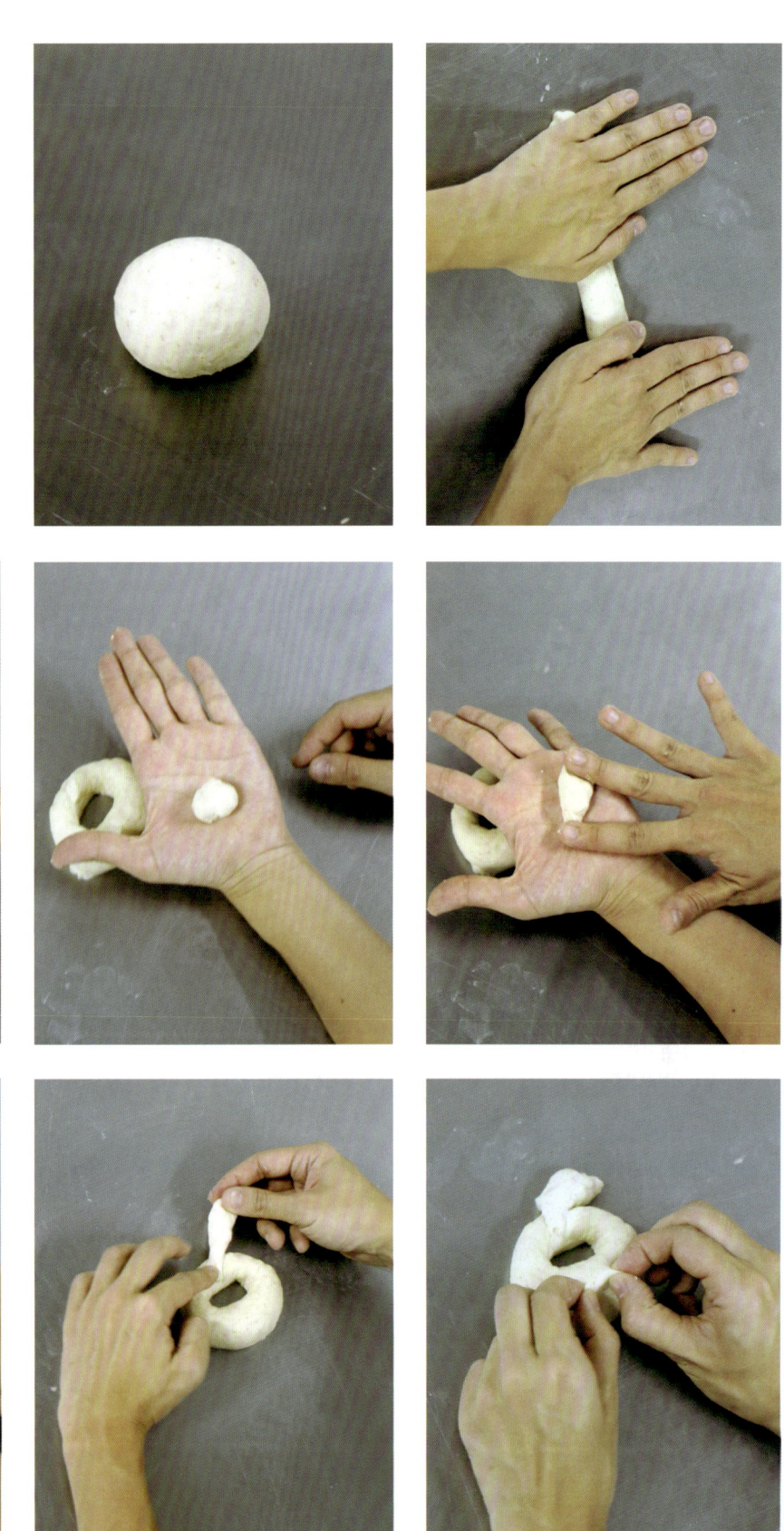

84

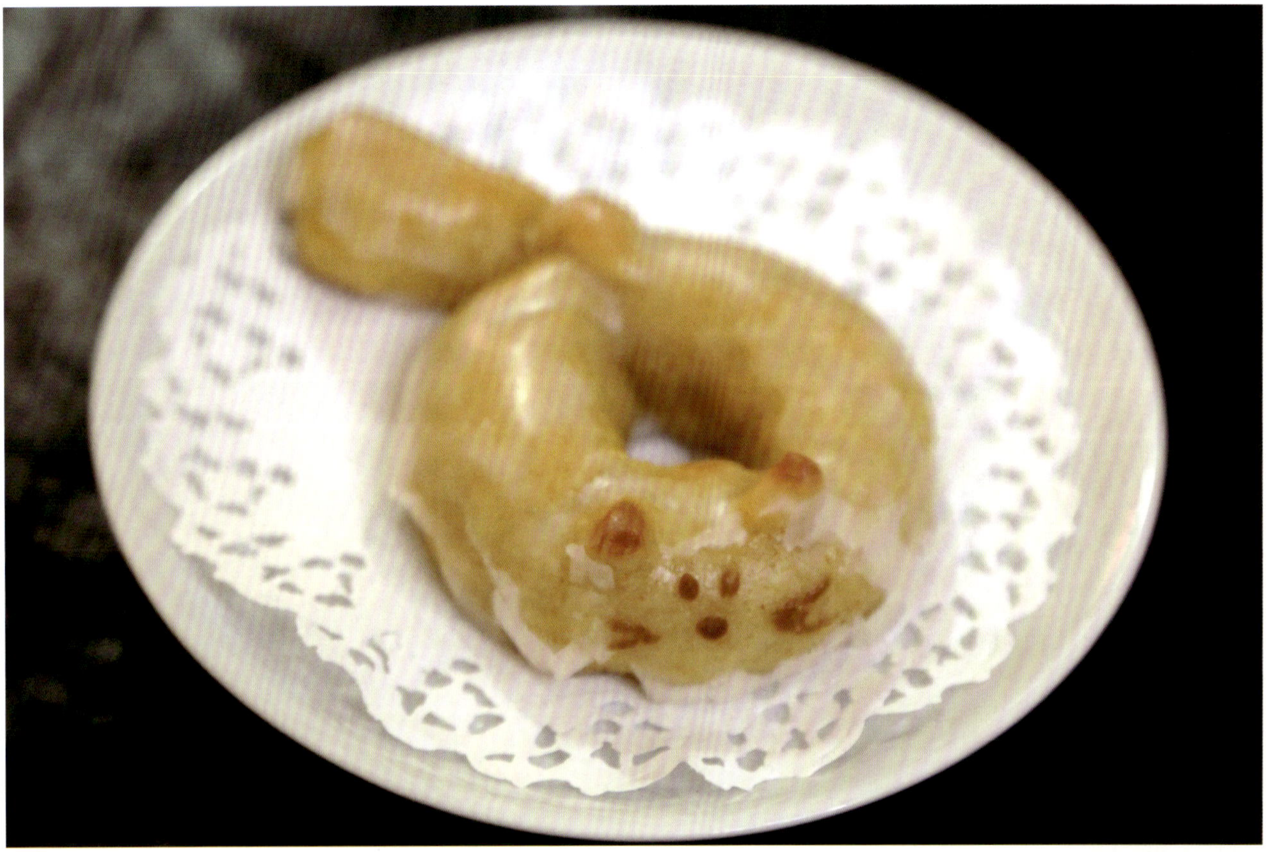

Biscoitinho de ursinho

Material

Cortador de biscoitos em formato de ursinho 8cm
Cortador de biscoitos em formato de coração 2,5cm

Ingredientes

200g de farinha de amêndoa
Opcional: 100g de coco ralado sem açúcar
5g de sal
20g de manteiga
30g de açúcar mascavo
15g de açúcar demerara
15ml de extrato de baunilha
50g de ovo

Para fazer o biscoitinho de chocolate, basta acrescentar 2 colheres de sopa de cacau em pó e misturar com mais 1 colher de sopa de leite de coco.

Modo de fazer

Misture todos os ingredientes delicadamente, apenas para misturar tudo. Quando a massa estiver homogênea, enrole-a em um filme plástico e deixe descansar, por 2 horas, na geladeira. Retire a massa da geladeira e abra-a entre dois plásticos, como mostra o passo a passo. Coloque os ursinhos em uma assadeira untada e leve ao forno, preaquecido a 180°C, por 7-10 minutos ou até dourar. Desligue o forno e retire os biscoitos, para que não continuem assando.

87

88

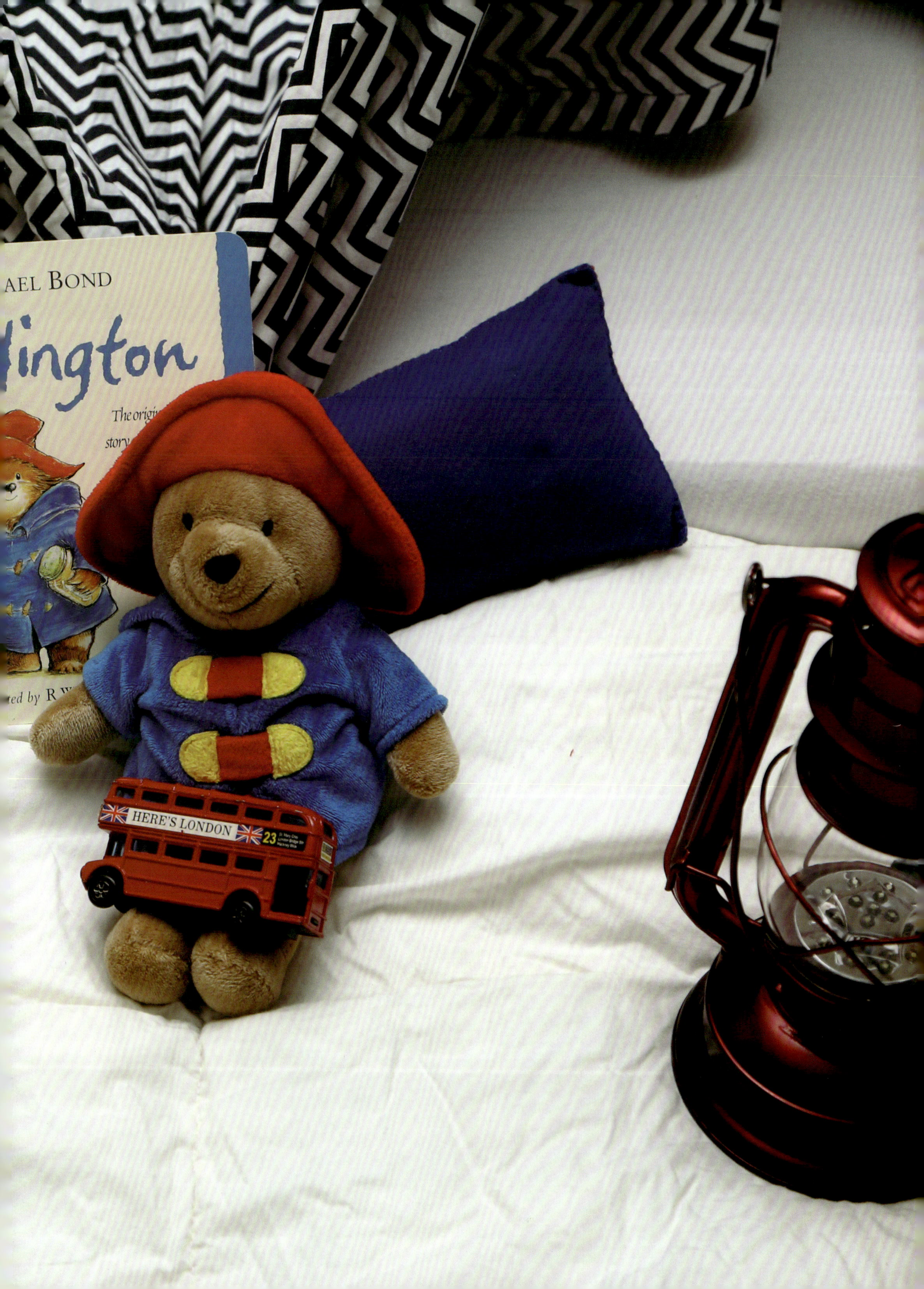
AEL BOND
ington
HERE'S LONDON
23

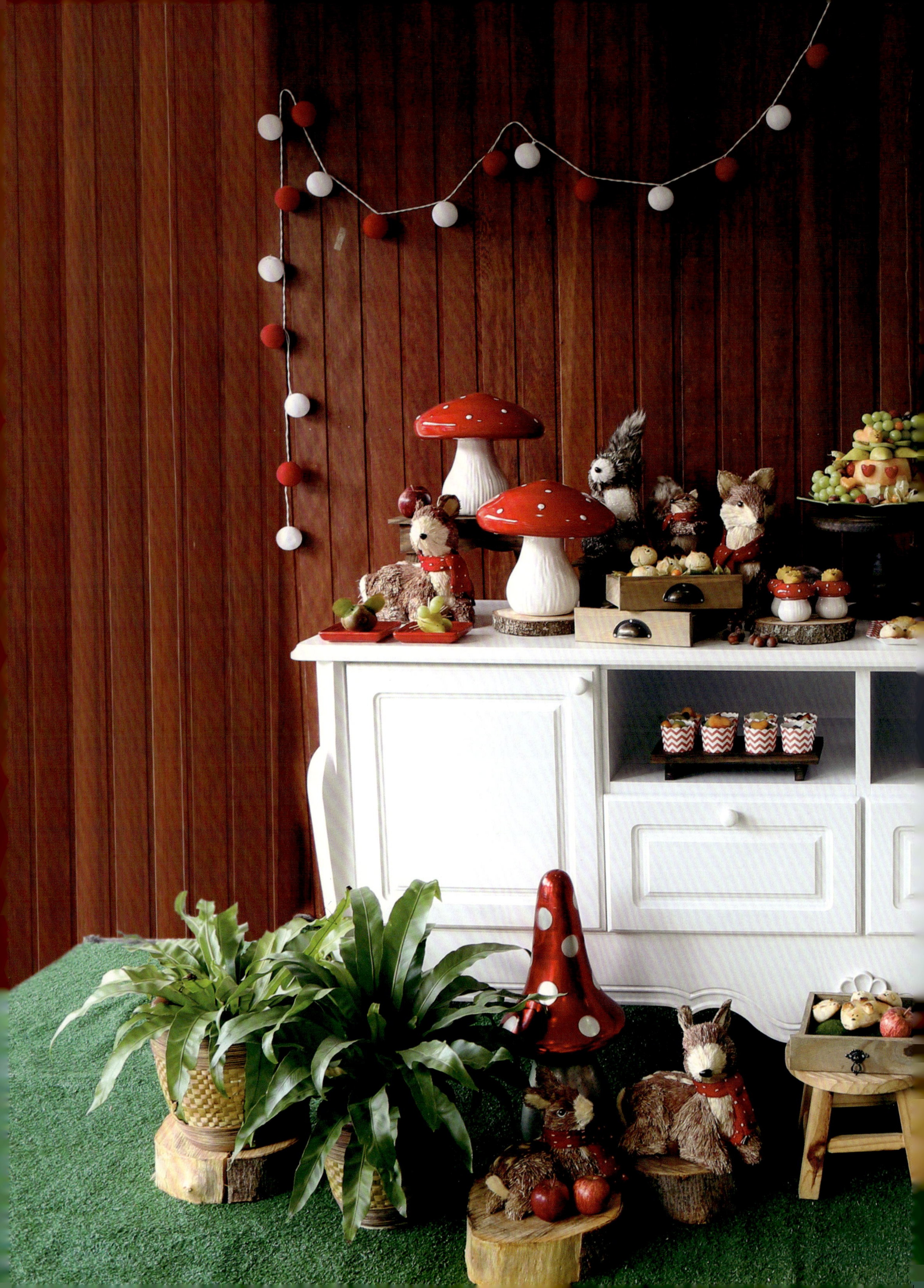

Bosque
(1 aninho)

O tema "Bosque" é um tema encantador para crianças pequenas. Este capítulo foi feito especialmente para crianças pequeninas que ainda não consomem o açúcar. Apresenta, ainda, algumas receitas sem glúten e sem lácteos.
A dica é colocar à mesa frutas ou um arranjo ou bolo de frutas, *muffins* e bolinhos que as crianças possam ter a liberdade de apreciar em sua festa.

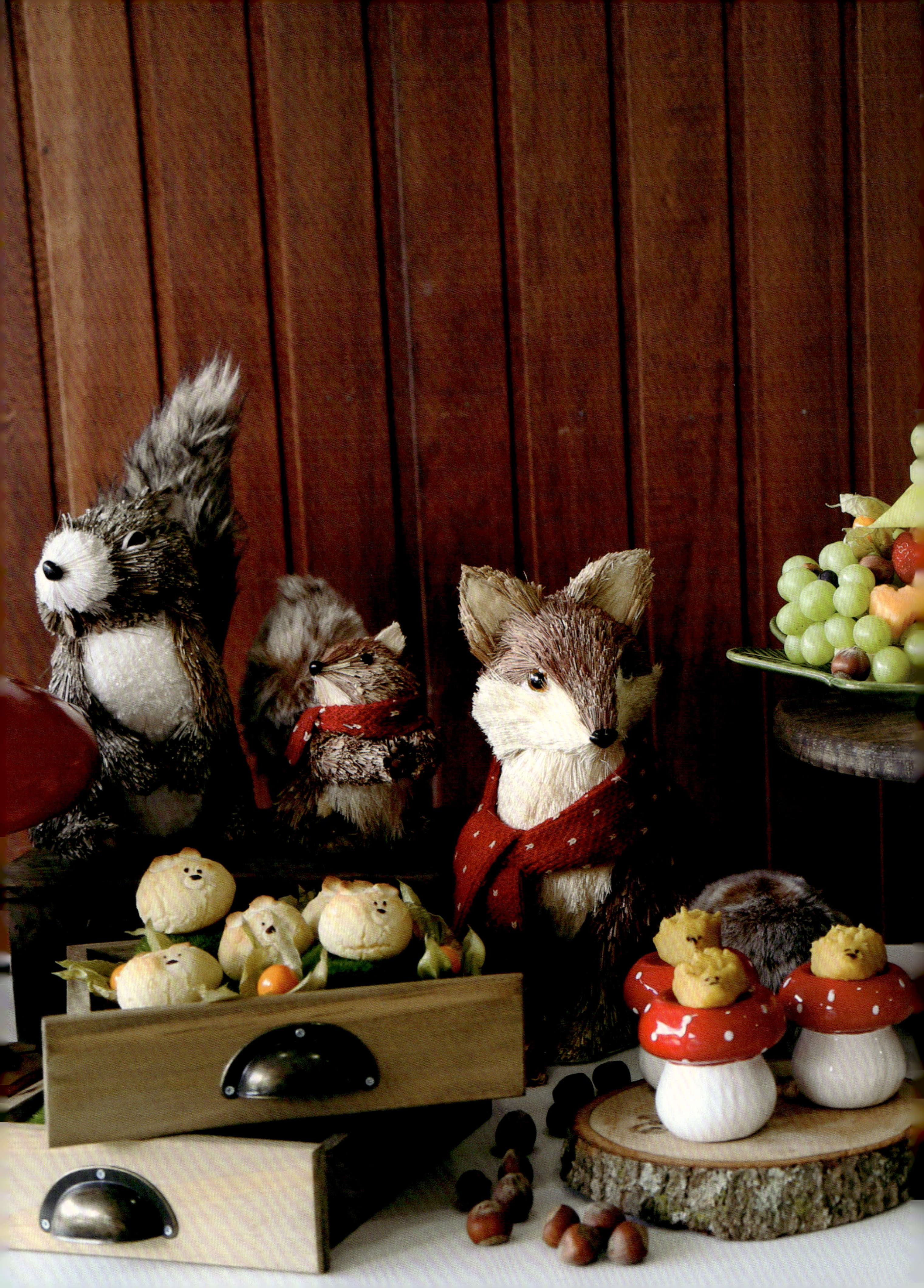

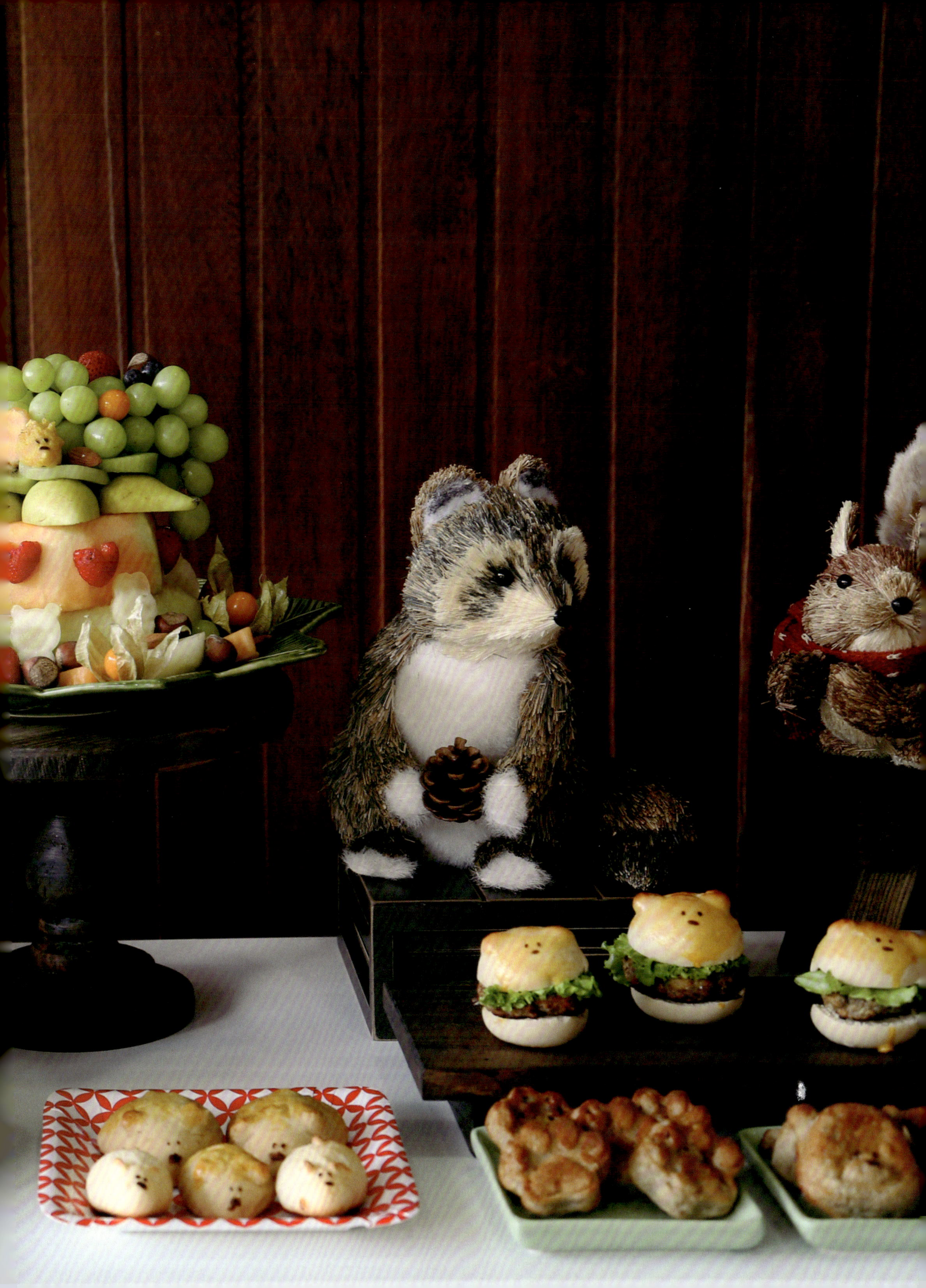

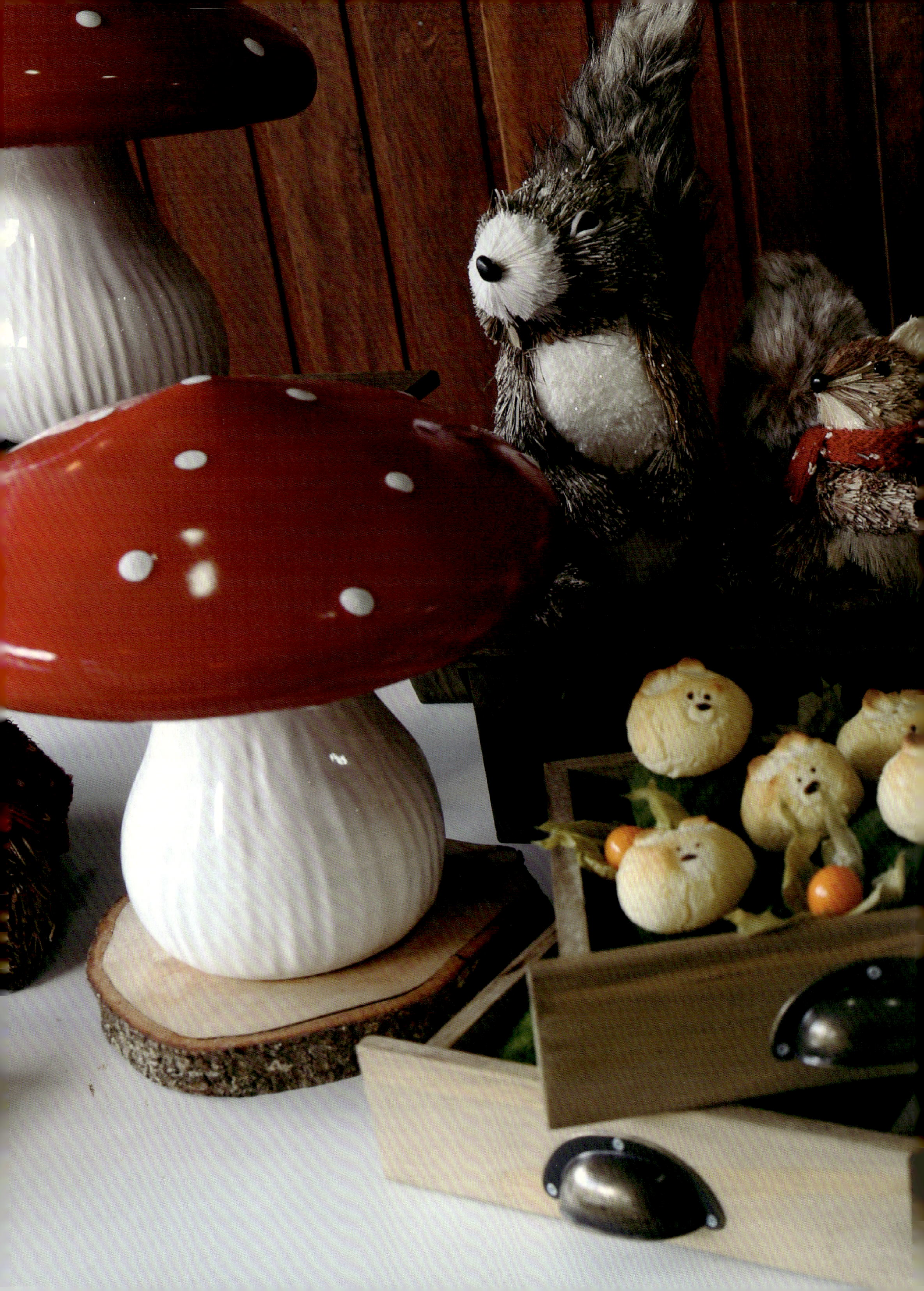

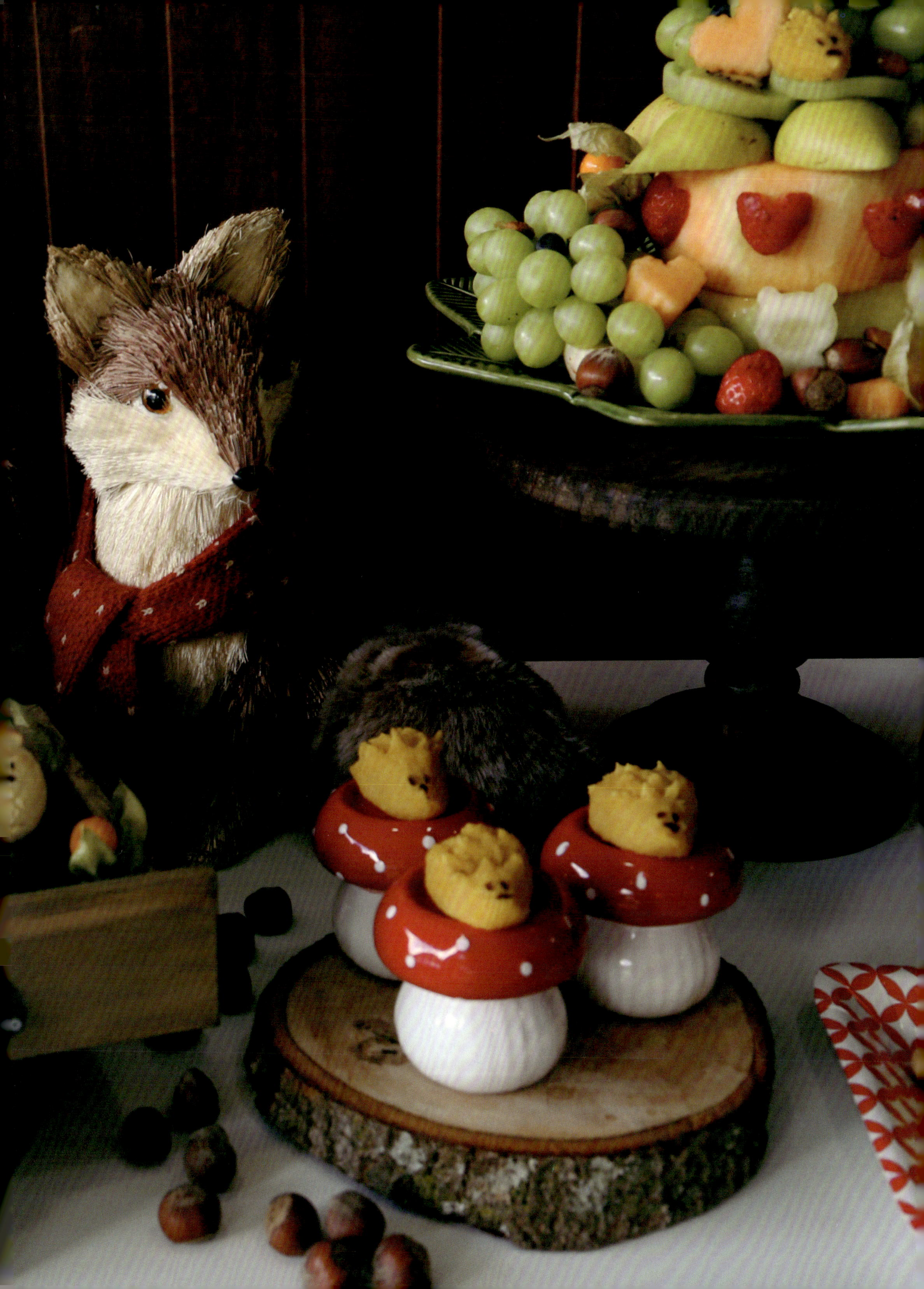

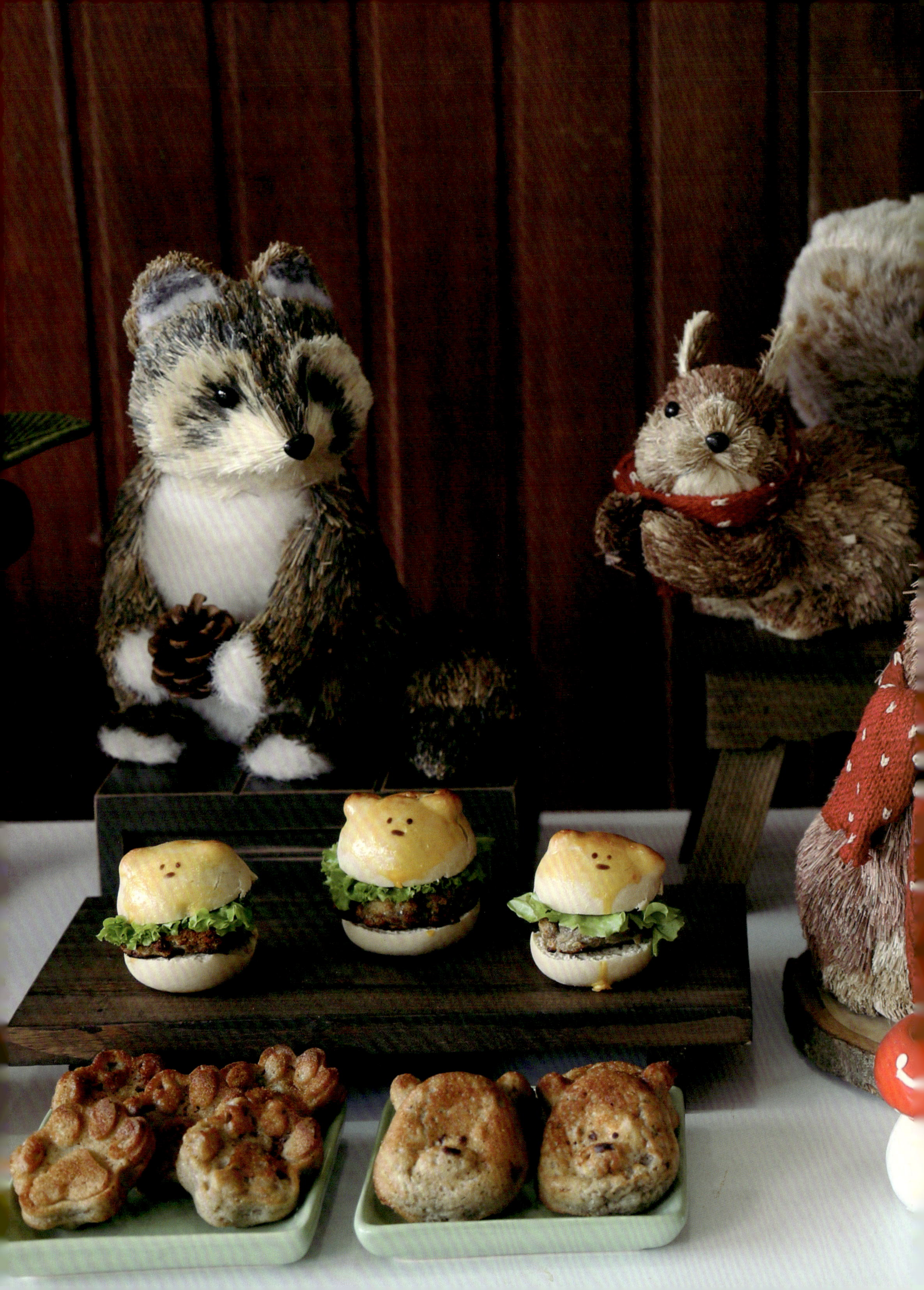

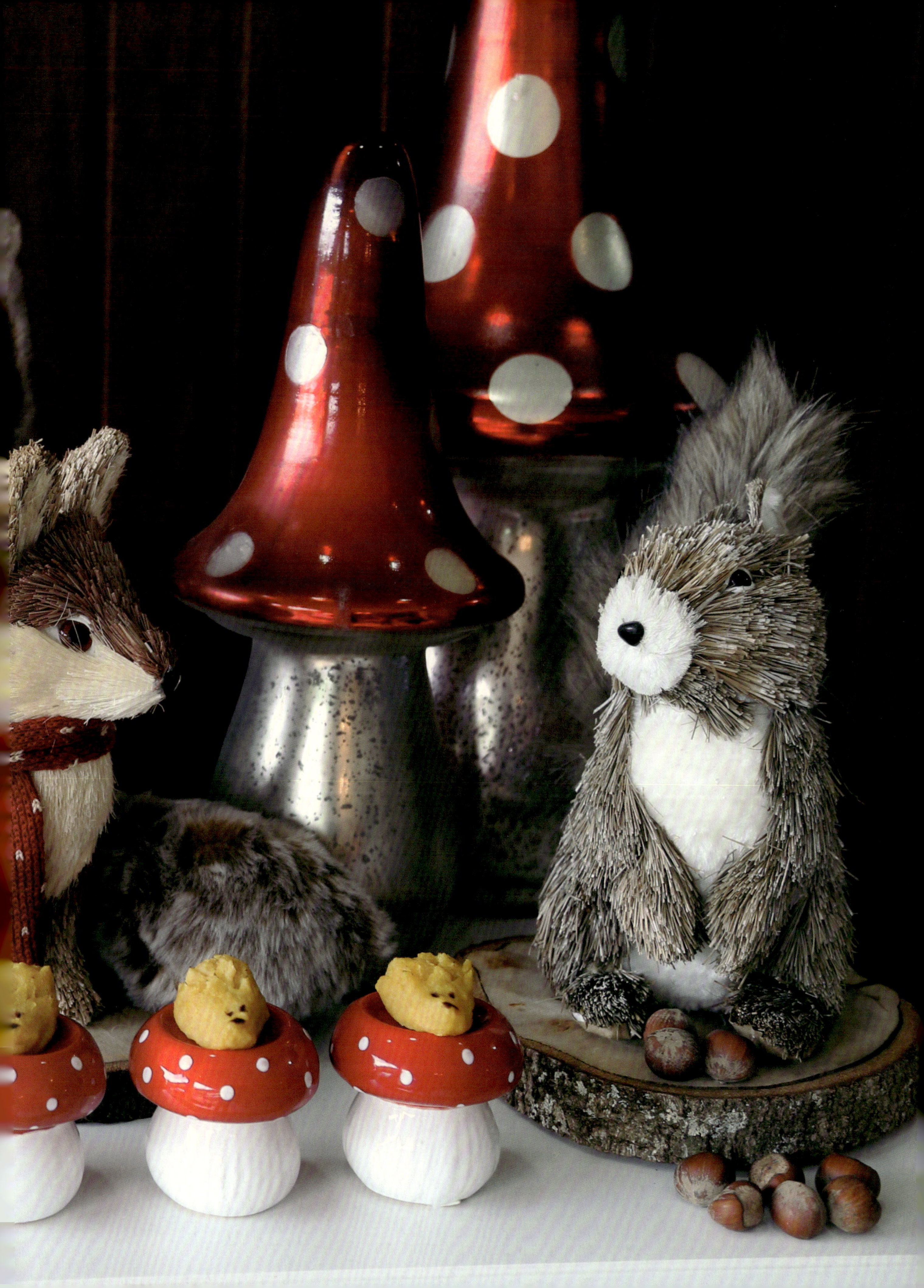

Saladinha de frutas de animais

Material

Cortadores de biscoito de animais

Modo de fazer

Para ter maior custo benefício na hora de cortar uma fruta, deve se levar em conta o tamanho da área que ela tem, para que se possa usar um cortador em sua totalidade. Melões de vários tipos e cores e melancias são os preferidos, por serem frutas grandes, fáceis de cortar e com uma área grande sem sementes. Descasque as frutas como mostra o passo a passo no capítulo das frutas (p.57). Corte fatias não muito finas, para não quebrar a fruta na hora de retirar o cortador, e nem muito grossas, deve ter uma espessura menor que a espessura do cortador, para não ter trabalho na hora de pressionar o cortador contra a fruta. Caso o cortador seja de metal, tome cuidado para não cortar a mão. Para evitar acidentes, pressione o cortador contra a fruta usando uma colher ou um garfo entre suas mãos e o cortador. Prefira cortadores de plástico ou material similar.

Dica

A gelatina *kanten* (Agar Agar) é uma ótima pedida para se colocar junto com as frutinhas; além dela não derreter, pois endurece à temperatura ambiente, também pode ser feita adoçada com suco de maçã (p. 122).

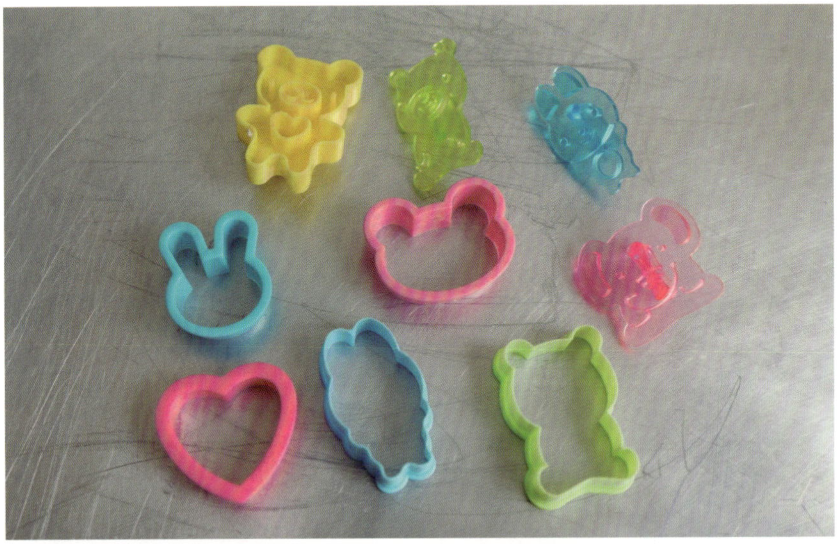
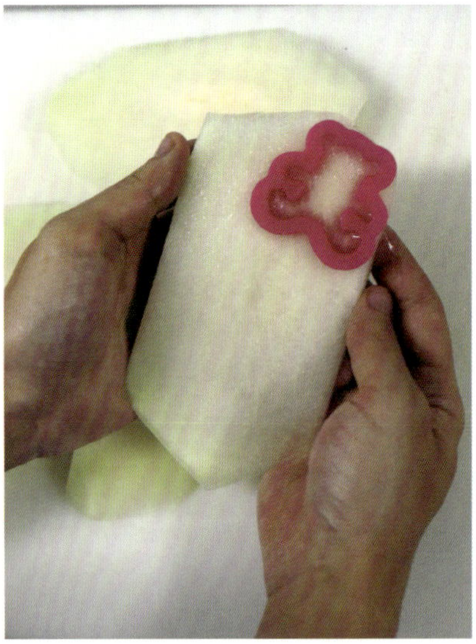
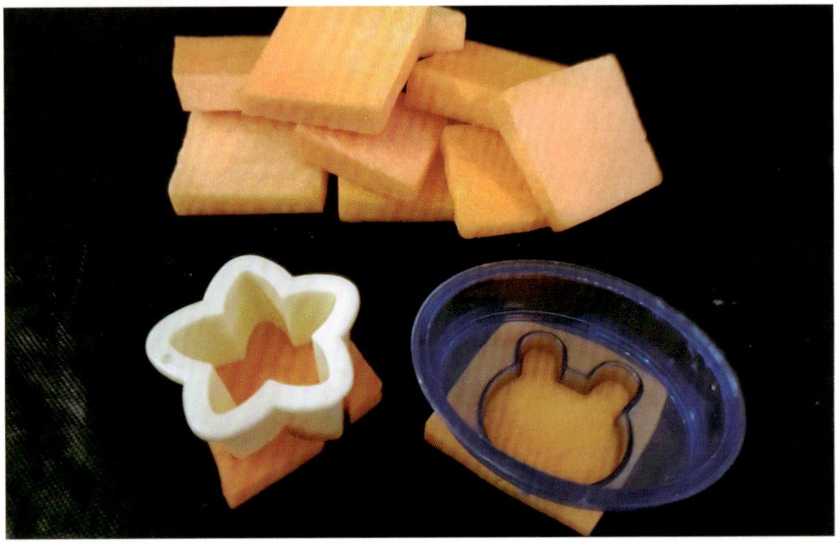
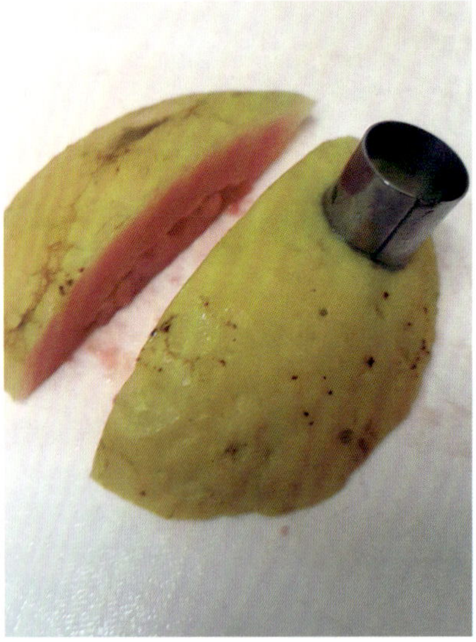
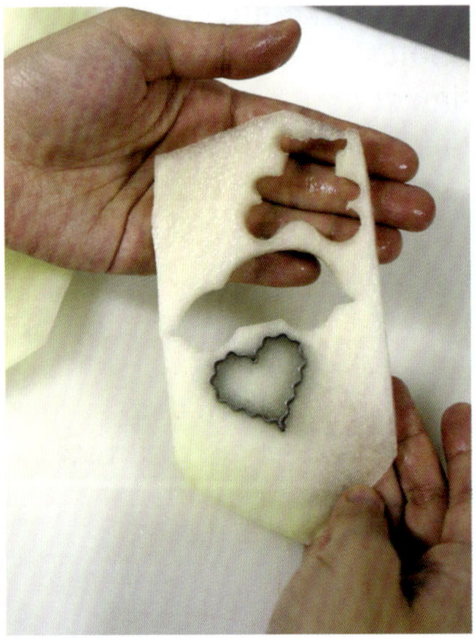
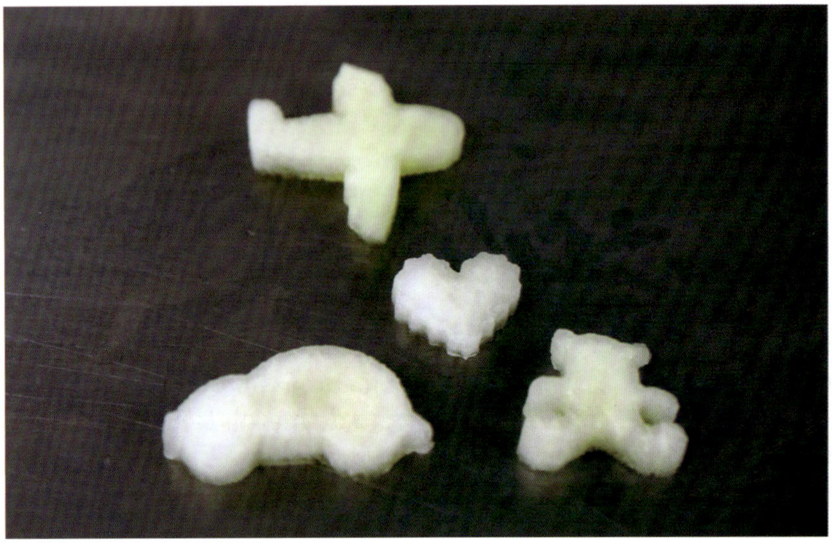

Bolinho de mandioquinha assado – Porco espinho

Material

Maçarico
Panela de pressão

Ingredientes

3 mandioquinhas
15g de sal rosa
2 colheres de sopa de polvilho doce
Opcional: 1 ovo
Gergelim negro, para fazer os olhinhos

Modo de fazer

Cozinhe as mandioquinhas, descascadas e cortadas em rodelas, na panela de pressão. Deixe cozinhar por 7 minutos depois que der pressão. Desligue, retire as mandioquinhas, amasse-as e, ainda bem quentes, misture com o restante dos ingredientes. Depois que esfriar, com a ajuda de uma colher, pegue porções e molde em formato de pingo d'água. Com o auxílio de uma tesoura, faça piques, como mostra o passo a passo, e coloque os gergelins no porco-espinho, para imitar os olhos. Leve ao forno a 200°C, por 10 minutos. Após retirar do forno, faça, com um maçarico, os detalhes dos espinhos do porquinho.

101

102

Muffim de banana nanica sem açúcar de ursinho e patinha

Material

Liquidificador
Formas de silicone de ursinho e de patinha
Spray desmoldante, para confeitaria

Ingredientes

3 bananas nanicas bem maduras
1 maçã com casca e sem semente
4 ovos
125g de farinha (ou *mix de farinha sem glúten* p.35)
15g de fermento em pó
45ml de óleo
Opcional: 60ml de mel ou 1 xícara de tâmaras picadas

Modo de fazer

Adicione, no liquidificador, as bananas cortadas em rodelas, a maçã cortada em pedaços, o óleo e os ovos. A mistura tem que ficar homogênea, sem pedaços grandes de frutas. Caso use o mel ou as tâmaras, pode adicionar junto, no liquidificador. Retire a mistura do liquidificador e passe para uma vasilha; coloque a farinha e o fermento e misture delicadamente. Passe o *spray* desmoldante nas formas de silicone, coloque a massa até preencher 2/3 da forma. Asse, em forno preaquecido a 180°C, por 25-30 minutos. Desligue o forno e deixe esfriar, para desenformar.

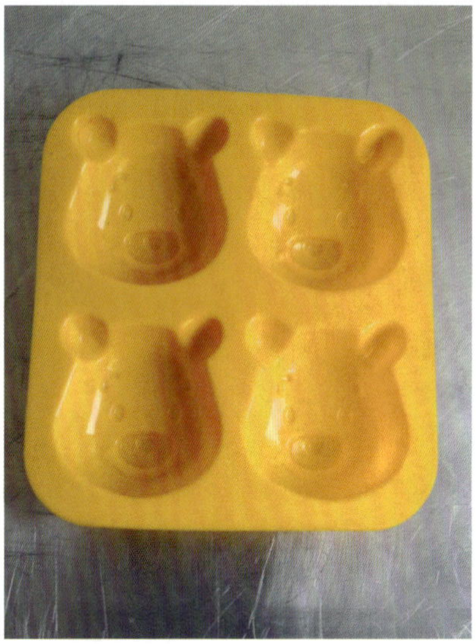
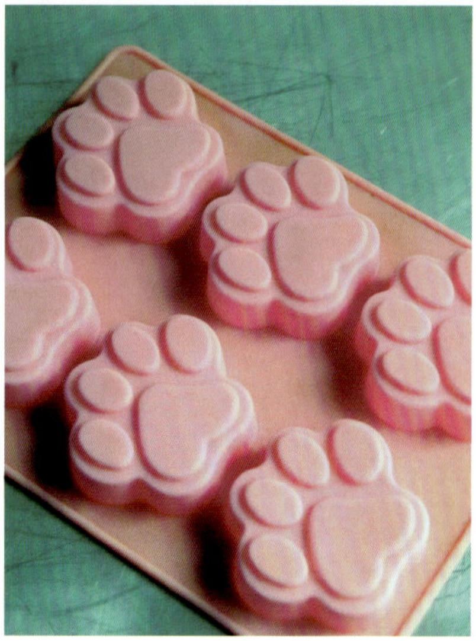
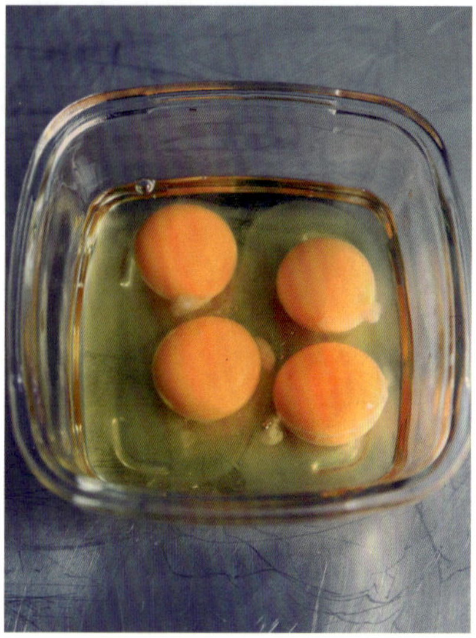
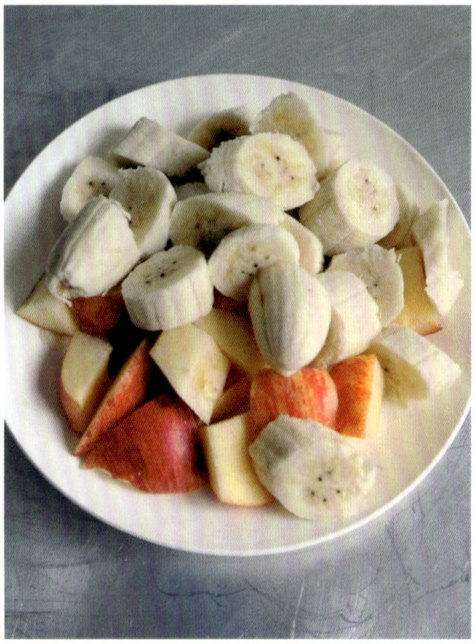
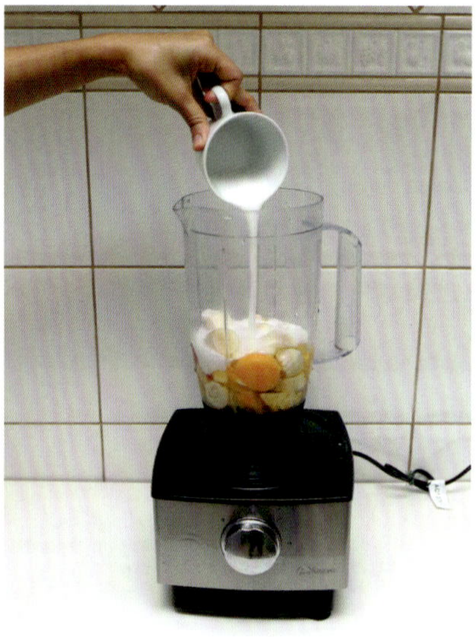
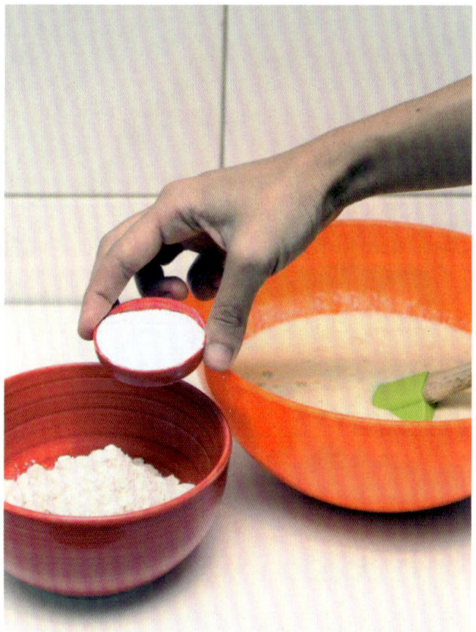
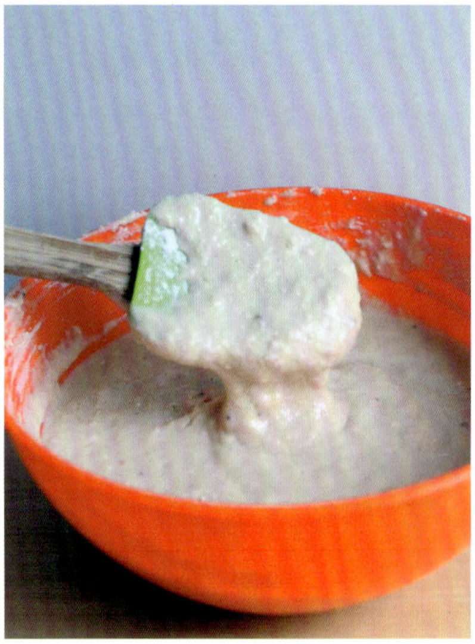
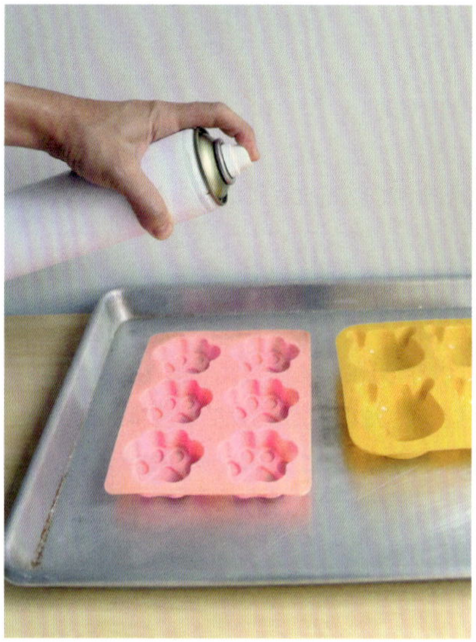
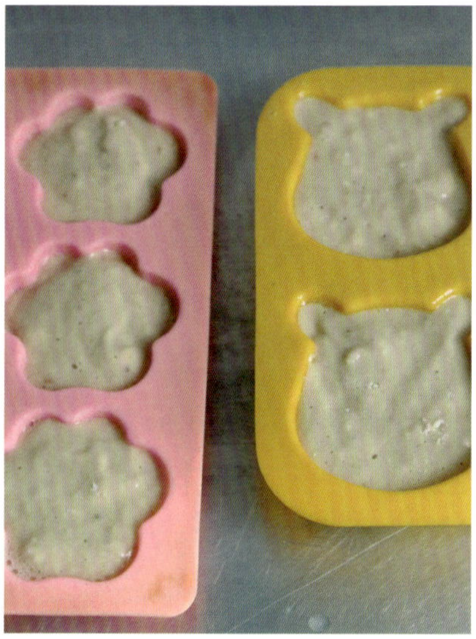

105

Pão de quê de animais (sem glúten e sem lácteos)

Ingredientes

700g de polvilho doce
300g de polvilho azedo
200ml de óleo
600g de purê de mandioca ou batata
200ml de água quente
15g de sal
Opcional: 300ml de ovos, caso a massa esteja pesada e seca.

Modo de fazer

Coloque em uma tigela os polvilhos e o sal. Ferva o óleo com a água. Adicione o purê bem quente e vá colocando aos poucos o óleo com a água, sempre misturando. Se quiser fazer em uma batedeira, com a raquete gancho pode ser feita com mais rapidez. A coloração pode ser alterada com a substituição do purê. Para ficar rosa, utilize a beterraba, para ficar verde, o espinafre, ou utilize o passo a passo para a coloração de pães p.40. Modele os animais como mostra o passo a passo.

107

108

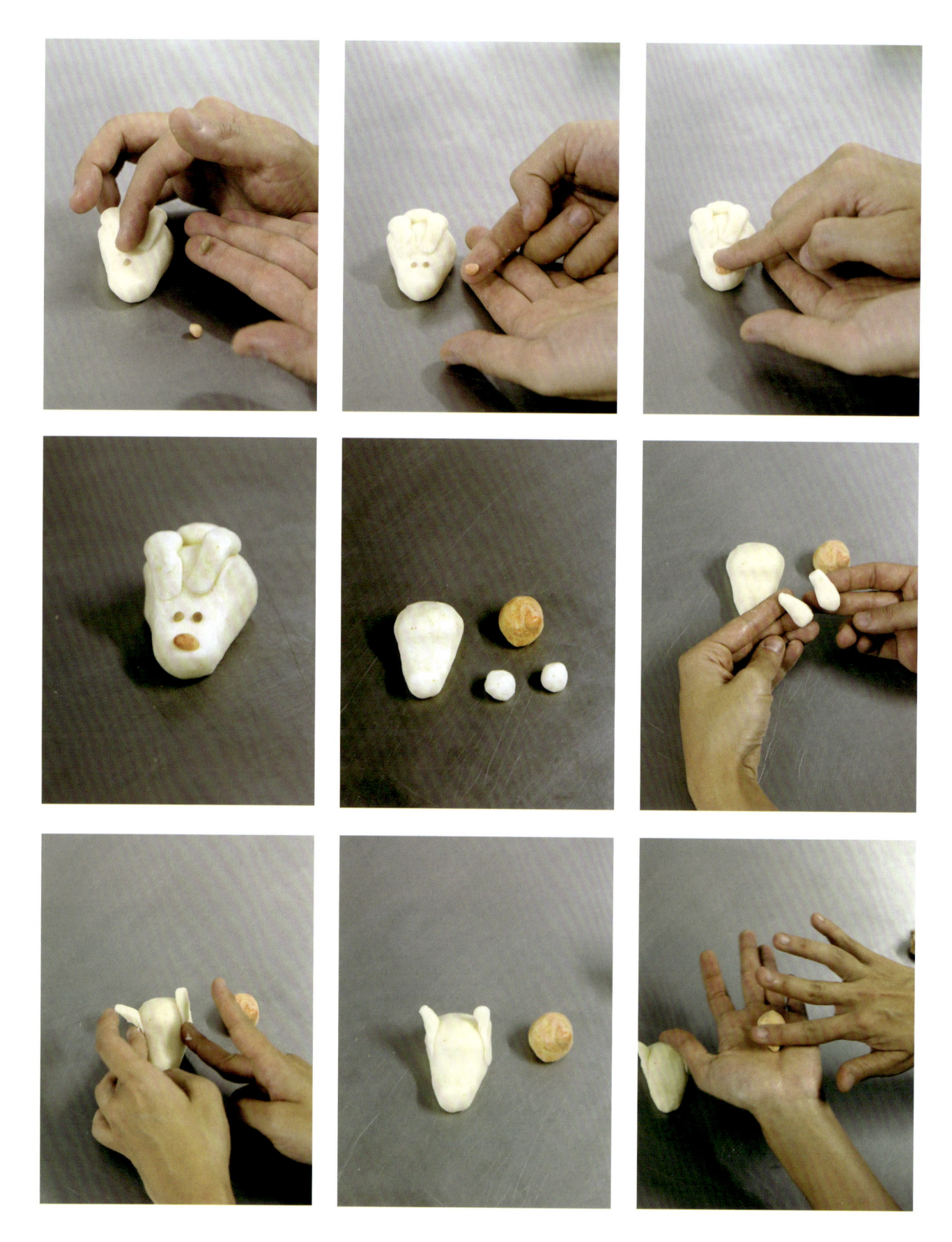

109

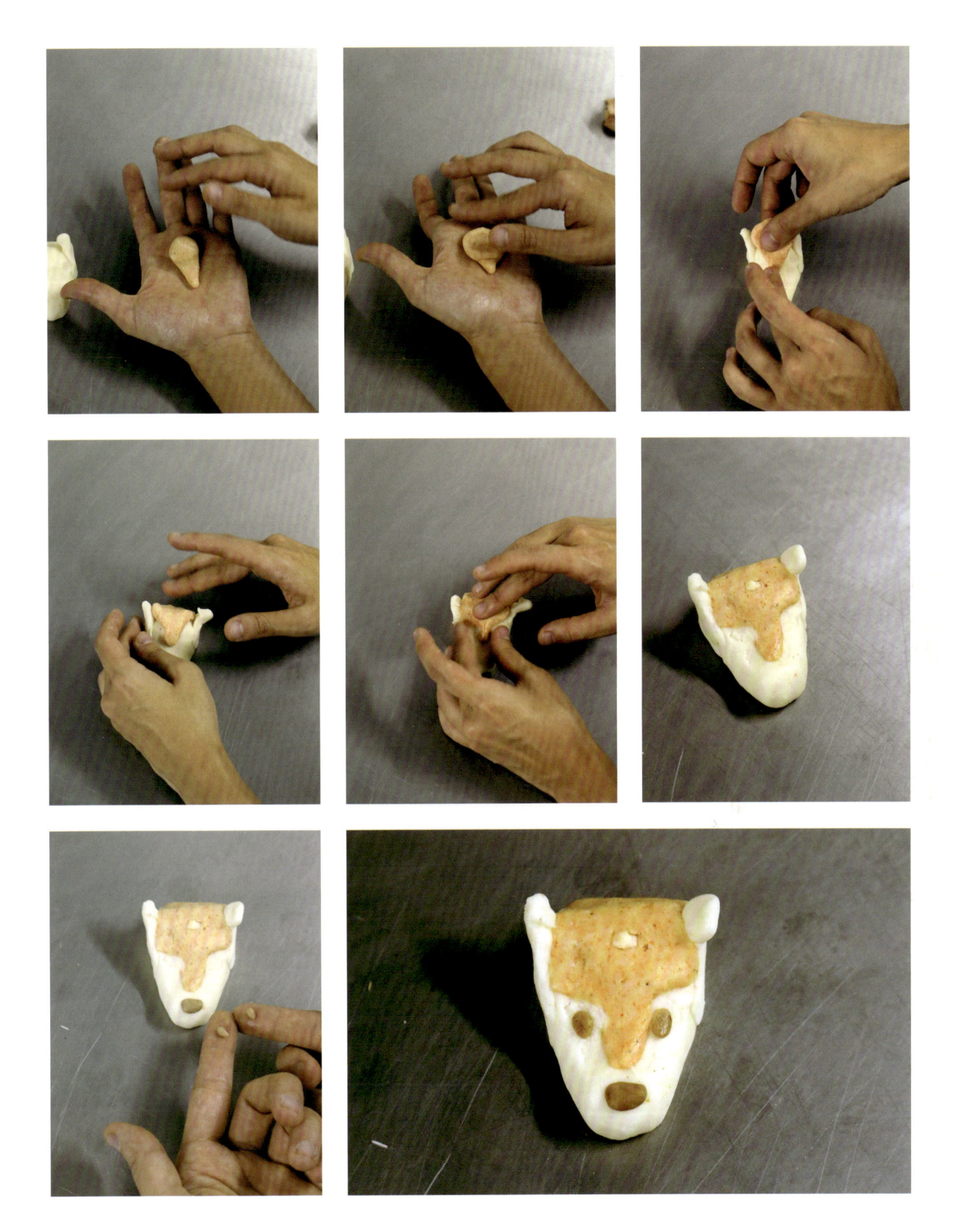

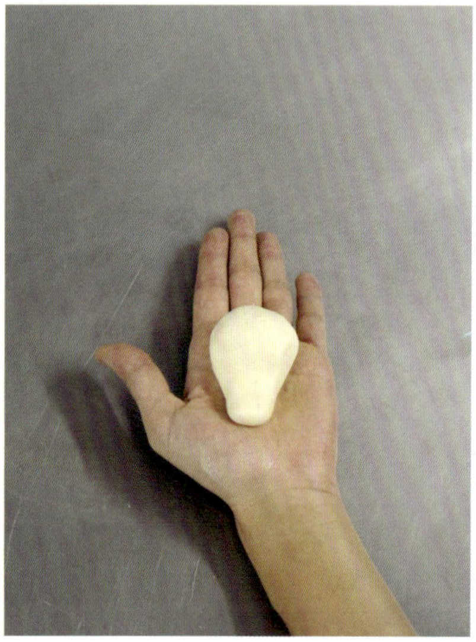
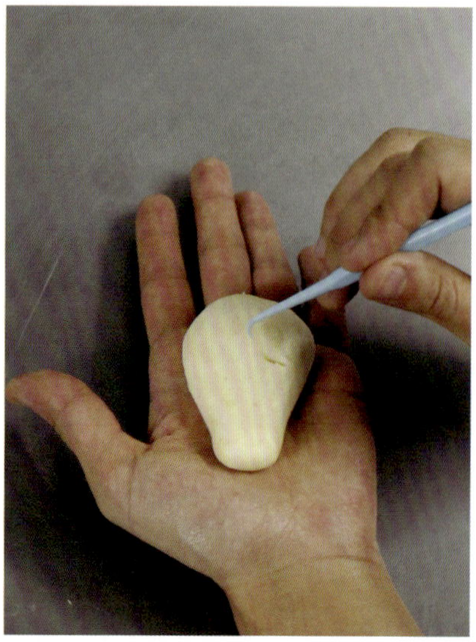
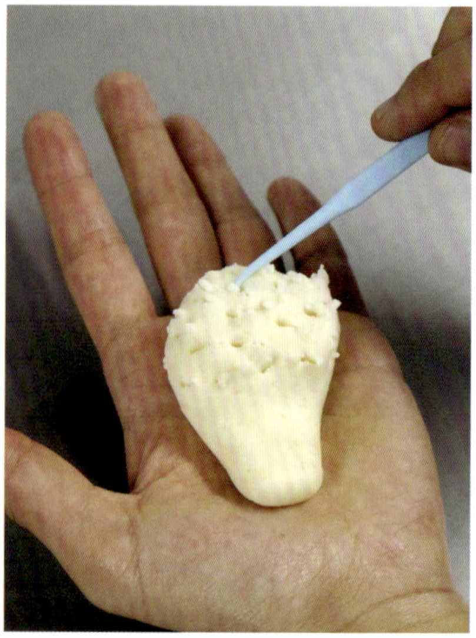
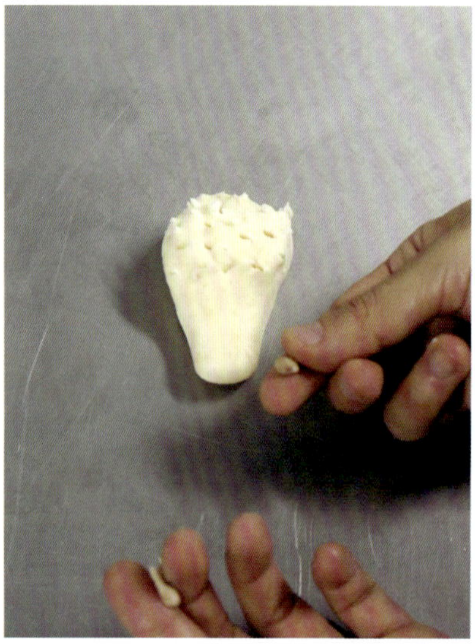
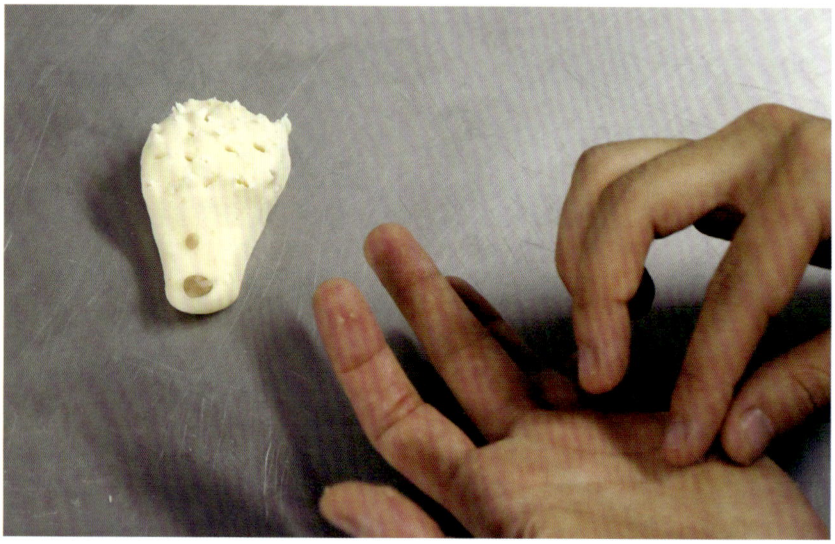
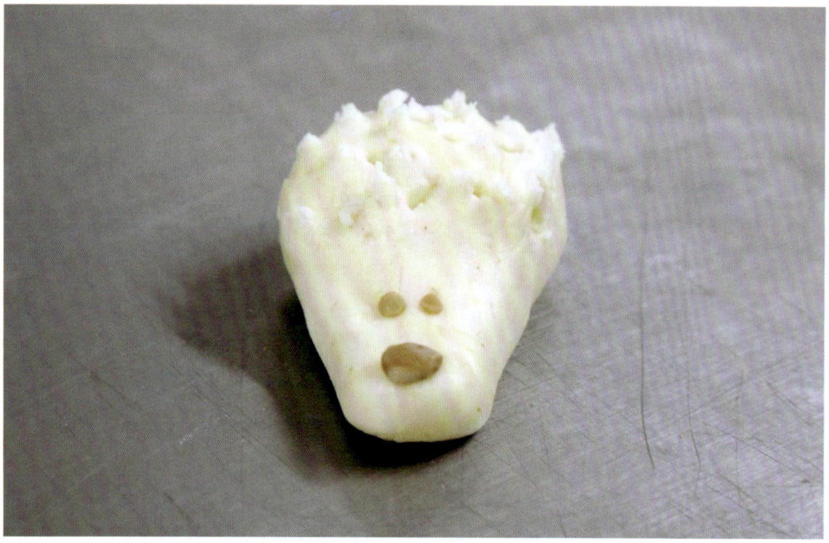

Mini-hambúrguer de ursinho

Massa do pão de hambúrguer

Material

Aro circular mini 3cm (dá um pãozinho de mais ou menos 5cm de diâmetro)
Aro circular pequeno 5cm (dá um pãozinho de mais ou menos 8cm de diâmetro)

Receita tradicional com ou sem lactose

Ingredientes

625g de farinha de farinha de trigo
30g de açúcar
2 tabletes de fermento biológico fresco
40g de manteiga ou 45ml de óleo
480ml de água ou leite
15g de sal
1 gema de ovo, para pincelar

Modo de fazer

Preaqueça o forno a 180°C. Dissolva o açúcar no fermento com a água e 1 xícara de farinha de trigo. Deixe agir por 20 minutos. Em outro recipiente, junte o restante da farinha, a margarina e o sal. Em seguida, misture tudo e sove a massa por mais ou menos 30 minutos. Ela deve desgrudar das mãos. Deixe descansar por 1 hora, em um tabuleiro grande e alto, ou m uma vasilha grande. A massa cresce bastante. Pegue porções e faça bolinhas. Caso queira padronizar melhor seus pães,

111

use um aro circular mini ou pequeno. Abra a massa 2cm de espessura e corte-a com os aros. Coloque a massa em uma assadeira untada, vá cortando-a e posicionando os pãezinhos na assadeira com 2cm de distância entre eles. Faça pequenas bolinhas, para modelar as orelhinhas e a parte do nariz do urso, como mostra o passo a passo. Pincele os pãezinhos com a gema, deixe descansar por mais 1 hora. Leve ao forno, preaquecido a 180ºC, por 40 minutos ou até que as orelhas do bichinho fiquem douradas. Retire do forno, espere esfriar para cortar o pão ao meio e fazer o nariz e os olhos do ursinho. As receitas para o hambúrguer estão na página 32 do livro (hambúrguer de carne ou de frango).

113

114

Esfirra de carne no formato de ratinho

Receita da Massa

Material

Cortador circular Aro 5cm para tamanho coquetel ou aro 10cm para salgados médios.

Ingredientes

100ml de água morna (24°C-27°C)
3 colheres de sopa de óleo
45g de açúcar
5g de sal
250ml de farinha de trigo

Modo de Fazer

Misture o fermento com 1 xícara de farinha, açúcar e água morna. Deixe fermentar até formar a esponja. Adicione o restante da farinha, óleo e o sal. Misture a massa até que ela fique lisa. Abra a massa como mostra o passo a passo. Siga as instruções. É opcional pincelar com a gema os ratinhos. Leve ao forno, preaquecido a 180°C, por 30 minutos ou até que as orelhas dos ratinhos fiquem douradas.

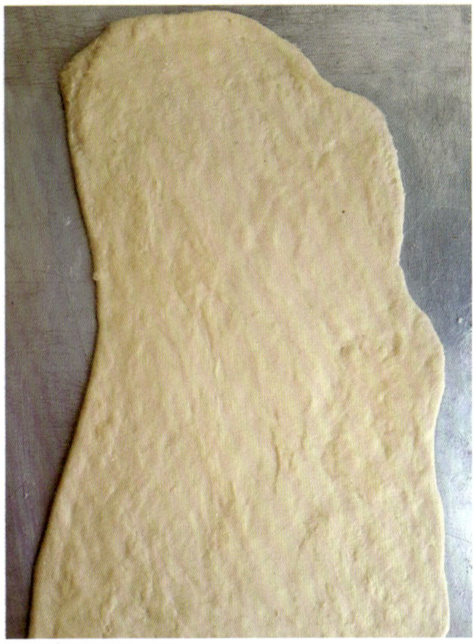
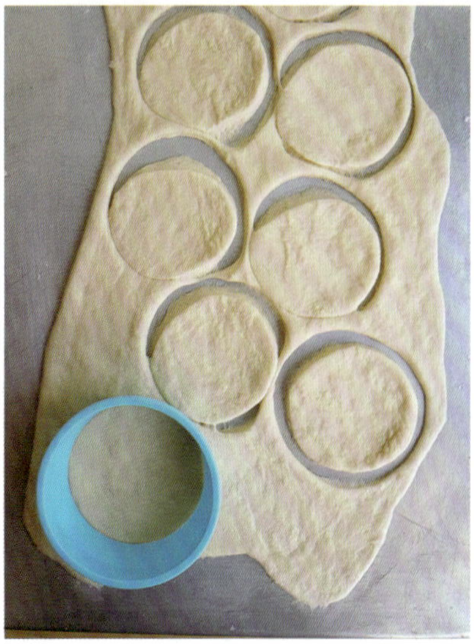
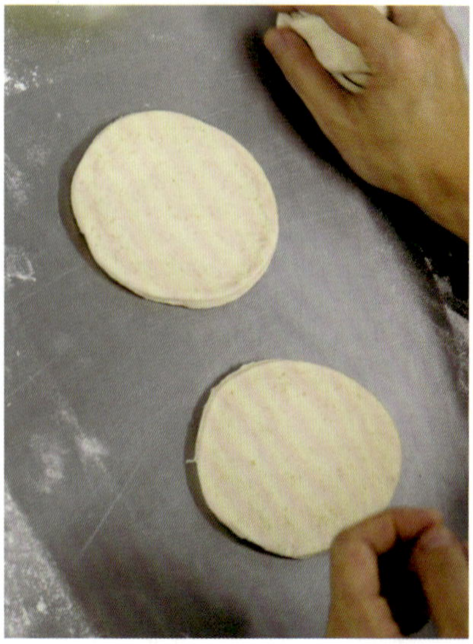
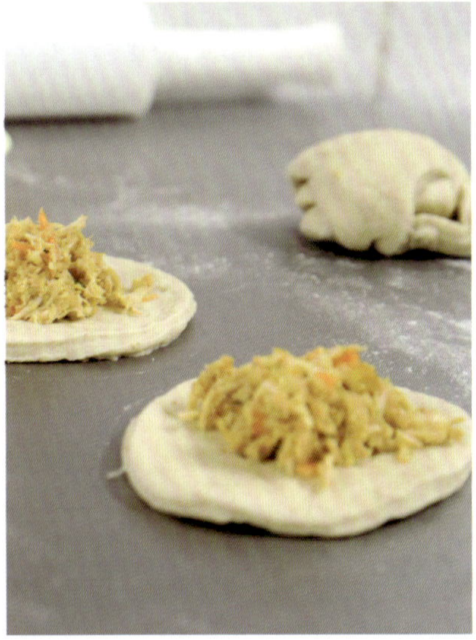
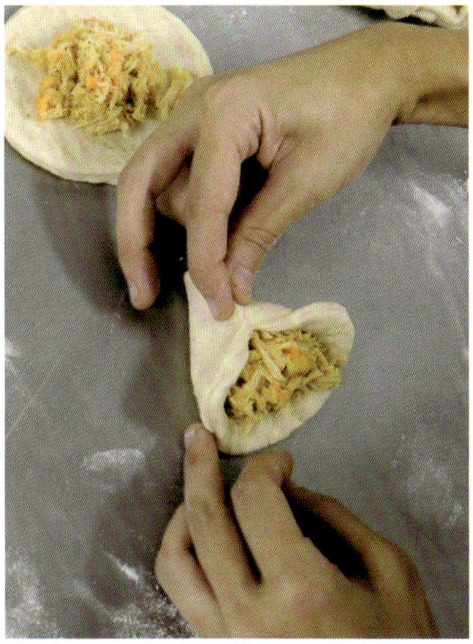
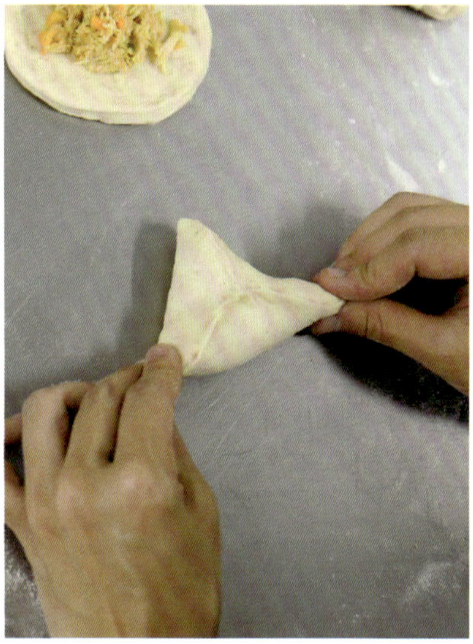
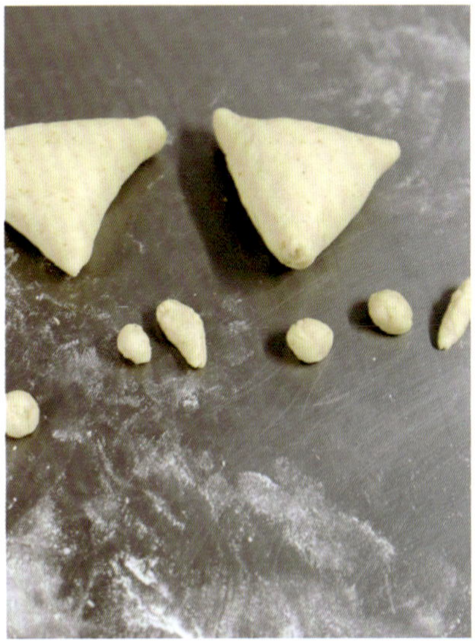
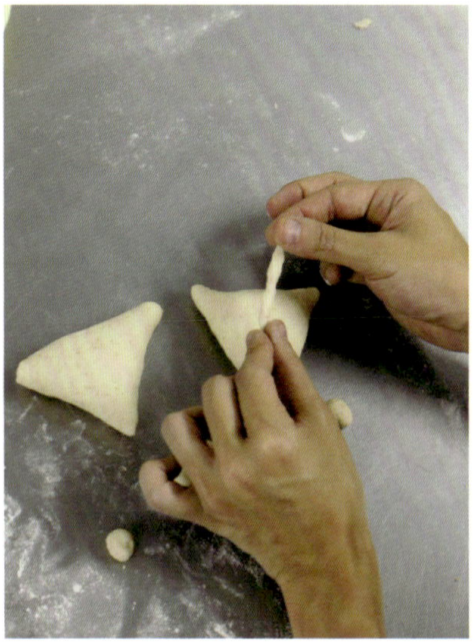
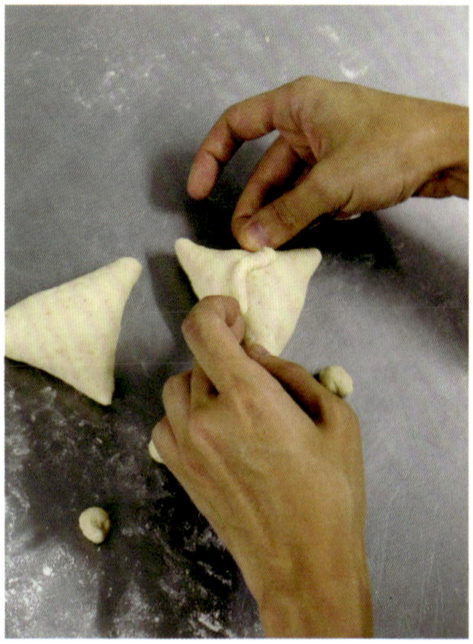

117

Arranjo de frutas do bosque

Ingredientes

1 melão Orange
1 melão amarelo
300g de uvas Thompson
200g de melancias cortadas em cubos
3 peras portuguesas
200g de mirtilos
Morangos, para decorar
Avelãs para decorar
2 kiwis cortados em rodelas

Modo de fazer

Corte os melões de acordo com o passo a passo (fotosx)

119

120

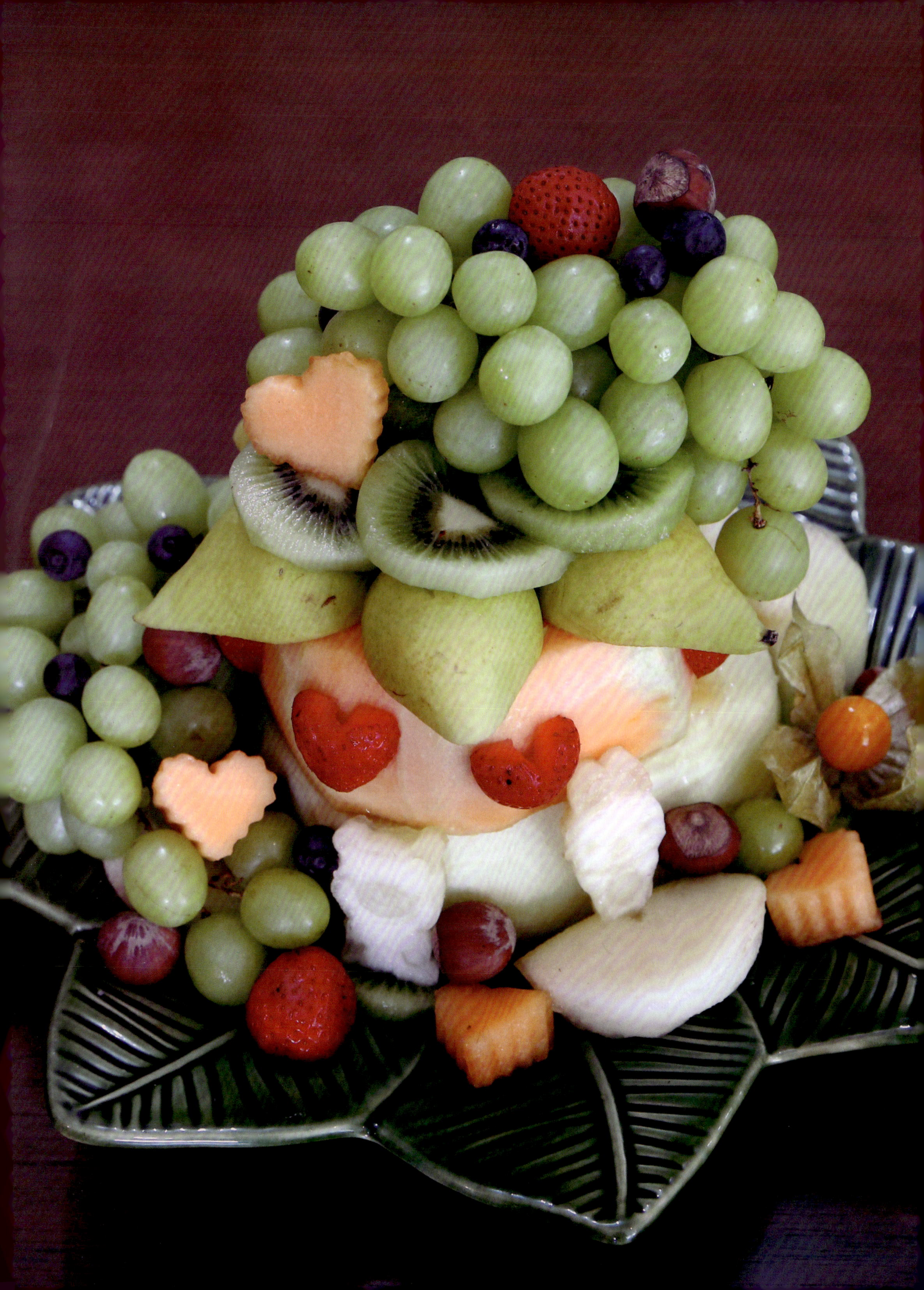

Extra – Kanten

Ingredientes

Forma de silicone para gelo ou chocolate
Panela
Ingredientes
15g de Agar Agar (*kanten*)
700ml de água ou suco de maçã
3 colheres de sopa de açúcar, caso não use o suco de maçã

Modo de fazer

Coloque o Agar Agar com a água e o açúcar na panela em fogo médio, até que o Agar Agar se dissolva por completo (demora em média 5 minutos depois que começa a ferver). Desligue o fogo, coloque a mistura na forma de silicone e espere endurecer na temperatura ambiente. Não é preciso levar à geladeira. Você pode colocar frutas picadas em formas de silicone maiores e adicionar o *kanten*, para que ele endureça com as frutas dentro.

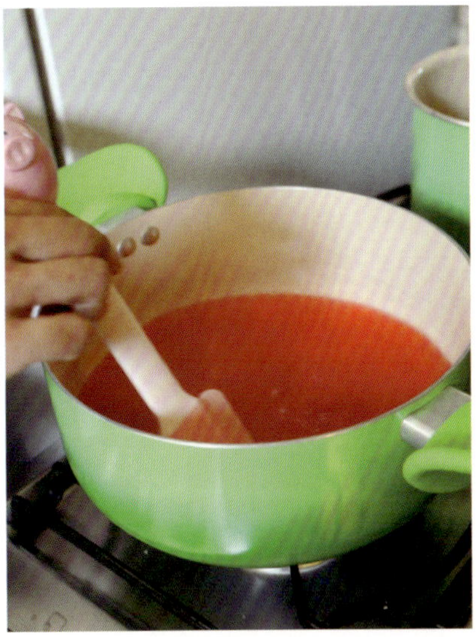

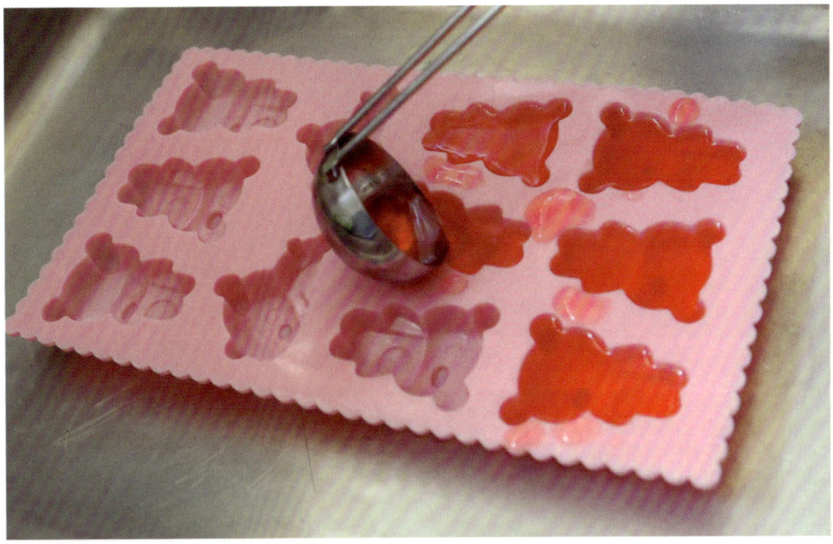

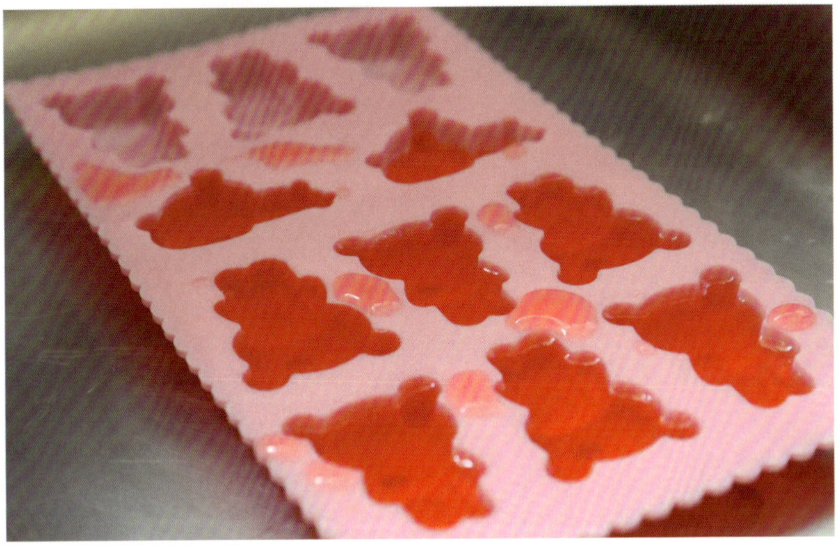

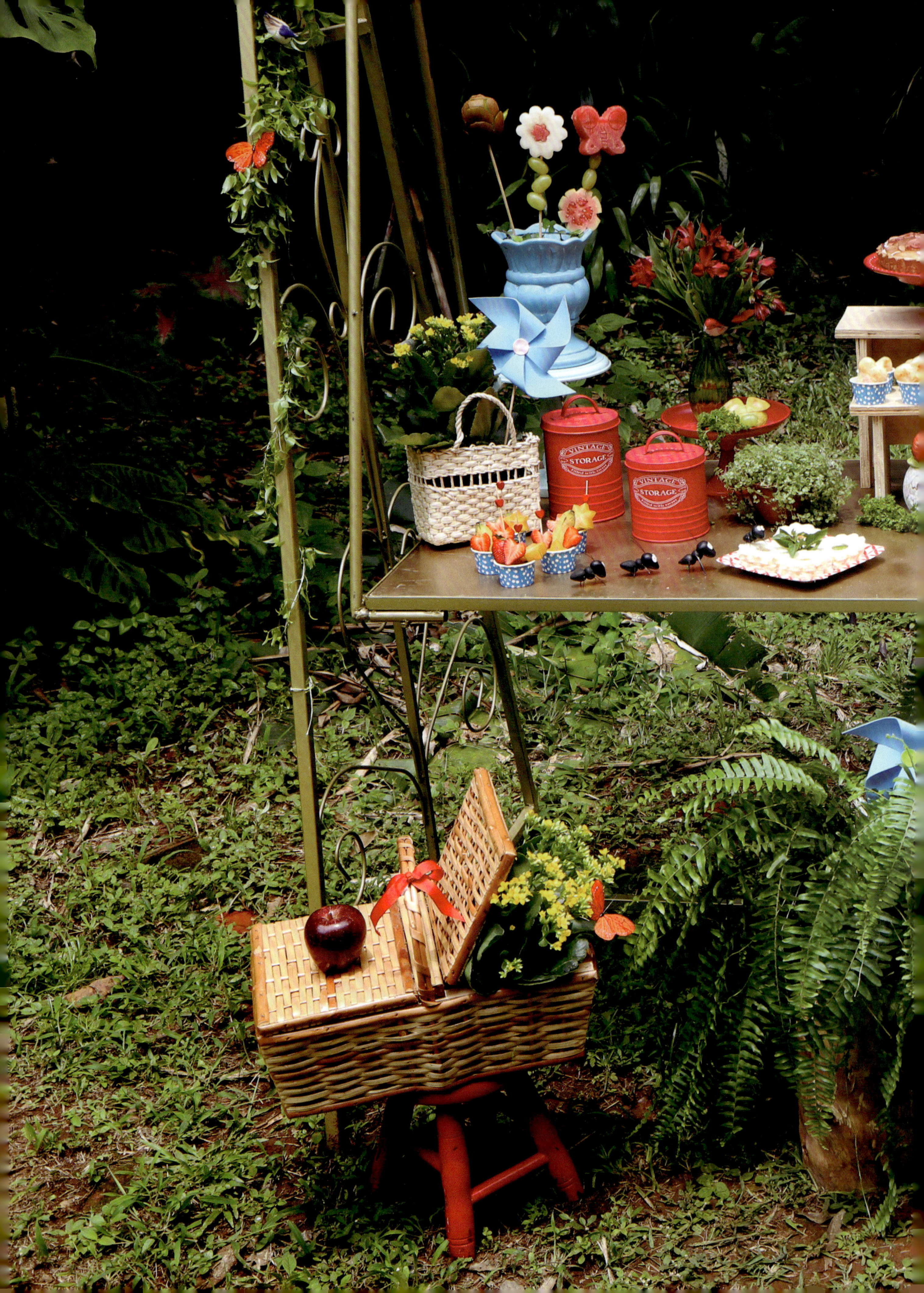

VINTAGE
STORAGE
VINTAGE
STORAGE

Festa PiqueNique

Festas no tema "PiqueNique" vêm crescendo muito no Brasil. Por ser um tema versátil, gostoso, rápido, fácil, para todas as idades, a opção pelo tema vem sendo bastante requisitada. Pode ser feita ao ar livre ou em um salão de festas, para meninos e meninas.

Uma dica legal para essa festinha tão divertida é fazer tudo prático para se comer usando as mãos e ter cestinhas para os convidados se servirem dos quitutes sentados em uma bela colcha quadriculada na grama. Comidinhas práticas: milho verde, dindim, pipoca, bolos e *muffins* de vários sabores; pães variados, com pastas e recheios diversos, para o convidado montar o sanduíche como quiser; frutas, como melancias (cortadas), banana, maçã, uva, morango, pera, mexerica.

Neste capítulo vamos ensinar como fazer algumas delícias para se comer com os olhos e enfeitar a mesa de forma saudável e divertida.

VINTAGE
STORAGE
Filled with sweet
VINTAGE
STORAGE
Filled with sweet

tem um novo dia acontecendo, esperando a gente viver.

VINTAGE
STORAGE
Filled with sweet
VINTAGE
STORAGE
Filled with sweet

tem um novo dia acontecendo, esperando a gente

Espetinhos de frutas de flores

Material

Palitos para churrasco com as pontas cortadas
Cortador de biscoito no formato borboleta
Cortador de biscoito no formato de flor
Faca para frutas

Modo de fazer

Para cada fruta, um método diferente.

Uva e carambola
Uvas são ótimas para completar os espaços no espeto de churrasco; carambolas são frutas belas e estreladas. Corte-as em rodelas de 1,5cm de espessura e estão prontas para decorar a festa.

Melancia e melão
Para cortar a melancia é necessário escolher a parte que não tem sementes e que se possa cortar uma fatia de no mínimo 1,5cm de espessura, para que o palito de churrasco não parta a fruta ao meio, quando inserido. Prefira cortadores com poucos detalhes, para não ter dificuldades na hora de usar o cortador.
Passo a passo da melancia de borboleta e melão flor. (fotos)

Morango e kiwi
O morango e o kiwi podem ser utilizados cortados em rodelas grossas de 1,5cm de espessura ou fazendo botões de flores, como mostra o passo a passo. (fotos Morango em flor)

Goiaba e laranja
Frutas como a goiaba têm um passo a passo todo especial. Rodelas de laranjas também ficam lindas seguindo-se esse passo a passo. (fotos goiaba) As frutas também ficam muito belas em copinhos (*kanten* p.122).

131

132

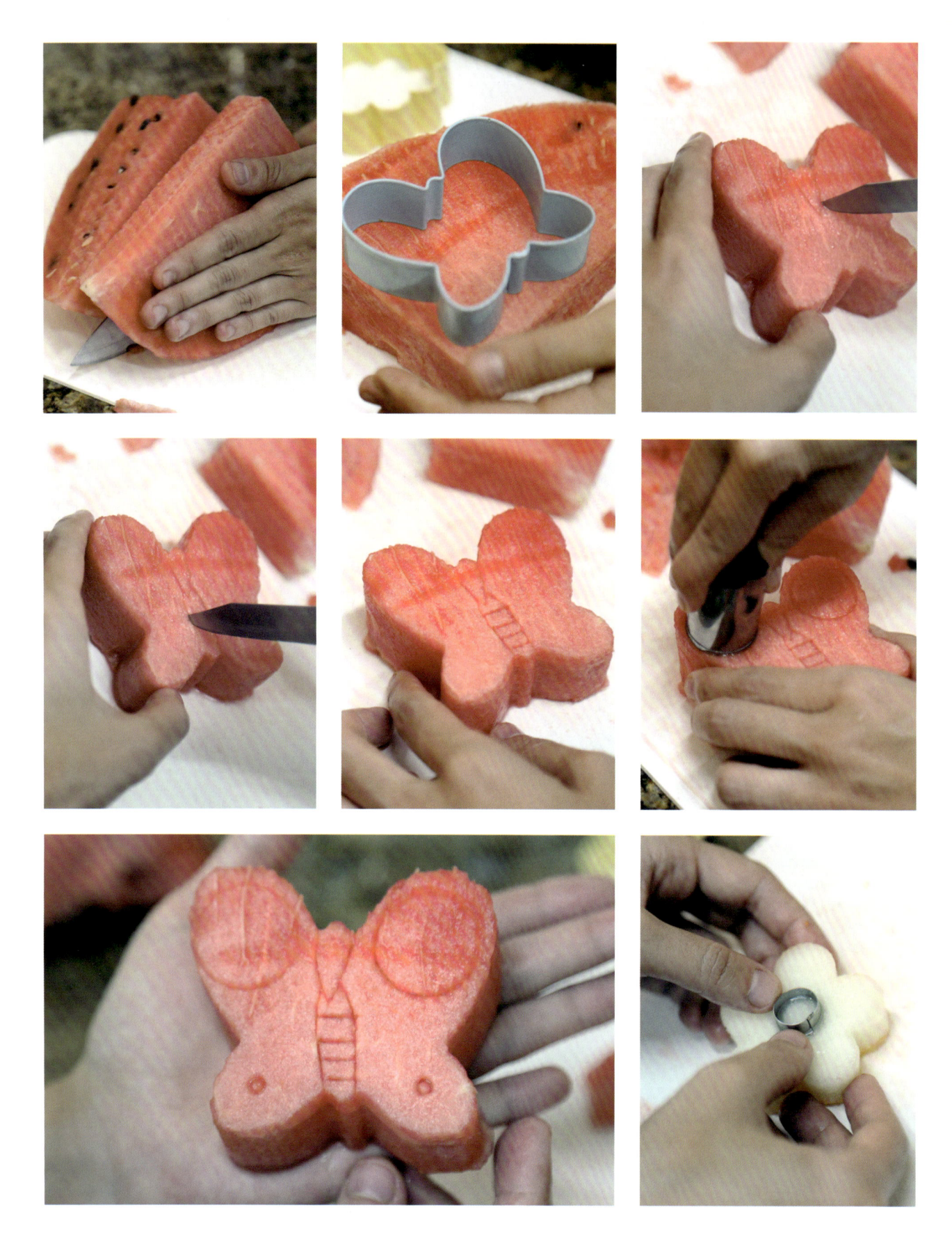

133

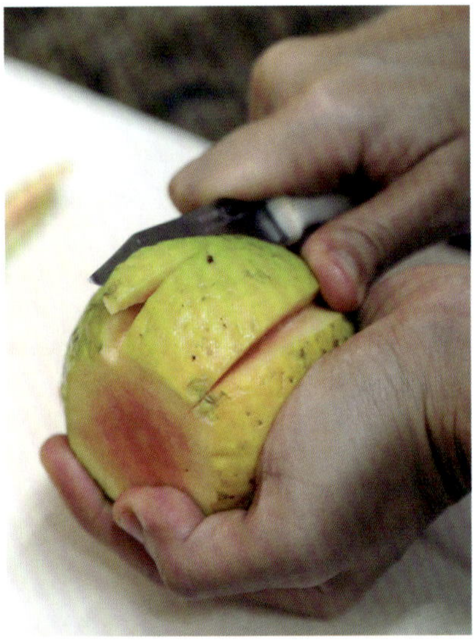
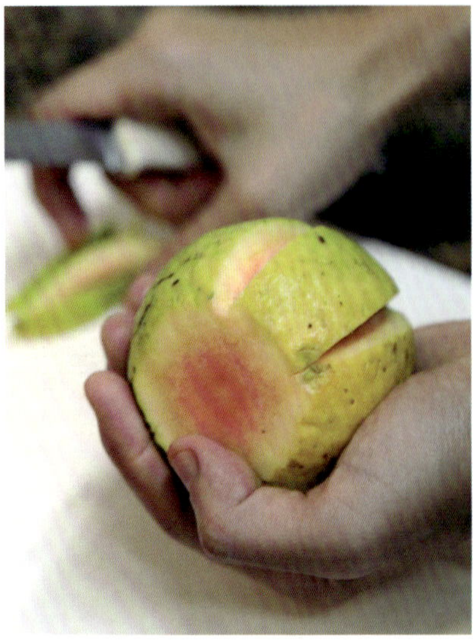
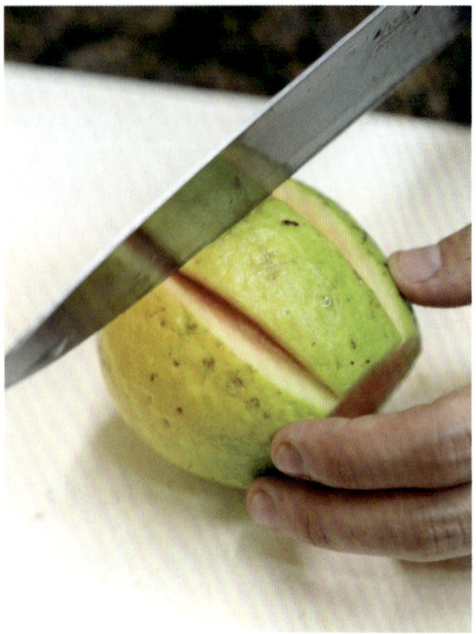
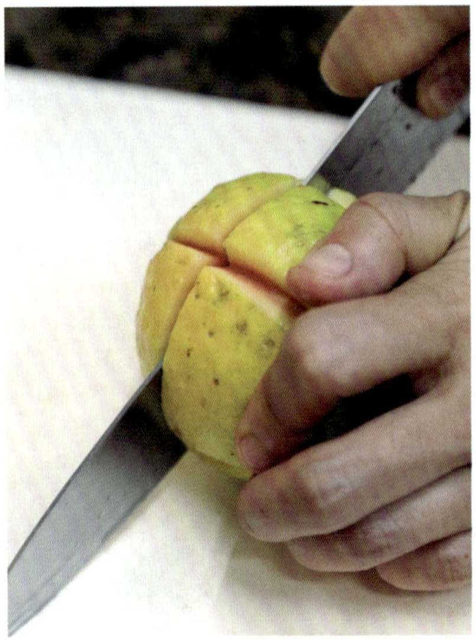
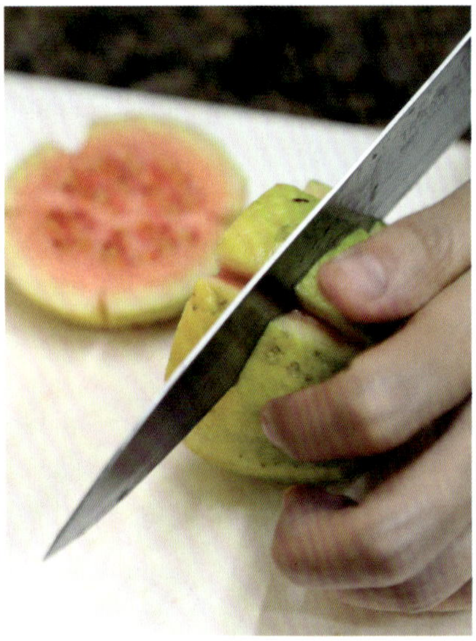
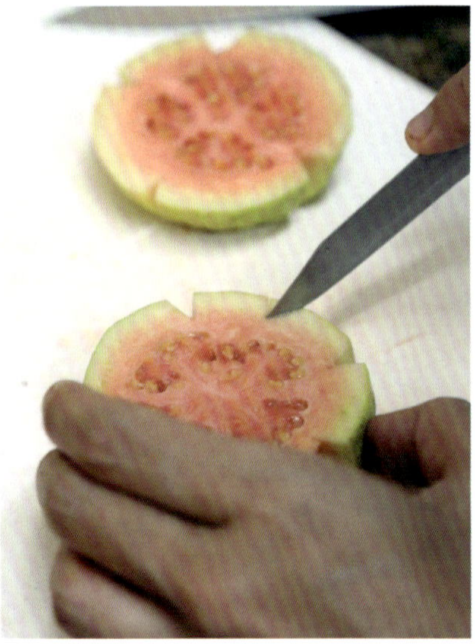
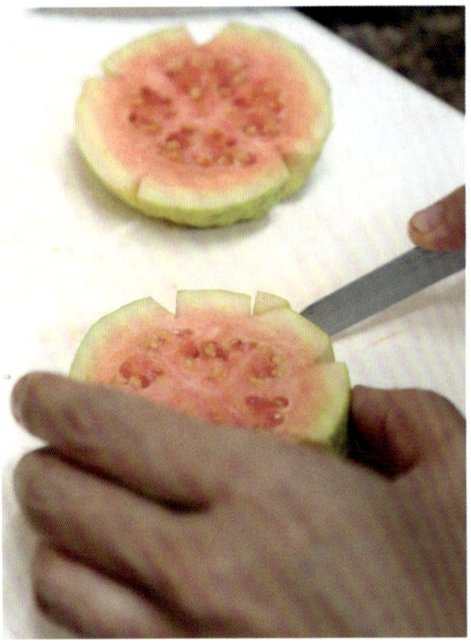
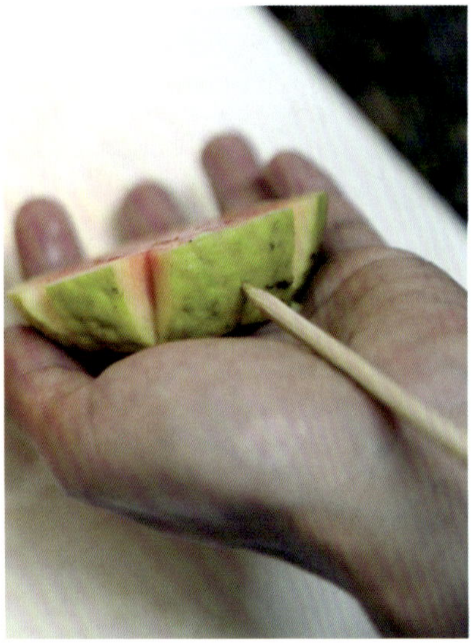
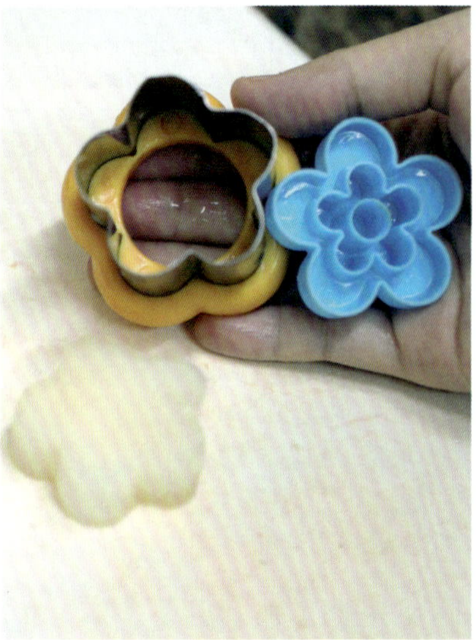

135

Pãozinho com patê colorido de flor

Material

Tábua de cortar pão
Cortador de biscoitos em formato de flor tamanho 6cm
Cortador redondo aro 2cm

Ingredientes

Fatias de pão de forma
Pastas, patês e geleias (p.24)

Modo de fazer

Usando o cortador de biscoitos em formato de flor, corte as fatias de pão de forma. Posicione a fatia na tábua, pressione o cortador de biscoito de flor na fatia de pão de forma e arraste a fatia com o cortador pela tábua. Assim o corte fica mais preciso e a fatia fica no formato. Depois de cortar todas as fatias no formato de flor, separe metade das fatias e, usando o cortador redondo, corte o miolo da flor. Nas fatias que não foram cortadas o miolo com o aro, passe os patês e as pastas e as geleias de sua preferência. Feche o pão com a fatia de pão de forma que teve o miolo cortado, e está pronto.

137

Torta de rosas de maçã

Material

Forma para torta de fundo removível – 28x4cm
Saco plástico culinário ou filme plástico
Rolo de massa

Ingredientes para a massa da torta (tartelete)

100g de farinha de aveia
200g de farinha de amêndoas
50g de farinha de castanha de caju
50g de ovo
40g de açúcar demerara

30ml de azeite
30ml de água bem gelada
30g de manteiga gelada

Modo de fazer

Misture todos os ingrediente até obter uma massa homogênea, leve à geladeira enquanto prepara o recheio.

Ingredientes para a confecção das rosas

450g de maçãs fatiadas
20ml de suco de limão
700ml de água

45g de açúcar demerara

Modo de fazer

Corte as maçãs em fatias finas, como mostra a figura. Deixe de molho em água com limão, para que não escureçam, em um refratário próprio para microondas. Leve as maçãs fatiadas, com a água e o limão, para o micro-ondas, com 15g de açúcar salpicado por cima. Ligue o micro-ondas, na potência média, por 30 segundos. Repita essa operação por mais 2 vezes. Verifique se as fatias já estão moles; caso não estejam, deixe por mais 30 segundos.

É importante que as fatias passem por esse processo de cozimento com o limão e o açúcar, para que mantenham sua cor vívida e a torta fique esteticamente bonita.

Receita de cremes (p.23)
Para essa torta, foi utilizado o creme de *mascarpone*, mas o creme *chantily* e o creme de confeiteiro também caem muito bem.

Tartelete

140

141

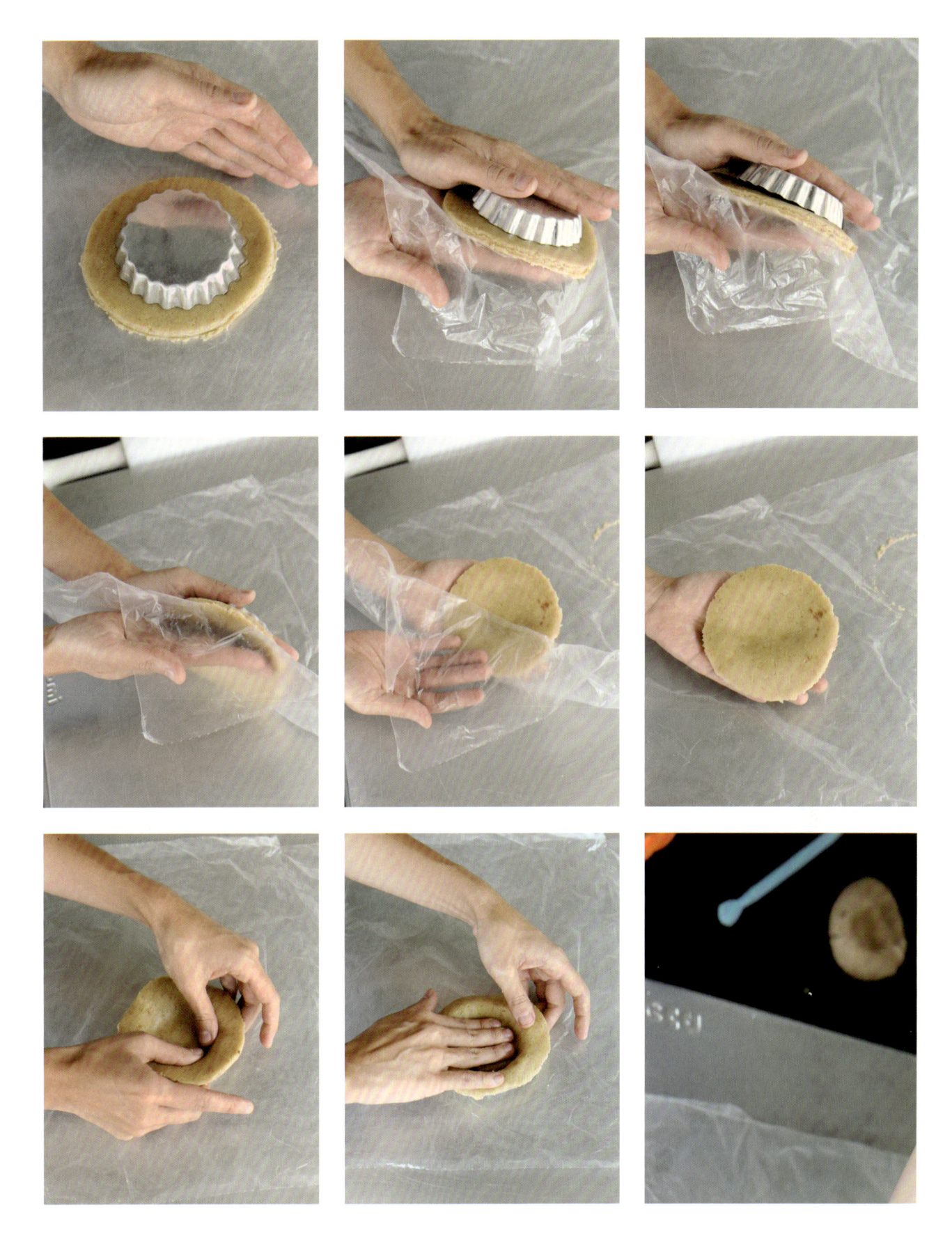

142

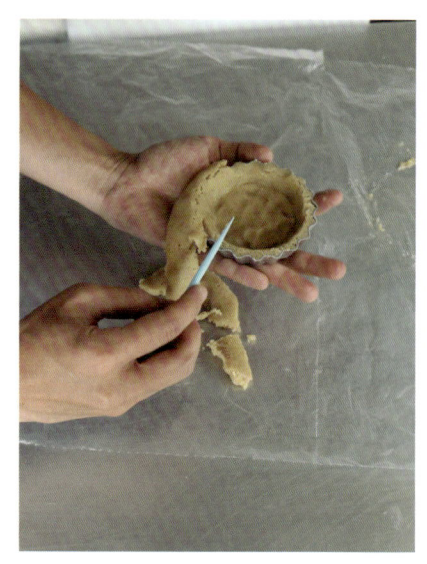

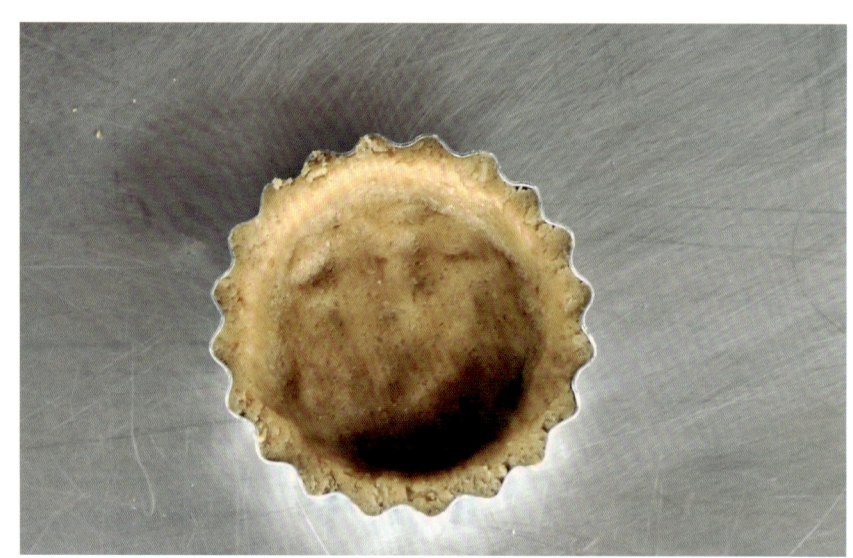

Rosas de maçã

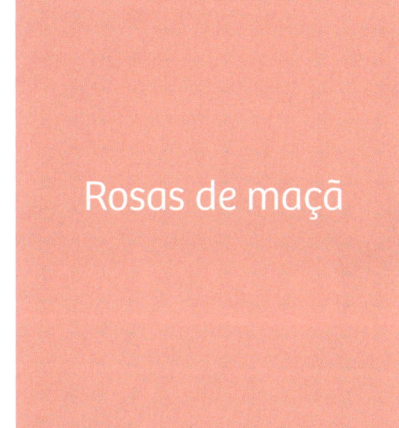

144

145

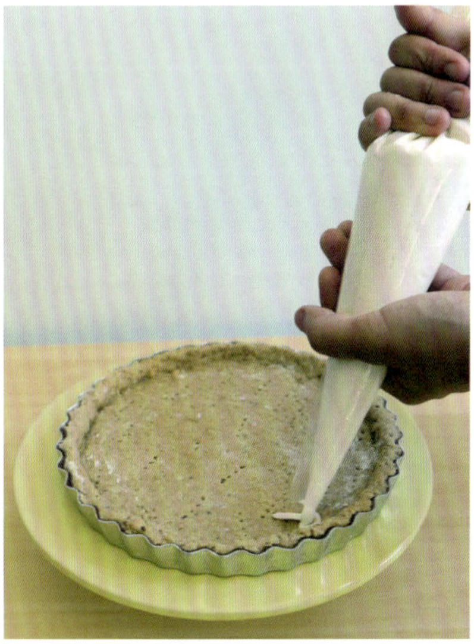
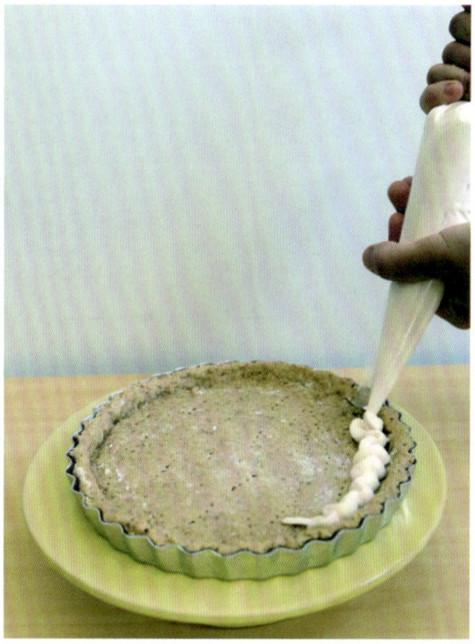
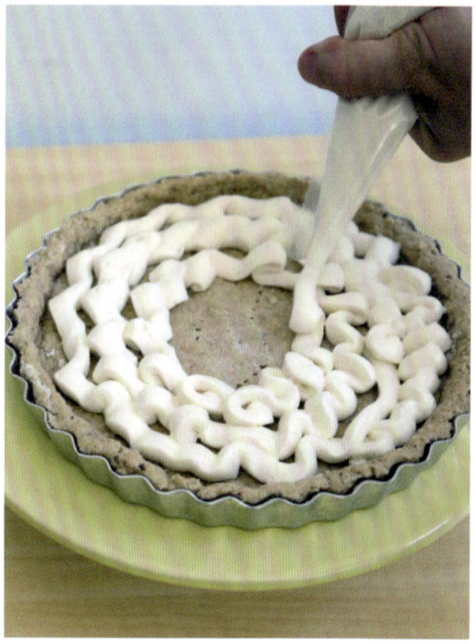
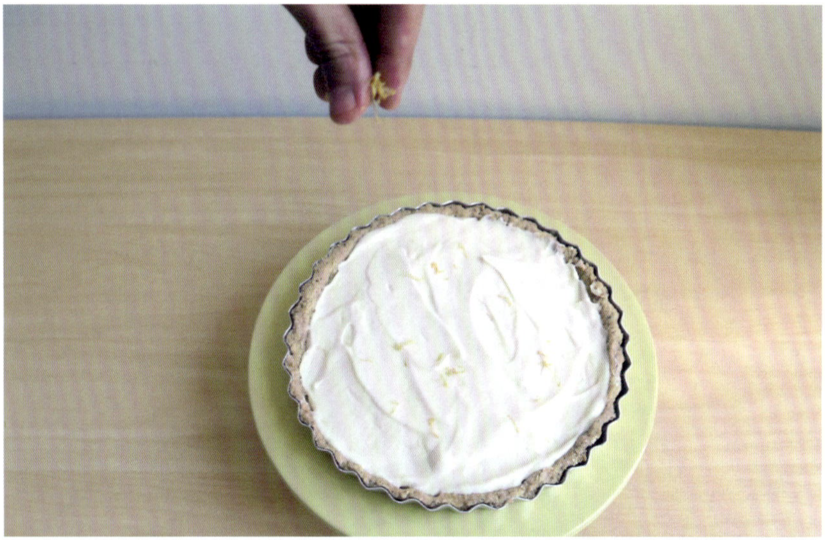
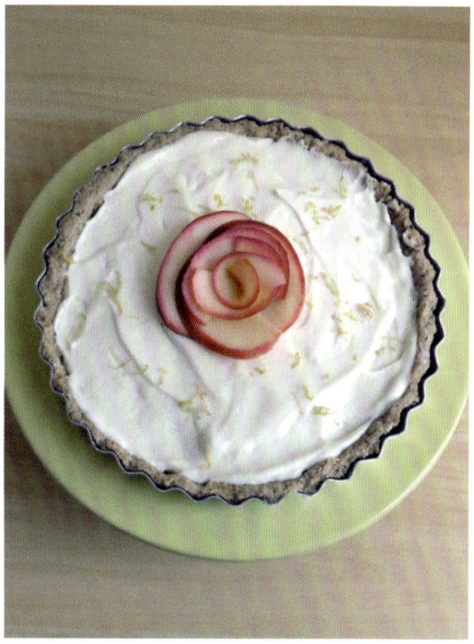
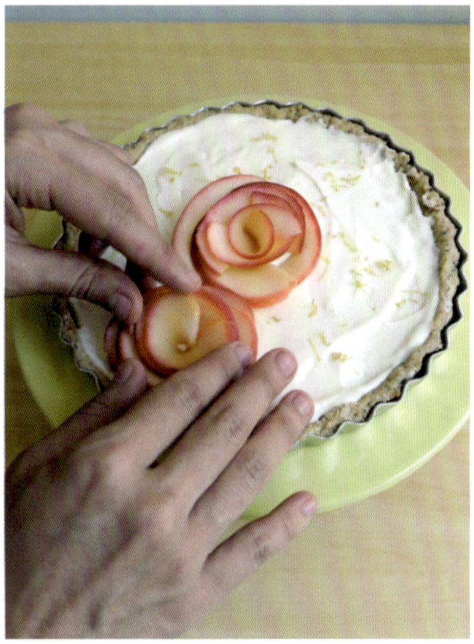
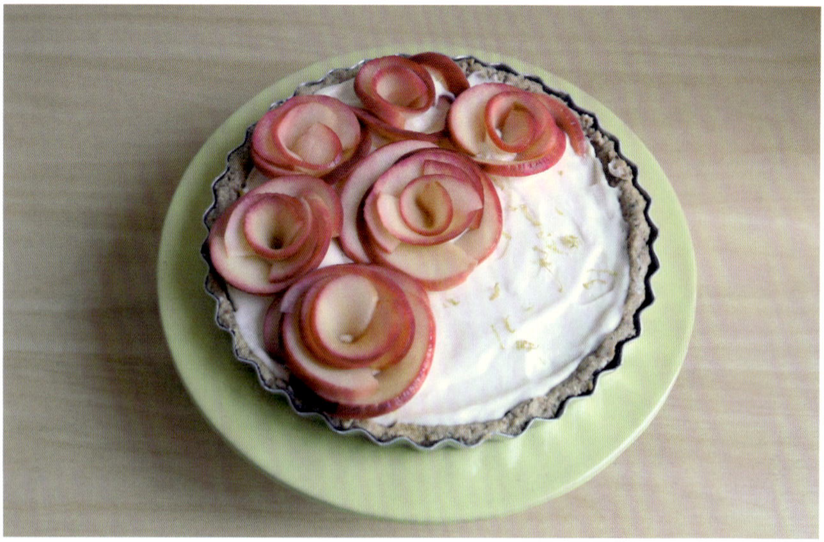

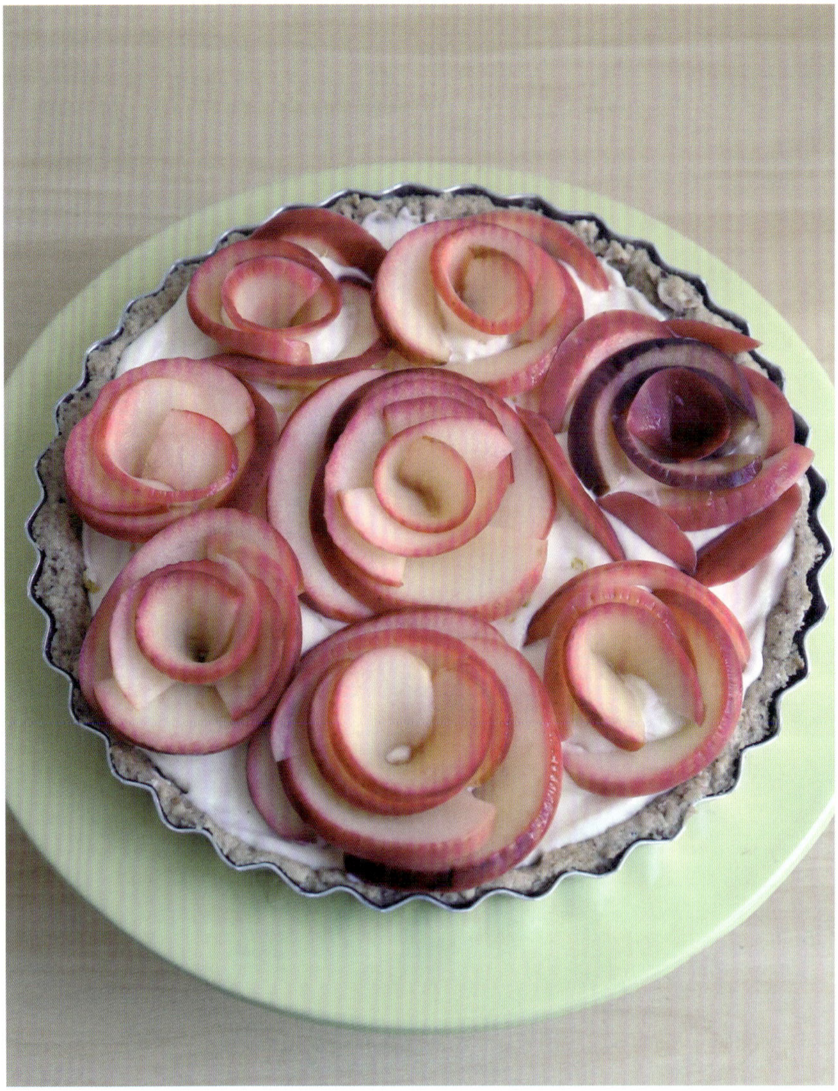

Pão de queijo de florzinha

Ingredientes

1kg de polvilho doce
200ml de óleo
600ml de leite
200ml de água
1 colher de sopa de sal
300ml de ovos
350g de queijo minas meia cura

Modo de fazer

Coloque para ferver o óleo com o leite e a água. Em uma bacia, adicione o polvilho doce. Assim que os líquidos estiverem fervendo, adicione-os no polvilho e, com a ajuda de uma colher, misture bem. Deixe descansar até que a massa fique morna ou fria. Adicione em seguida os ovos e o queijo. Trabalhe a massa até que ela fique lisa e homogênea.

Dica

A diferença entre o polvilho doce e o polvilho azedo, fora o processo de fabricação de cada um, é que o polvilho azedo faz o pão de queijo ficar disforme, muitas vezes estouram, não ficam redondinhos e ficam mais aerados. O polvilho doce deixa o pão de queijo mais massudo e quando esfria fica um pouco mais borrachento que o pão de queijo com polvilho azedo, mas na quantidade adequada da receita não tem perigo de endurecer. Para essa receita que trabalha a modelagem da massa para a confecção de diferentes animais, é importante que eles não fiquem disformes depois de assados, por isso a receita leva o polvilho doce e não um mix de doce e azedo. Siga o passo a passo para modelar as flores.

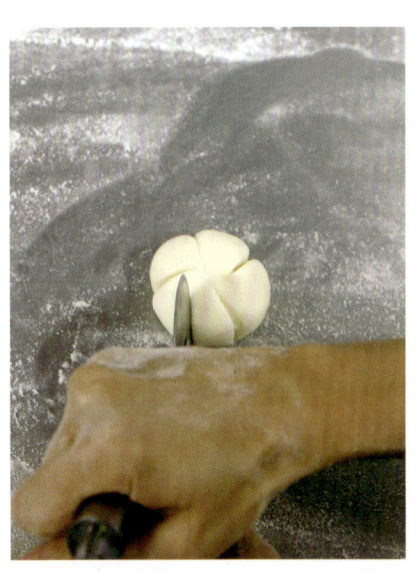

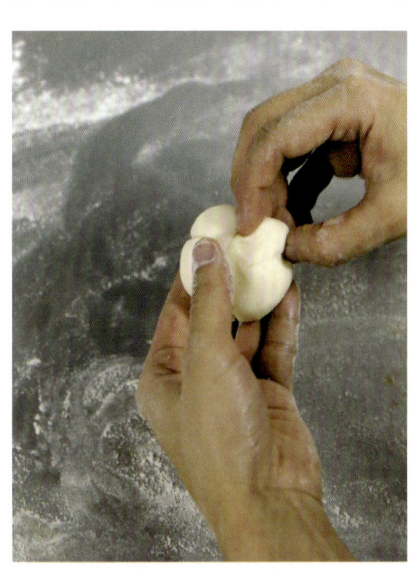

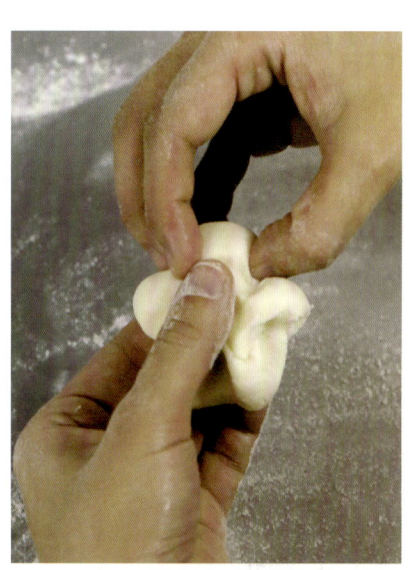

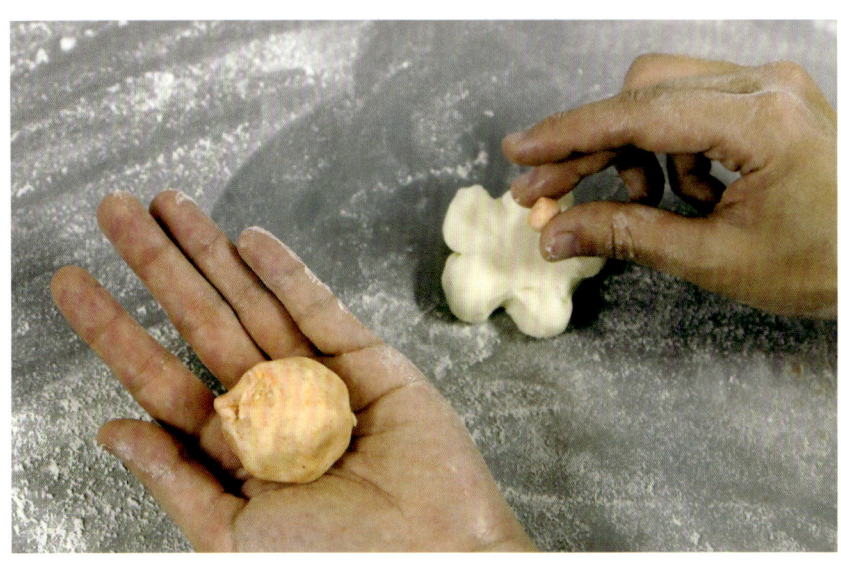

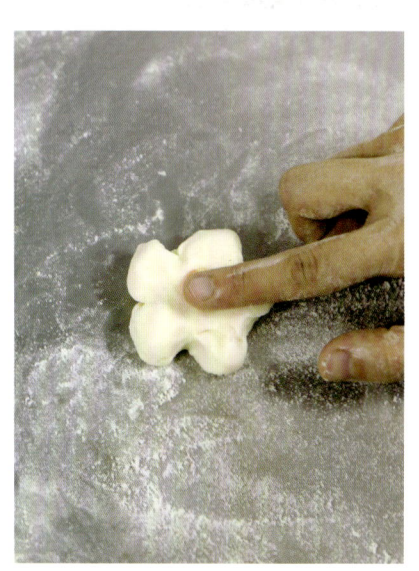

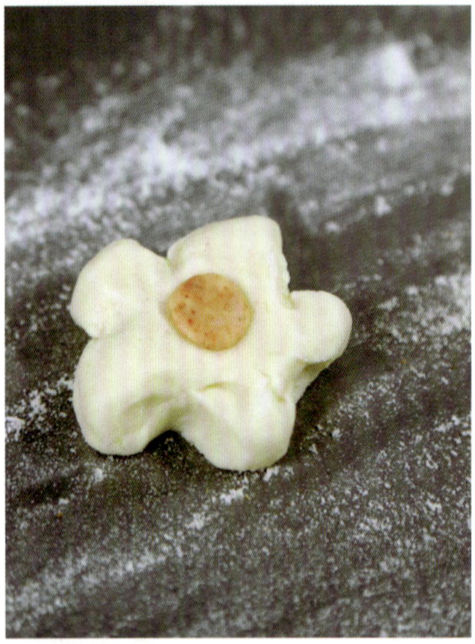
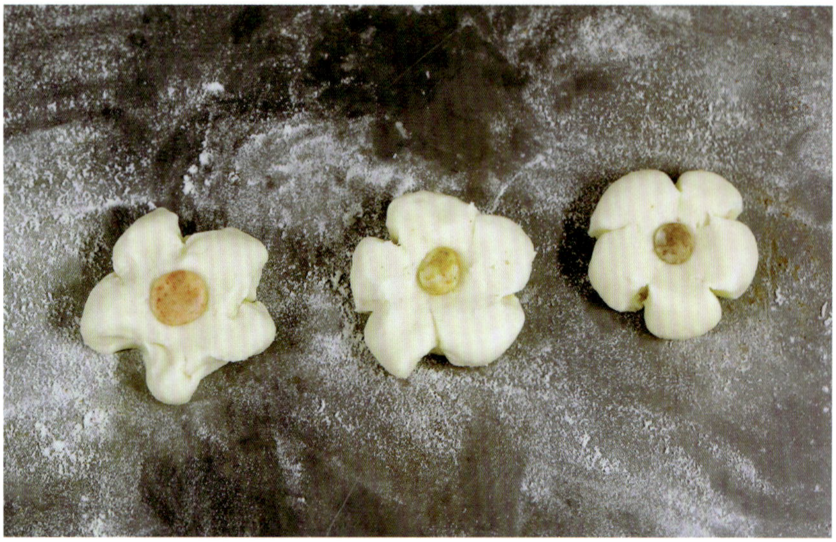
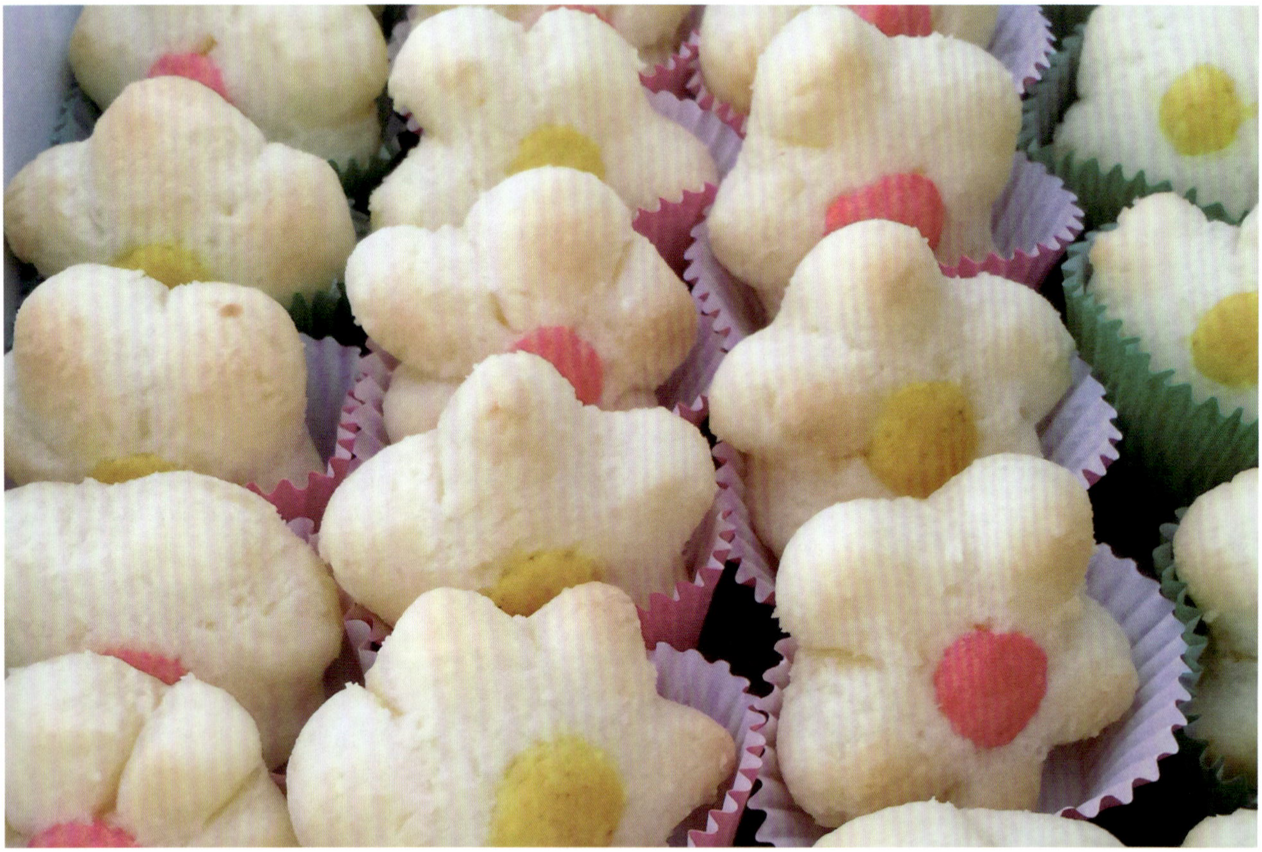

Rosquinha salgada de caracol

Ingredientes da massa

500 g de farinha de trigo
20ml de azeite
10g de manteiga
180ml de água morna
45ml de água
5g de sal
5g de açúcar
10g de fermento seco para pães

Modo de preparo

Dissolva o fermento com a água e misture bem. Adicione o açúcar e misture mais um pouco. Coloque a farinha na mesa e forme uma cova no centro. Adicione o líquido misturado no centro da farinha, junte a manteiga e comece a agregar toda a farinha, amassando muito bem. Durante o processo, vá adicionando o sal e o azeite. Acrescente mais algumas colheres de água, se for necessário, para formar uma massa lisa, macia e que não grude nas mãos. Vá sovando a massa até que fique bem lisinha. Quando a massa atingir esse ponto, forme uma bola e coloque-a dentro de uma tigela. Cubra com plástico e coloque em local aquecido, para crescer e dobrar de volume. Depois que a massa crescer, abra-a em uma mesa enfarinhada, formando um retângulo. Corte fatias do rolo de massa na largura de dois dedos, tentando cortar todas as fatias do mesmo tamanho. Preencha com o recheio (p.23) desejado. Faça os rolinhos.
Acomode as fatias em uma assadeira levemente

untada com azeite e coloque dentro do forno (desligado), deixando até crescer bem. Pincele com uma gema de ovo levemente batida. Leve ao forno, a 200°C, por cerca de 20-25 minutos ou até que fique dourado. Em seguida, siga o passo a passo para a montagem do caracol.
Para fazer o rostinho do caracol, você vai precisar de 10 gramas de cacau em pó e 2ml de água. Misture bem e, com o auxílio de um palito, pincele o cacau na rosquinha.

Segunda opção

153

Extra - Copinhos de frutas

Material

Copinhos de papel
Espetinhos de coração
Frutas: morango, uva, mirtilo, amora, framboesa, bananinha ouro, carambola.

Prefira frutas pequenas, que possam ficar sortidas no copinho, ou um *mix* de frutas que, mesmo cortadas, não ofereçam o risco de soltar muito suco e molhar o copo. A intenção do copinho é que a pessoa possa comer as frutas sem a necessidade de um talher.

155

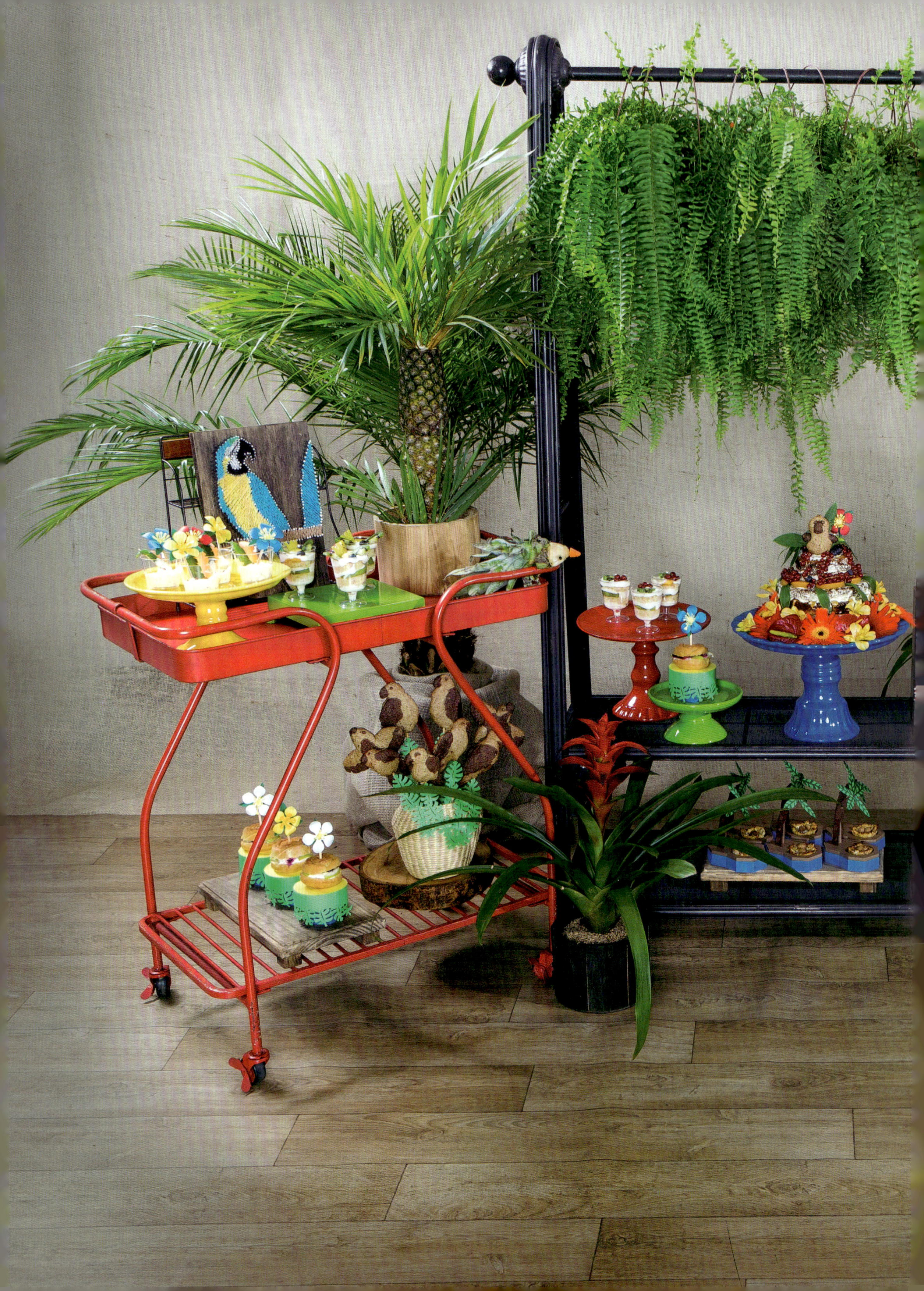

Araras

Inspirada em um tema tropical, a festa Araras é um tema diferente e diferenciado para quem quer fugir do tradicional, além de ressaltar a beleza dessa ave brasileira.

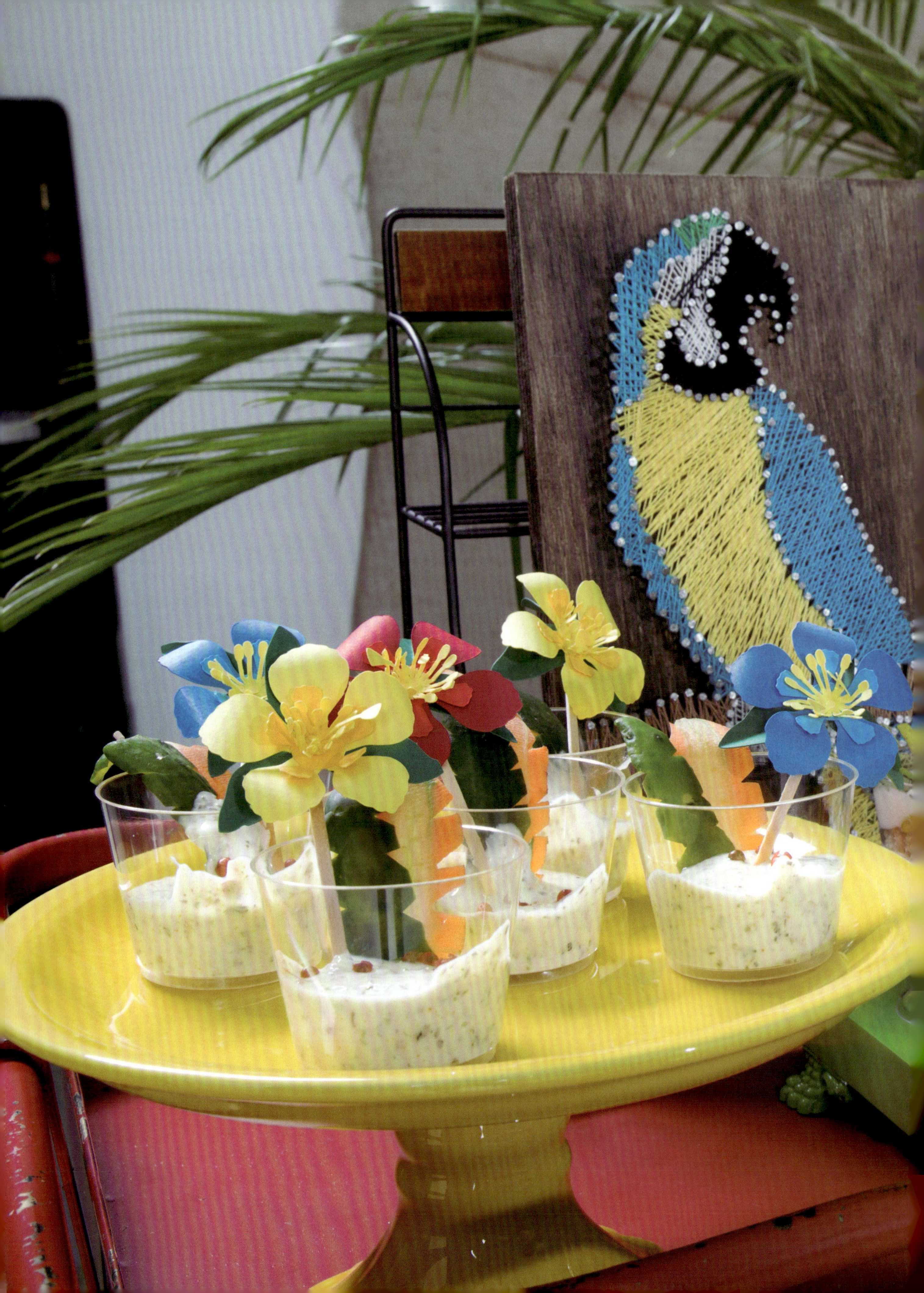

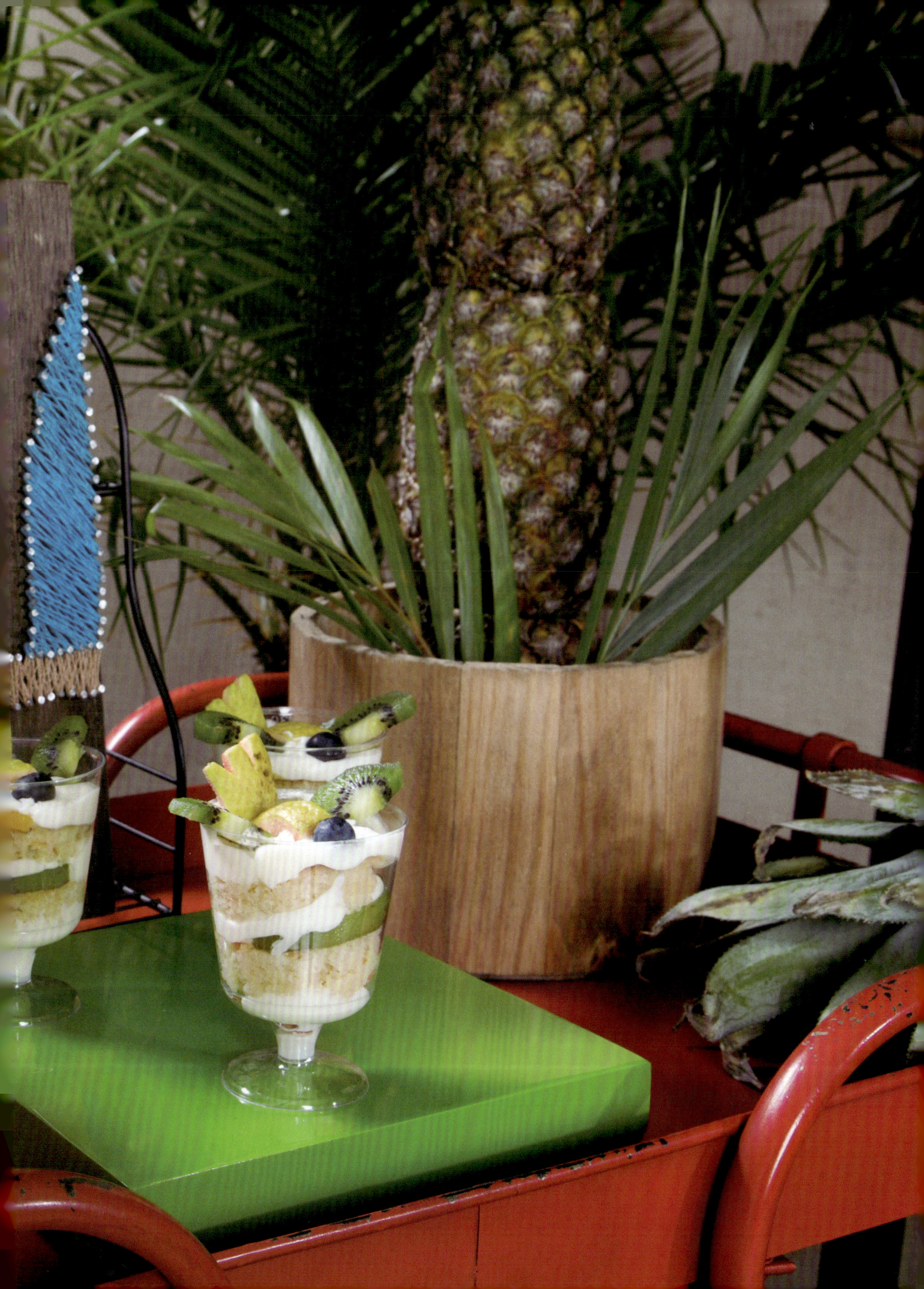

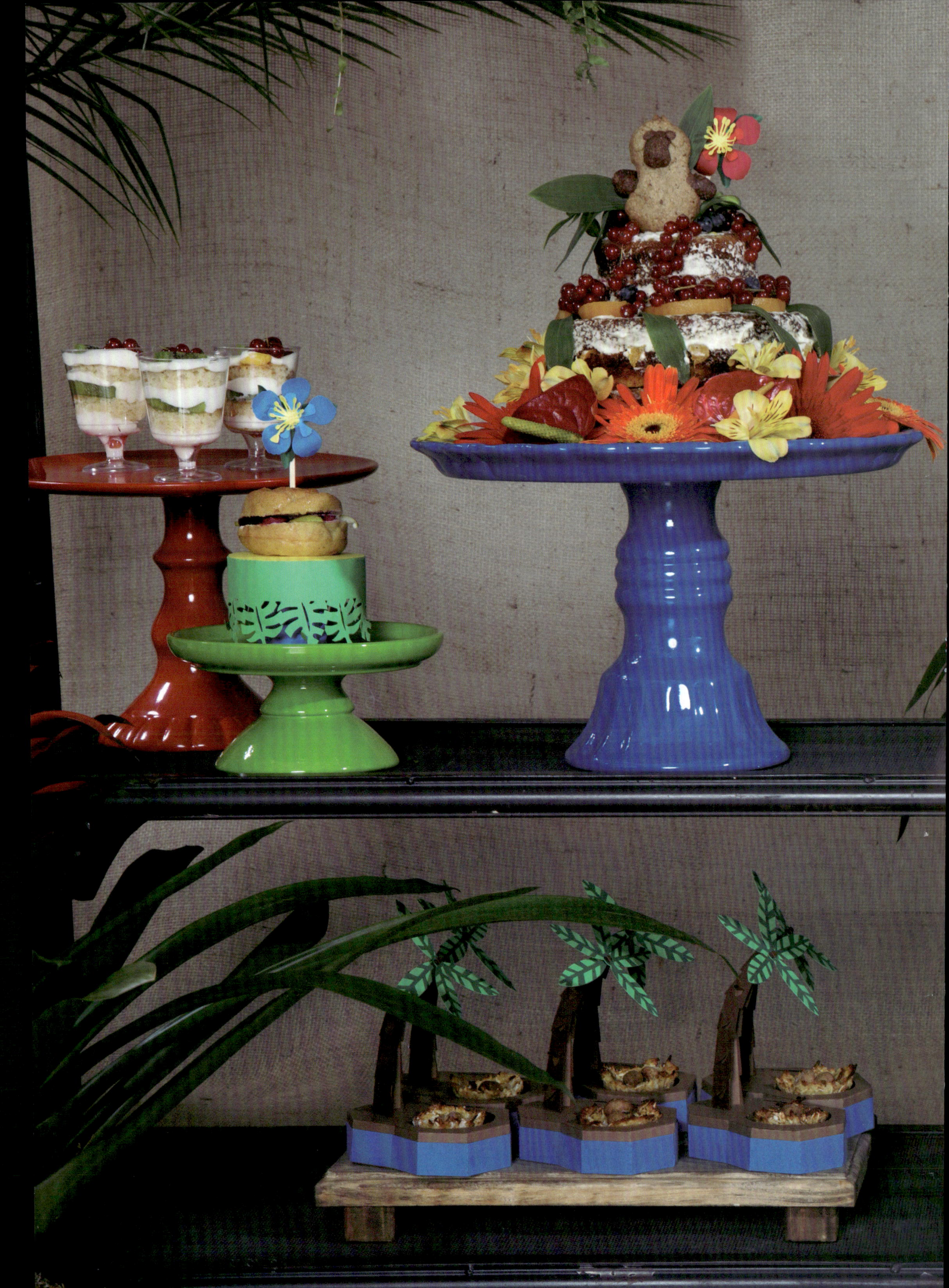

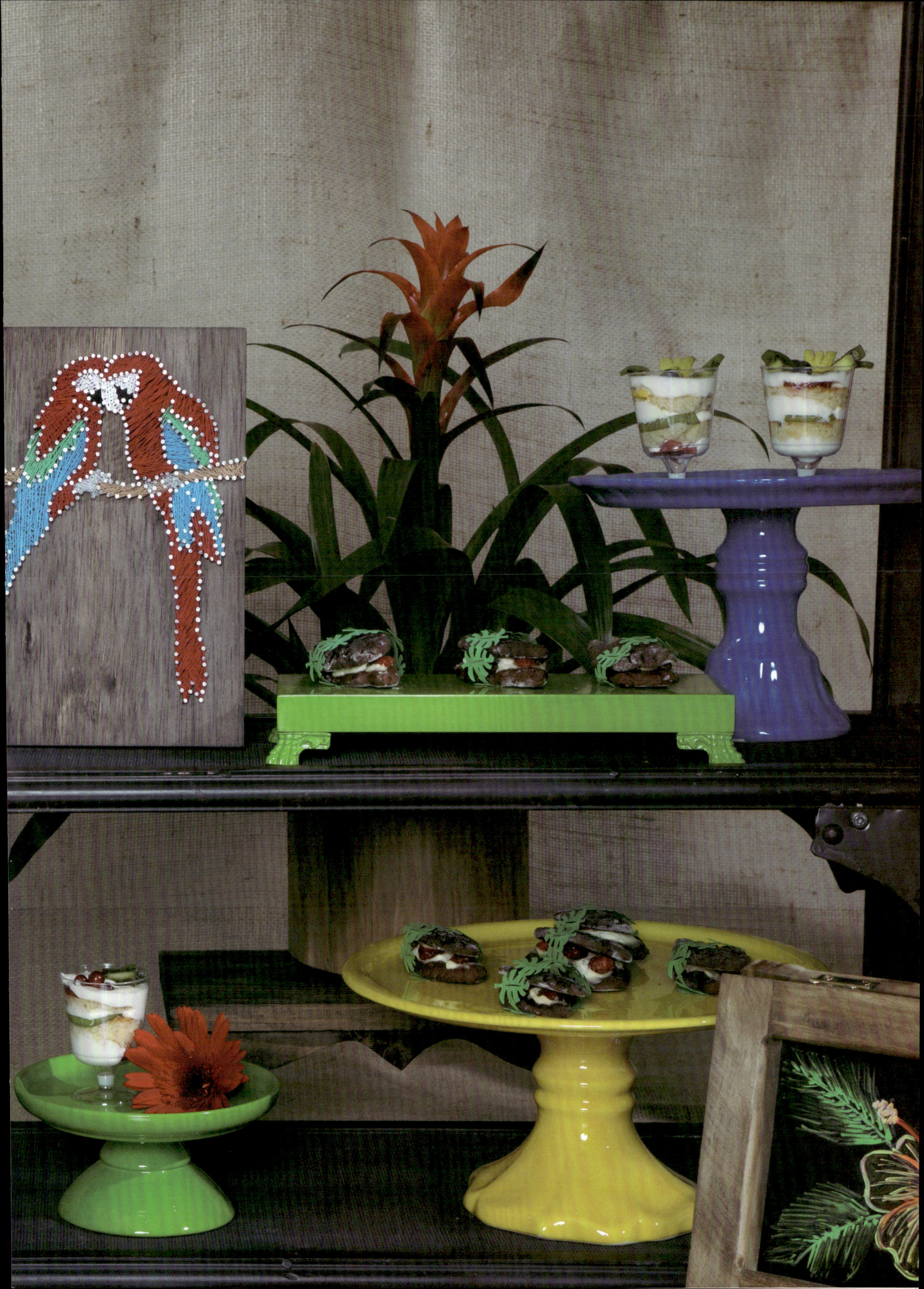

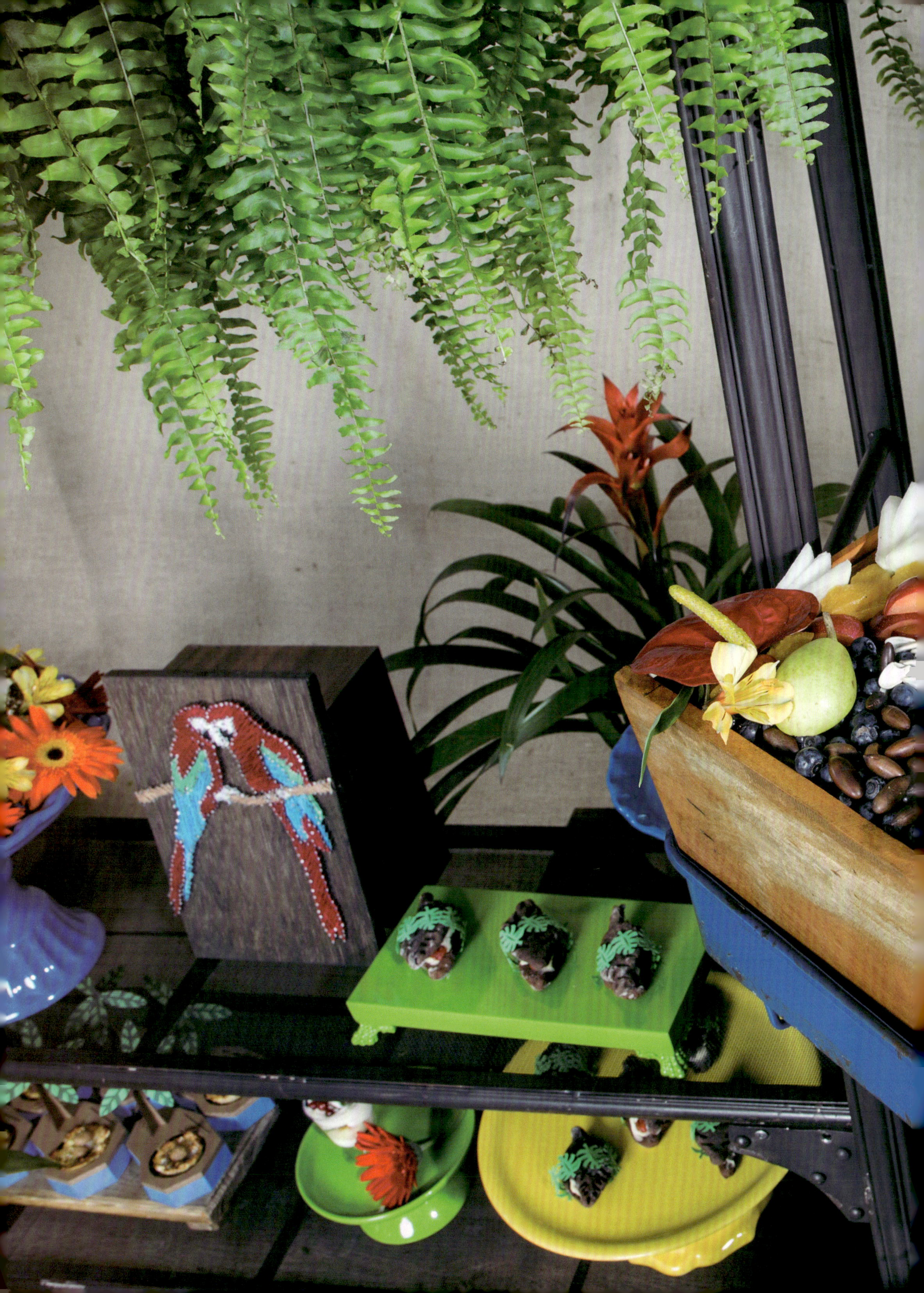

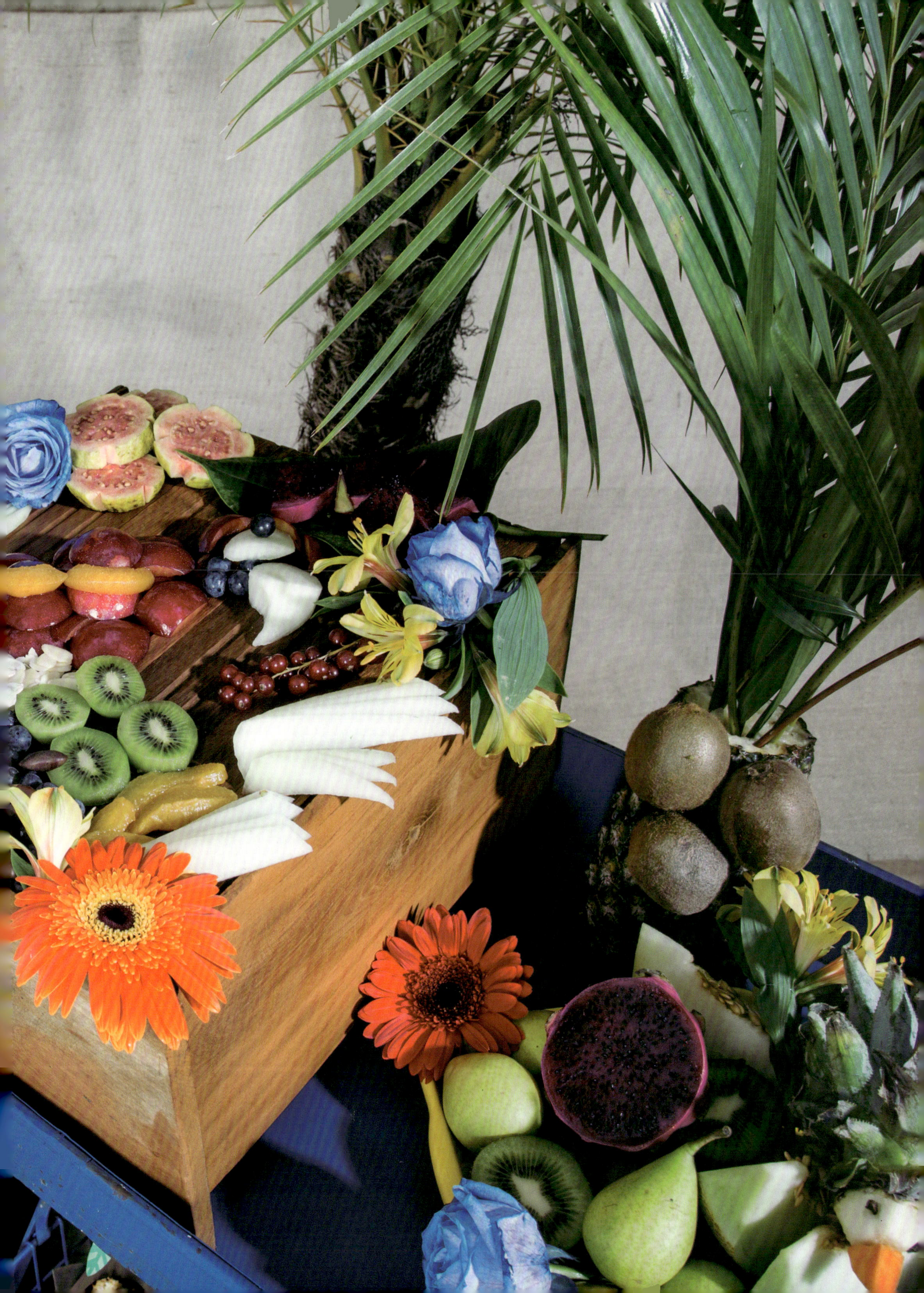

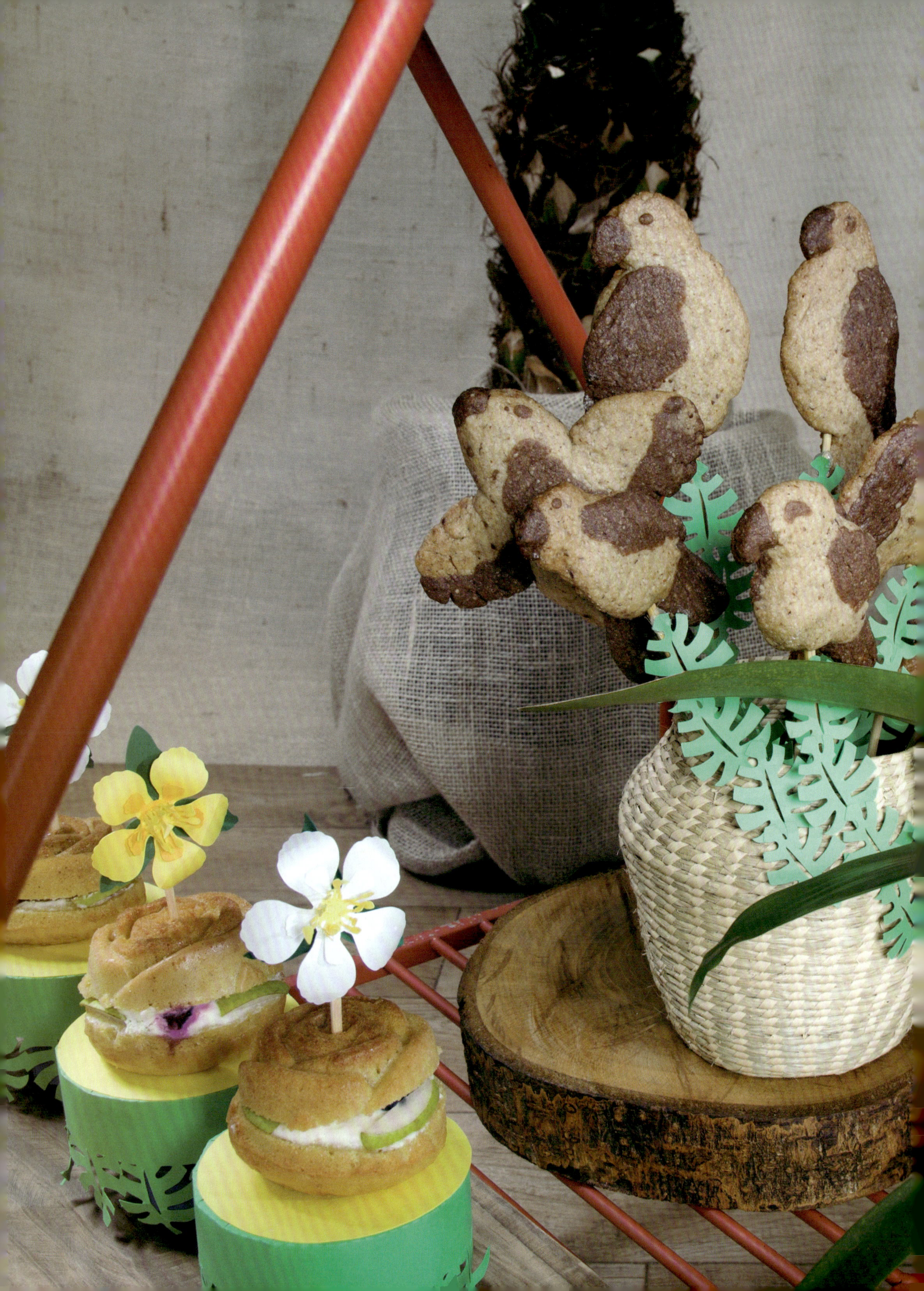

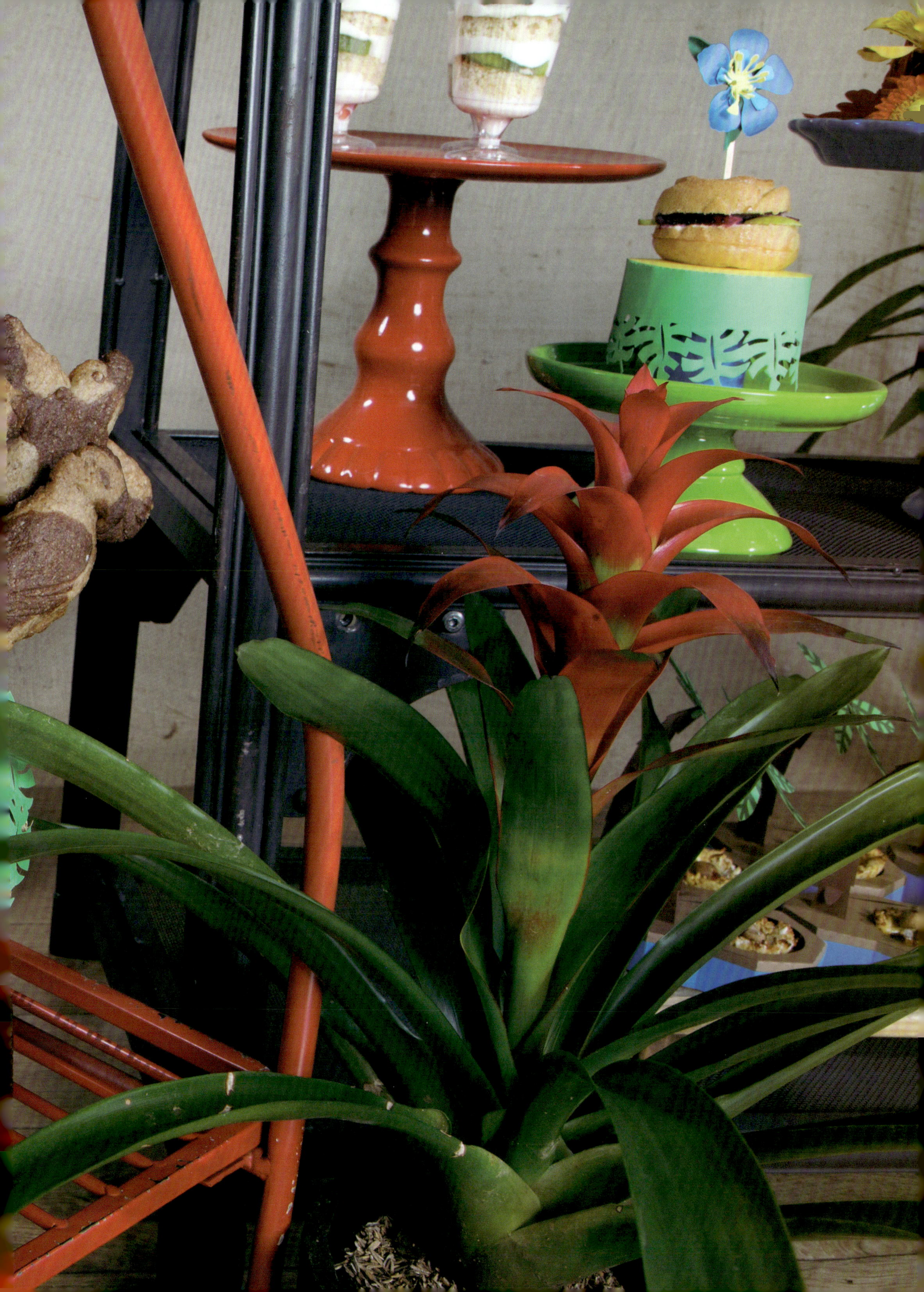

Ninho de coco queimado com ovinhos de sequilho

Material

Assadeira para *minicupcakes* ou *miniformas* redondas de 5cm

Ingredientes do ninho de coco

200g de coco ralado
15g de açúcar mascavo
45ml de leite de coco
20ml de mel

Modo de fazer

Misture todos os ingredientes e coloque-os em uma assadeira para *minicupcakes* ou em *miniforminhas*, untada, como mostra a figura. Leve ao forno, preaquecido 150°C, por 20 minutos ou até que o coco fique dourado. Retire do forno e espere esfriar e endurecer, para retirar da forminha.

167

Sequilho

Ingredientes

45ml de óleo de coco
140g de açúcar de coco
1 ovo (50g)
220g de polvilho doce
120ml de leite de coco
6g de sal

Modo de fazer

Preaqueça o forno a 160°C. Unte a assadeira com óleo vegetal. Misture o óleo de coco, o açúcar e o ovo. Em seguida, adicione o restante dos ingredientes e misture até a massa soltar da mão. Modele os sequilhos como desejar. Para a festa com o tema "Araras", os sequilhos foram modelados como ovinhos para os ninhos de coco. Leve ao forno para assar por mais ou menos 18 minutos. O fundo do biscoito deve ficar dourado e a sua superfície branca.

Sequilho de fubá

Ingredientes

100g de fubá
100g de açúcar
100g de manteiga sem sal em temperatura ambiente
1 ovo batido (50g)
250g de amido de milho

Modo de fazer

Misture tudo muito bem; pode ser com as mãos ou na batedeira, usando a raquete. Preaqueça o forno a 180°C. Unte uma forma grande; em seguida, modele os biscoitos como desejar. Leve ao forno para assar por 30 minutos ou até que estejam crocantes e sequinhos.

Coqueiro de abacaxi

Material

Base com estaca
3 abacaxis
Folhagem de palmeira
Palitos de churrasco
Palitos de dente
3 kiwis

Modo de fazer

Corte as bases e as pontas de dois abacaxis de modo que fiquem retos. Em seguida, corte apenas a ponta do terceiro abacaxi e coloque-o na base, com estaca. Coloque um abacaxi em cima do outro e firme-os com os palitos de churrasco. Vá adicionando a folhagem, para fazer a copa do coqueiro. Coloque 3 palitos de dentes com a ponta virada para cima, abaixo da copa, e espete os três kiwis nos palitos, para imitar os cocos.

170

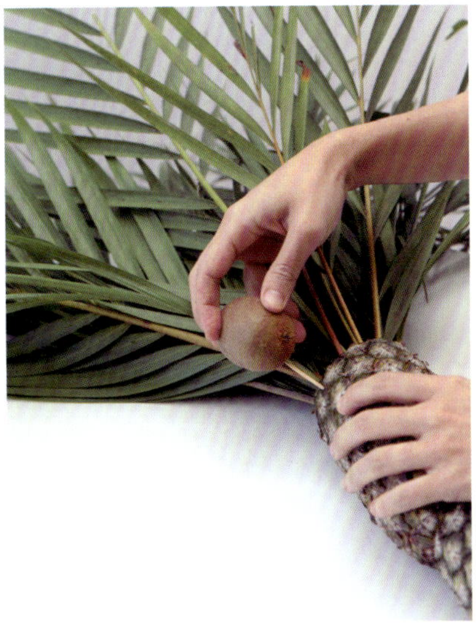
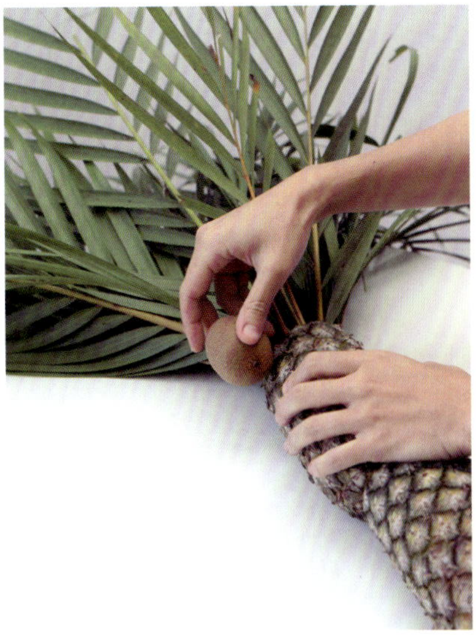
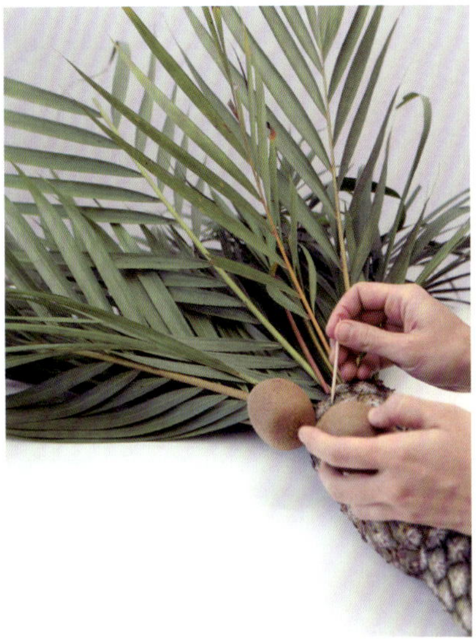
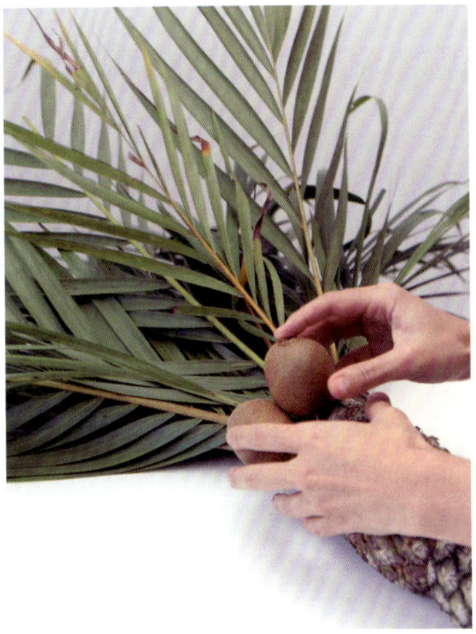
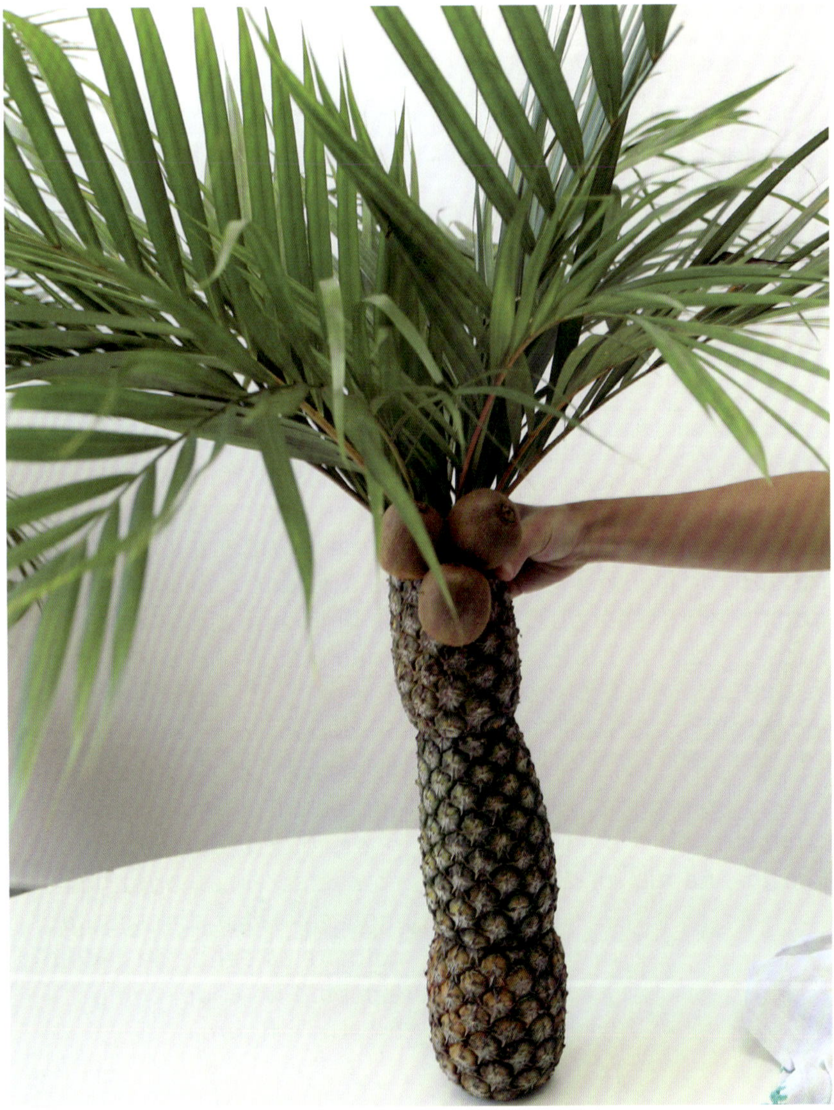

Dip de cenoura com pepino

Material

Descascador de batatas ou fatiador de legumes
Copinhos transparentes
Faca

Ingredientes

1 cenoura grande
1 pepino
Receitas de *dip* (p.28)

Modo de fazer

Passe a cenoura e o pepino no fatiador, na espessura de 5mm, para que ele não fique muito fino e nem muito grosso. Siga corretamente o passo a passo para fazer as penas. Coloque o *dip* no copo transparente (você pode colocar dois *dips* de cores diferentes, para ficar mais colorido). Em seguida, coloque as penas de cenoura e pepino no copo, como mostra a figura.

173

174

175

Arara trifle cake

Material

Assadeira 30x40x6
Termômetro culinário
Batedeira
Fue
Panela para banho-maria
Cortador redondo, aro 5cm
Copinhos ou tacinhas com o mesmo diâmetro do cortador

Ingredientes para o pão de ló

200g de ovos
125g de açúcar demerara
125g de farinha de trigo
50g de manteiga ghee derretida
5ml de essência de baunilha

Modo de fazer

Misture os ovos com o açúcar em uma tigela, em banho-maria. Bata, com a ajuda de um fue, até que a mistura atinja 50oC. Em seguida, bata a mistura na batedeira, até virar uma espuma amarelada. Adicione a essência de baunilha e misture bem. Peneire a farinha e misture tudo delicadamente, com a ajuda de uma escumadeira. Vá adicionando a manteiga derretida, morna, aos poucos e incorporando todos os ingredientes. Despeje a mistura em uma assadeira ou tabuleiro untado e leve ao forno por 30 minutos, à 180oC. A massa não pode ficar muito grossa.

Para o creme, utilize qualquer uma das receitas indicadas na página ... (recheios doces). Pique frutas, como manga, morango, mirtilos, amoras, framboesas, pêssego.

Passo a passo

Pegue o tabuleiro do pão de ló e, usando o cortador, corte a massa. (Foto)
Em seguida, divida a massa em duas moedas. Vá adicionando camadas de frutas, creme e pão de ló até encher o copo. Na sequência fruta–creme–pão de ló–creme–fruta–creme–pão de ló–creme–fruta. (Foto)

177

178

179

Biscoito de Arara

Material

Palitos de churrasco com as pontas cortadas
Cortador de biscoito em formato de ave
Cortador de biscoito em formato de avião
Rolo de massa

Receita de massa seca para biscoito

250g de açúcar
400g de manteiga (podem ser substituídos por 400g de óleo de coco)
700g de farinha (podem ser substituídos pelo *mix de farinhas* p.35)
200g de ovos
10ml de essência da sua escolha
15g de raspas de limão

Para deixar a massa escura:
Em 700g de farinha – substitua por 600g de farinha e 100g de cacau em pó ou chocolate em pó.

Modo de fazer

Misture todos os ingredientes até obter uma massa homogênea. Se a massa estiver muito farelenta, adicione um pouco de água fria. Em seguida, abra a massa e siga o passo a passo para modelar.

Passo a passo

Unte uma superfície com farinha e abra a massa com 5mm. Use o cortador de ave ou de avião.
Outra opção para abrir a massa é utilizar um plástico embaixo e outro em cima dela, para abri-la sem que ela grude na mesa e sem a necessidade e utilizar mais

farinha do que a necessária na receita.
Modele os biscoitos.
Depois adicione o espeto de churrasco.
Siga o passo a passo e leve para assar, a 180°C, por 10 minutos ou até que fiquem levemente dourados.

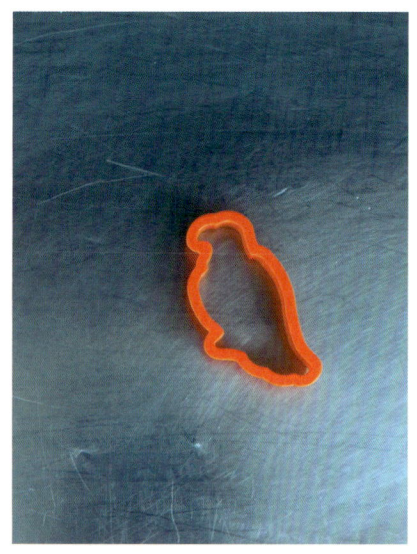

182

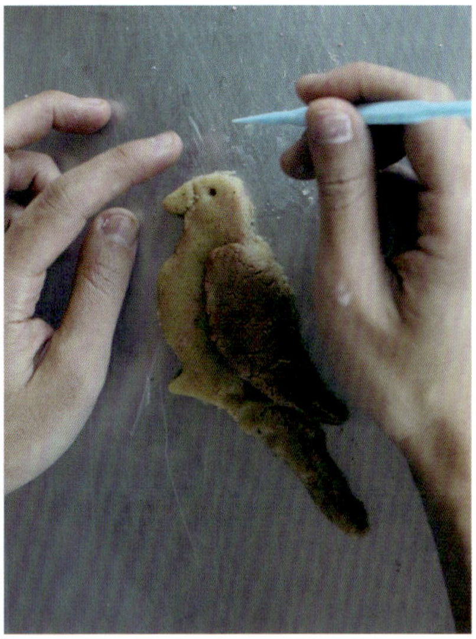
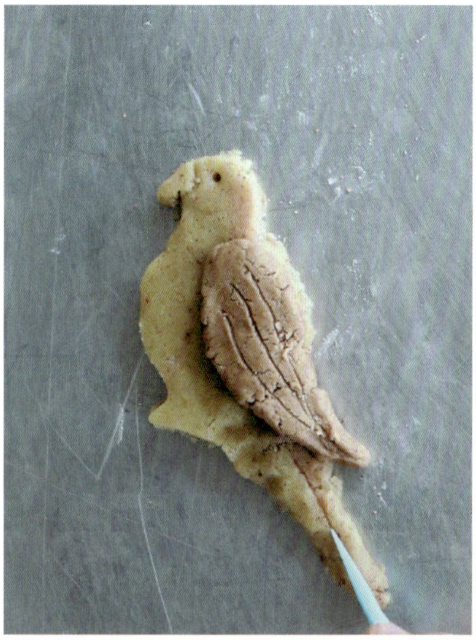
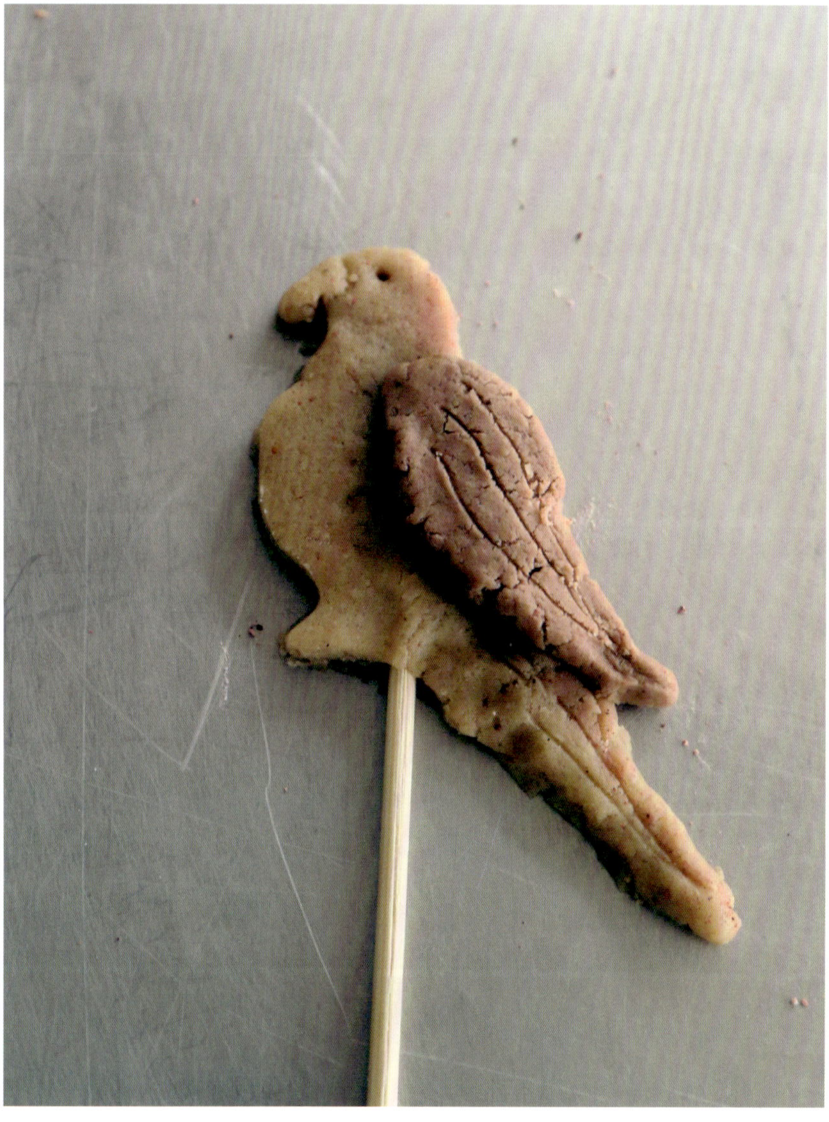

Mini naked cake tropical

Material

Assadeira para *muffim*

Ingredientes

450g de banana nanica amassada
100g de ovo
120ml de óleo
180g de açúcar ou 250g de purê de tâmaras
250g de farinha de trigo ou 240g de farinha de trigo integral
10g de canela em pó
15g de fermento químico ou 15g de bicarbonato de sódio

Modo de fazer

Misture todos os ingredientes. Unte uma assadeira de *muffins* e adicione a massa. Leve ao forno, preaquecido à 180°C, por 30 minutos. Retire o forno e espere esfriar, para cortá-los ao meio.
Use o recheio doce que desejar (p.23).

Passo a passo

Corte as frutas em fatias finas, para decorar o *mininaked*.
Corte o bolinho ao meio.
Adicione o recheio desejado.
Adicione as frutas em fatias.

185

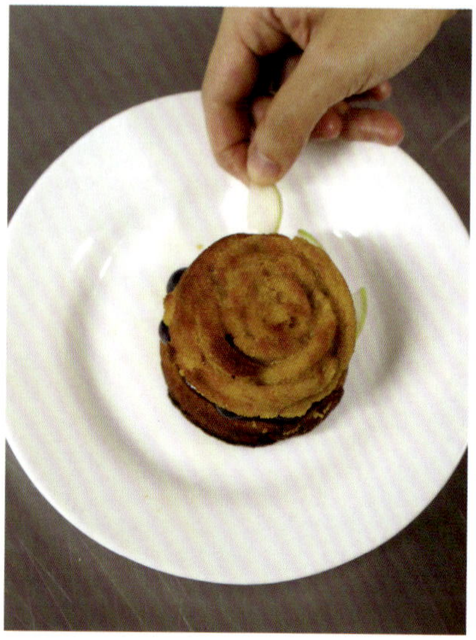

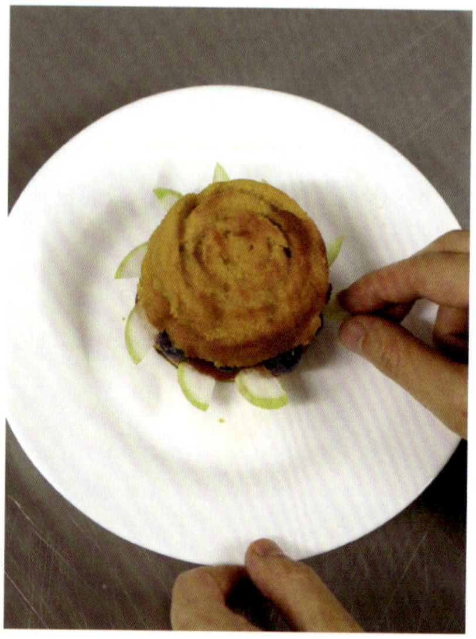

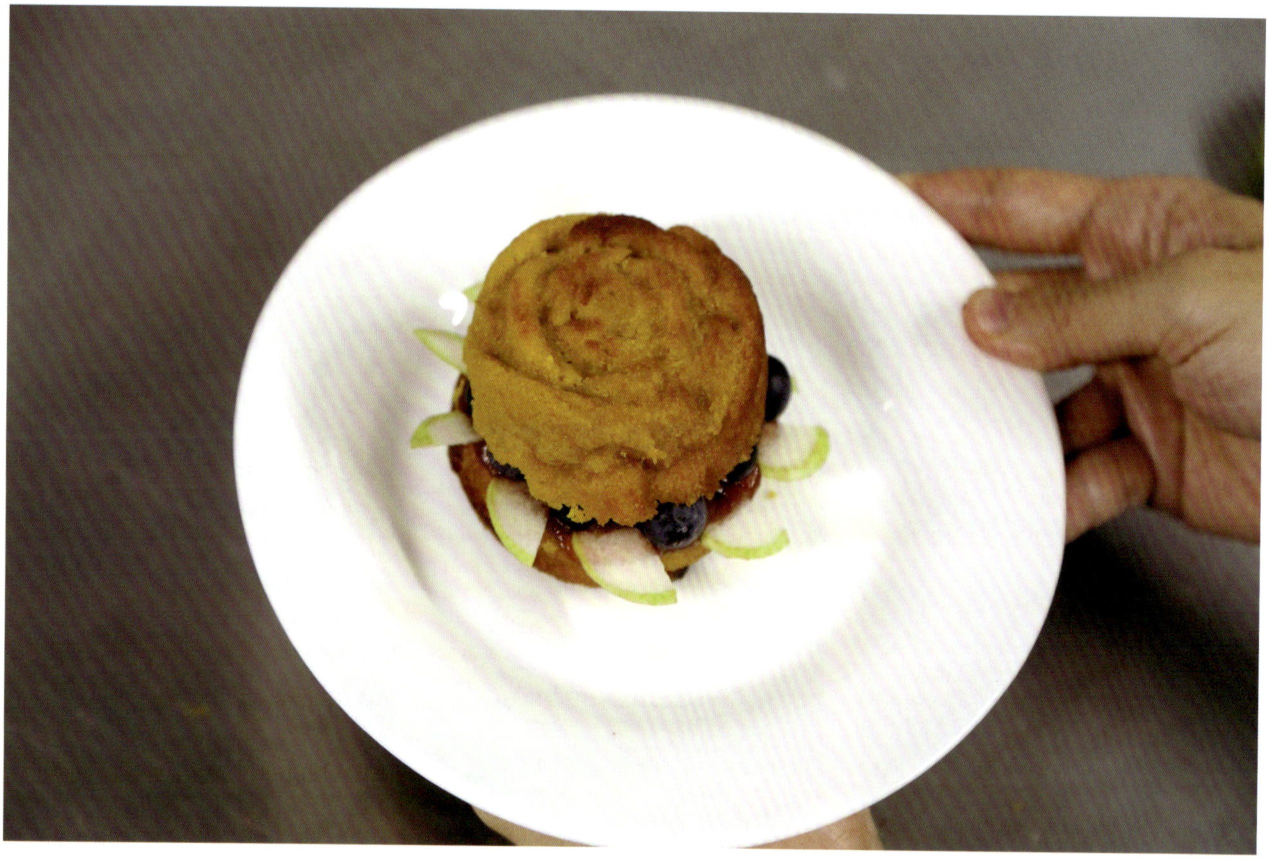

Whoppie pie de folhas

Ingredientes para a massa

110g de gordura vegetal
180g de açúcar
40g de gemas
250g de farinha de trigo
80g de chocolate em pó sem açúcar
10g de fermento químico em pó
5g de sal
10g de bicarbonato de sódio
240 ml de leite de amêndoas ou coco
15ml de essência de baunilha

Ingredientes para o recheio

200g de cream cheese ou creme de leite fresco
30g de geleia de morango ou frutas vermelhas picadas (morango/cereja/mirtilo)

Modo de fazer

Preaqueça o forno médio (180°C). Unte duas assadeiras.
Para a massa: Em uma tigela grande, bata a gordura vegetal, o açúcar e as gemas. Em uma tigela separada, peneire a farinha, o chocolate em pó, o fermento, o sal, e o bicarbonato. Acrescente esses ingredientes secos à mistura preparada, alternando com o leite de amêndoas. No final, misture a baunilha.
Para fazer as folhas, unte as assadeiras e siga as instruções das figuras do passo a passo. Asse por 10-15 minutos. Retire do forno e deixe esfriar completamente sobre uma grade.
Para o recheio: Separe as frutas picadas e bata o restante dos ingredientes até

formar um creme leve.
Montagem: Passe o recheio no lado plano de um biscoito e feche com outro biscoito, formando um sanduíche.

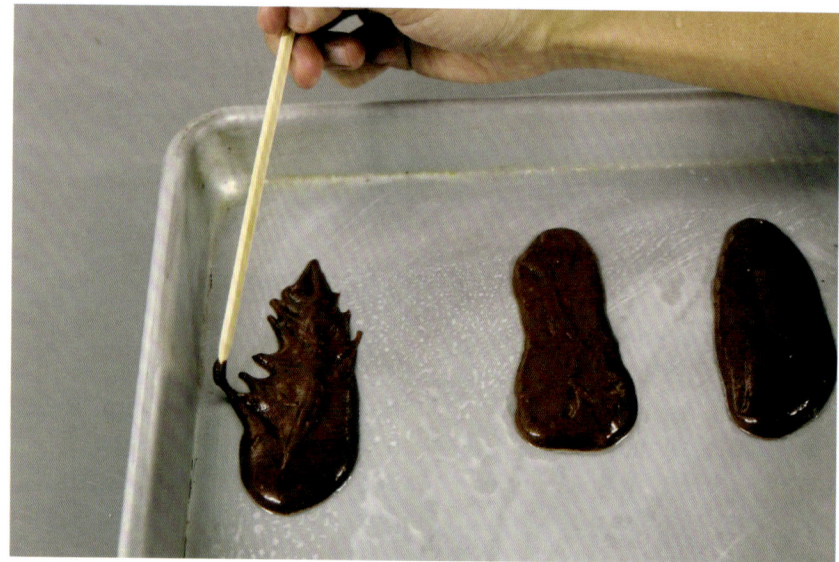

189

Tábua de frutas das araras

Material

1 tábua ou bandeja em que possa ser montada a tábua – 40cm x 40cm

Frutas

6 ameixas
1 goiaba
1 pêssego ou 1 tangerina
1 bandeja de mirtilos
1 kiwi
4 fatias de melão
Frutas para enfeitar, como manga, pitaia, melancia
Flores tropicais

Nozes, castanhas e frutas secas da sua preferência

Modo de fazer

Comece cortando as frutas como mostra o passo a passo. Para fazer o bico da arara e a parte branca dos olhos, siga as medidas e modelo (p.366).
Para a goiaba em formato de flor (p.62).

191

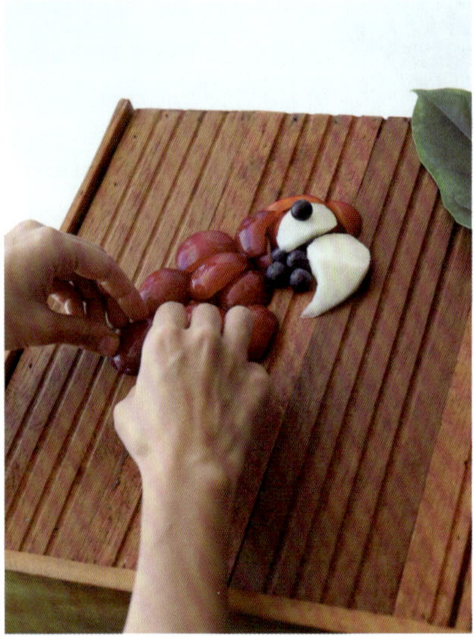
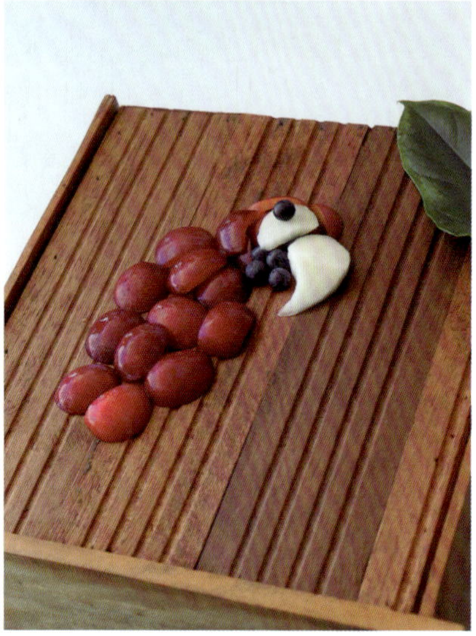
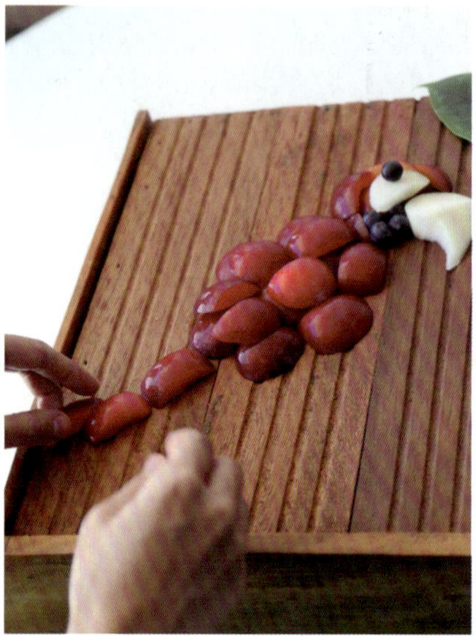
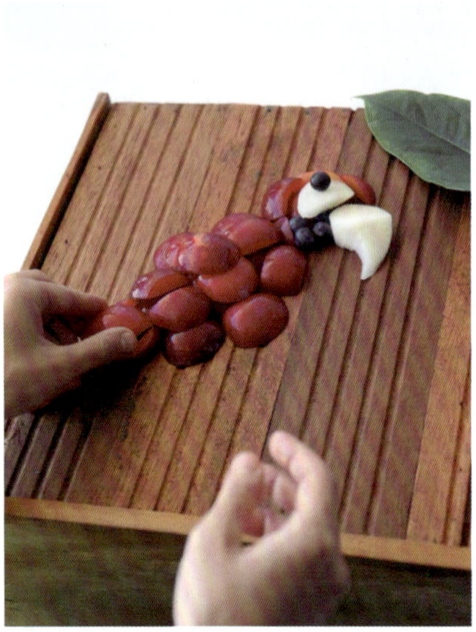
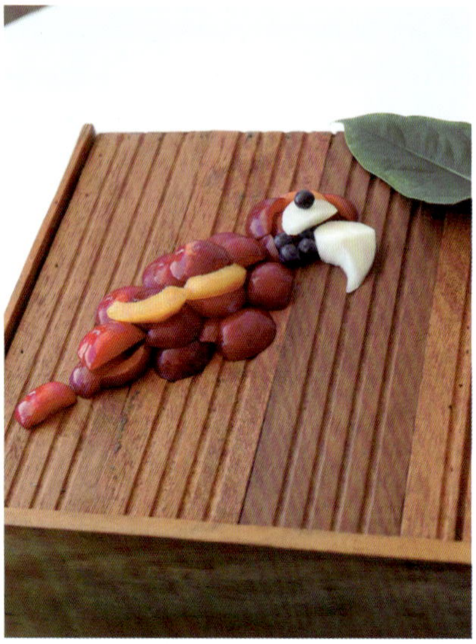
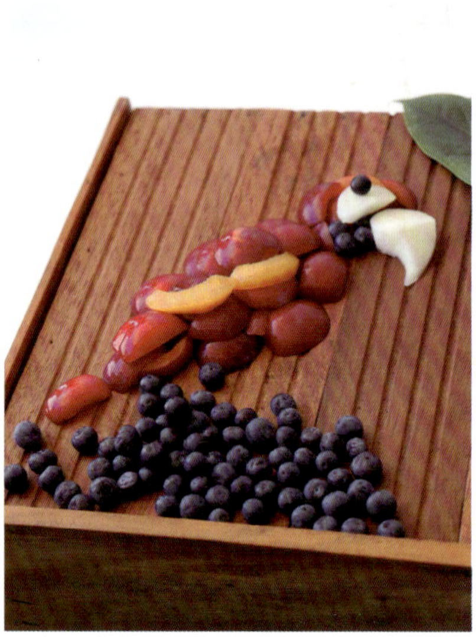
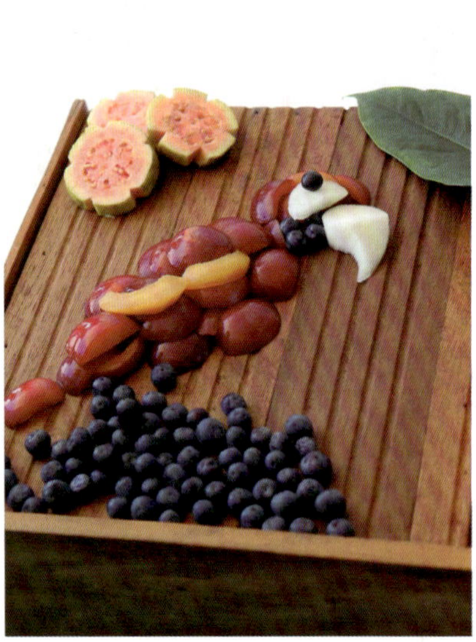
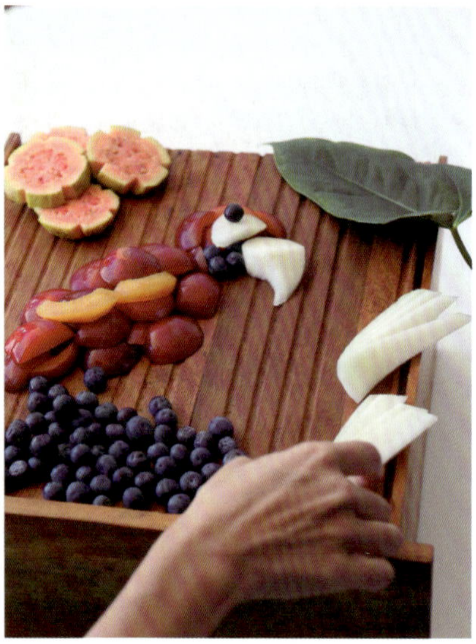

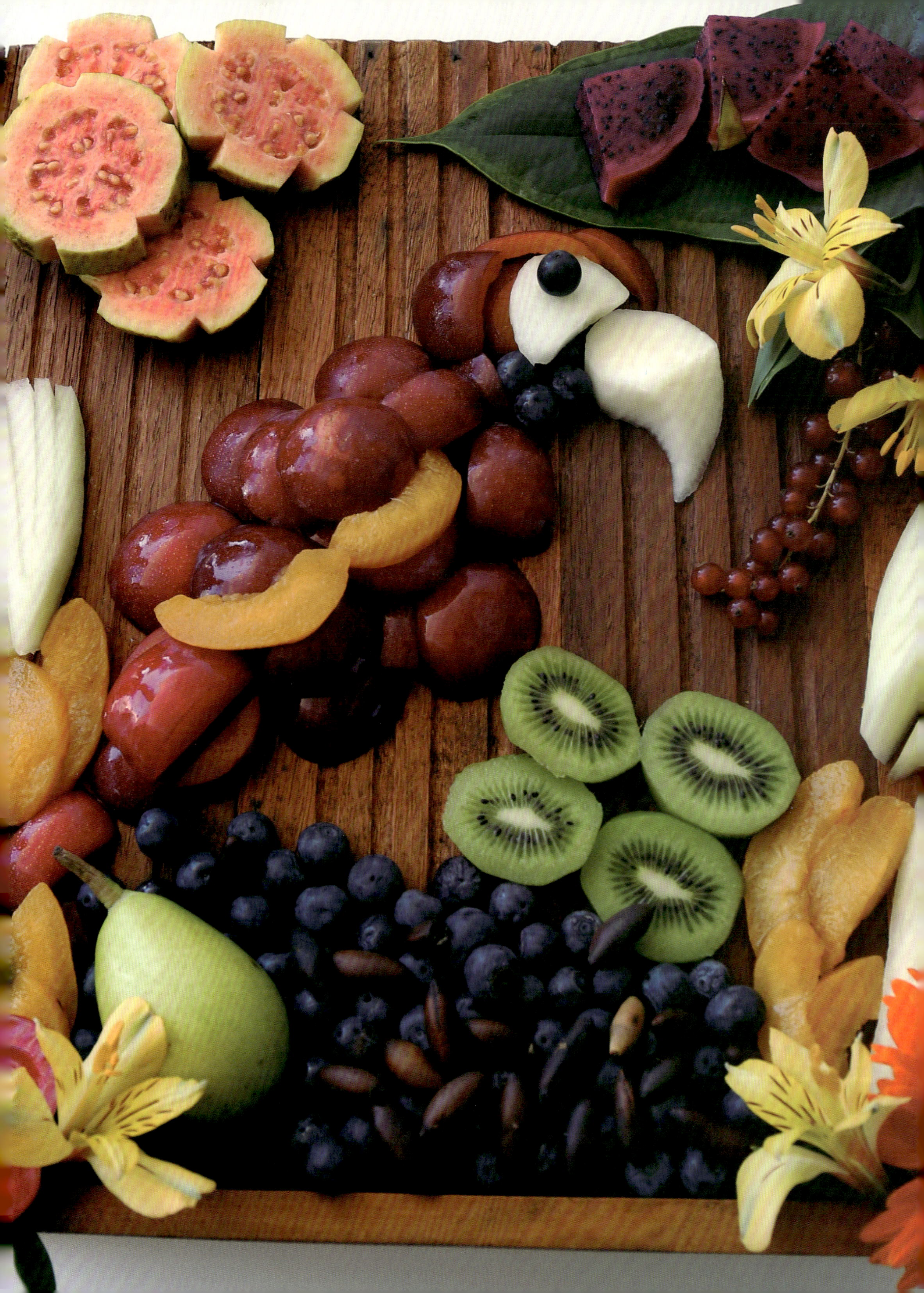

Naked cake Arara

Bolo de cenoura e beterraba sem glúten

Material

Aro para bolo ou assadeira redonda de 26cm e 16cm

Ingredientes

250g de cenouras cortadas em rodelas
150g de purê de beterraba
15ml de vinagre branco
15g de fermento químico ou bicarbonato de sódio
200g de ovos
270g de açúcar demerara
250g de *mix* de farinha sem glúten ou fubá ou farinha de amêndoas
45ml de óleo de coco

Modo de fazer

Preaqueça o forno a 180°C. Em uma panela, coloque o purê de beterraba com o vinagre e aqueça por 2 minutos. Adicione, no liquidificador, as cenouras, a mistura da beterraba, os ovos, óleo e açúcar. Bata bem, até que todos os pedaços da cenoura estejam triturados. Adicione a mistura em um *bowl* e vá misturando a farinha. Por fim, adicione o bicarbonado ou fermento em pó e leve ao forno, em assadeira untada com óleo, por 45 minutos. Retire o bolo do forno, espere esfriar, desenforme e siga o passo a passo para a montagem do *naked cake* e o corte do bolo ao meio.

Recheio utilizado: creme de coco com geleia de morango e frutas tropicais (p.26).

195

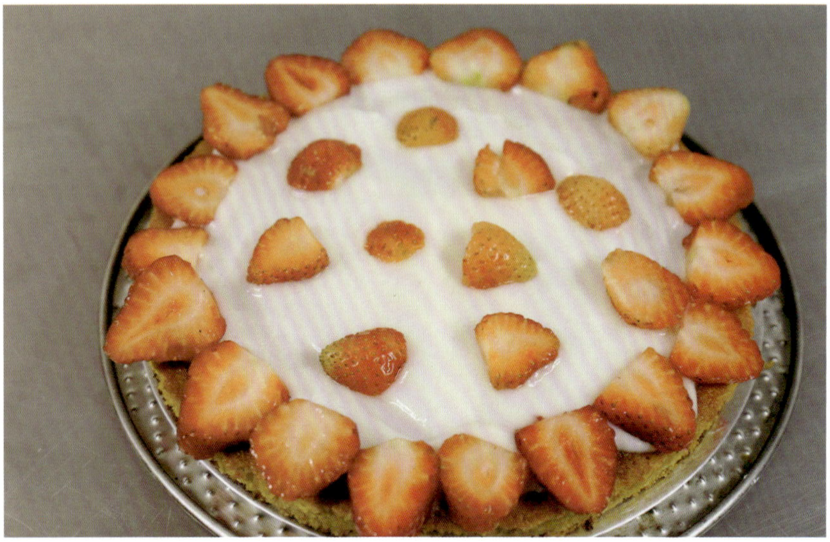
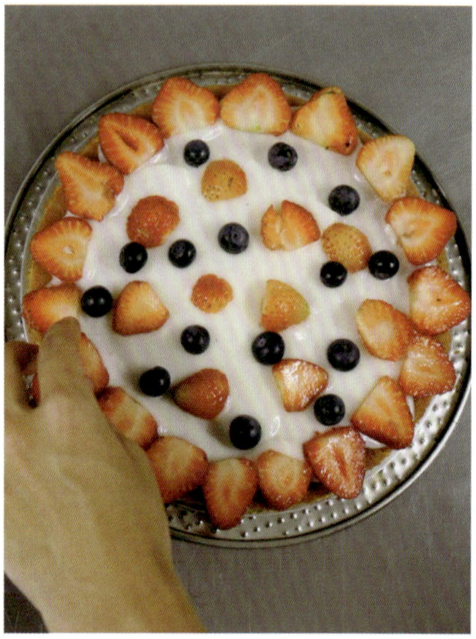
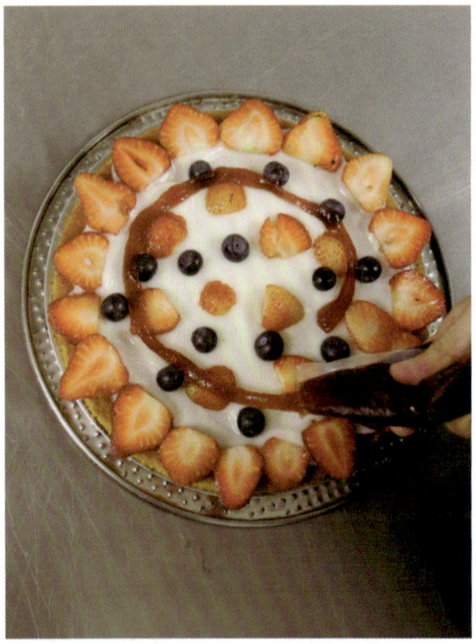
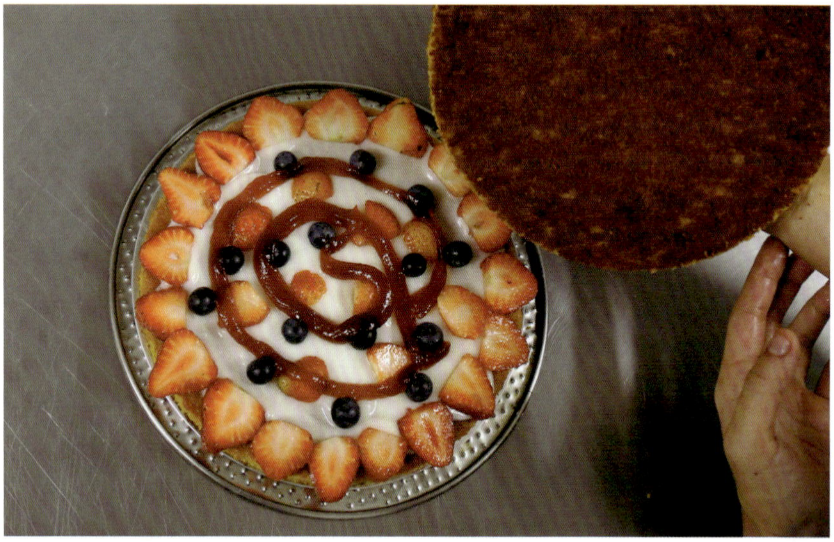
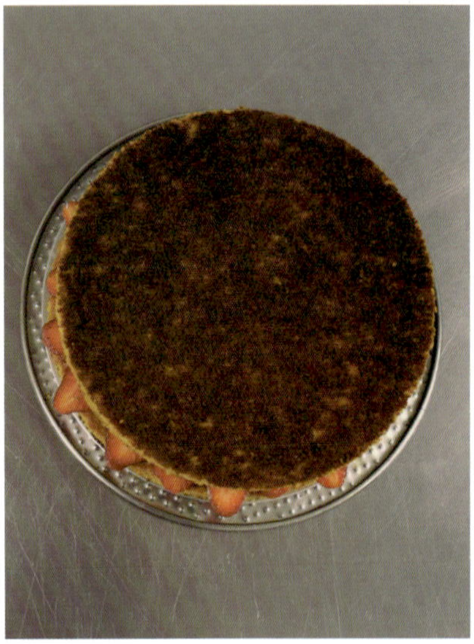
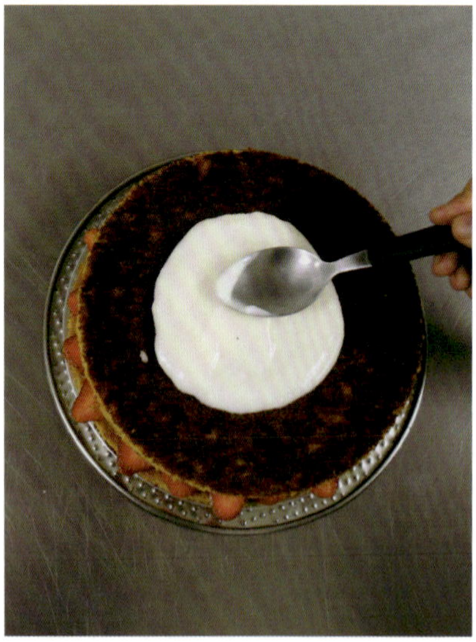
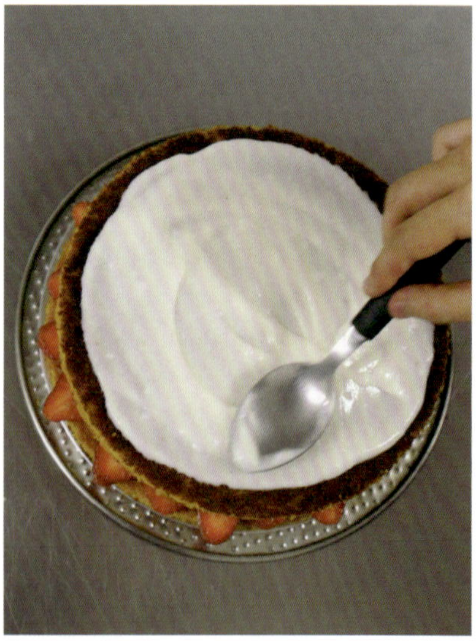

197

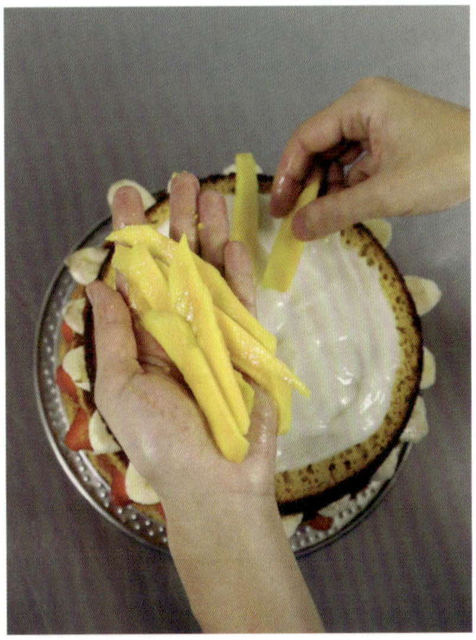
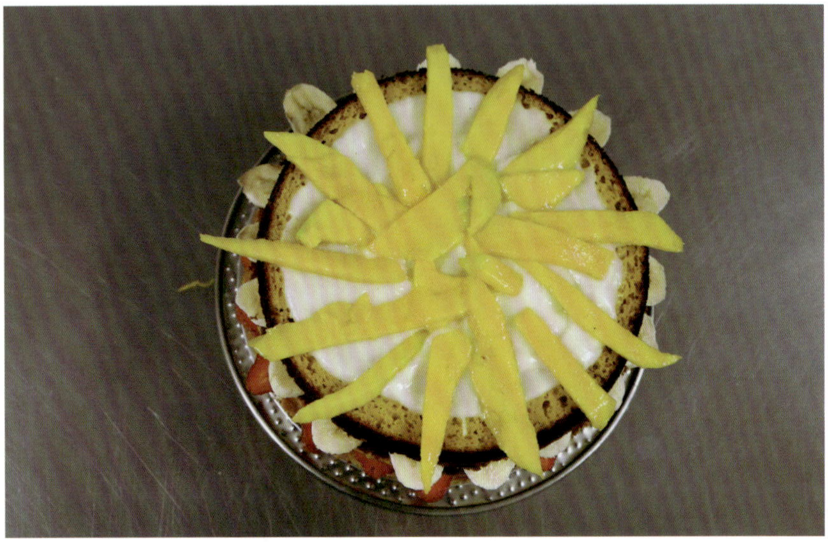
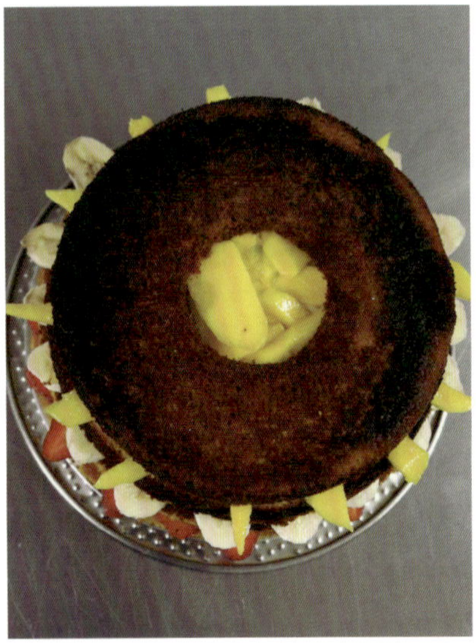
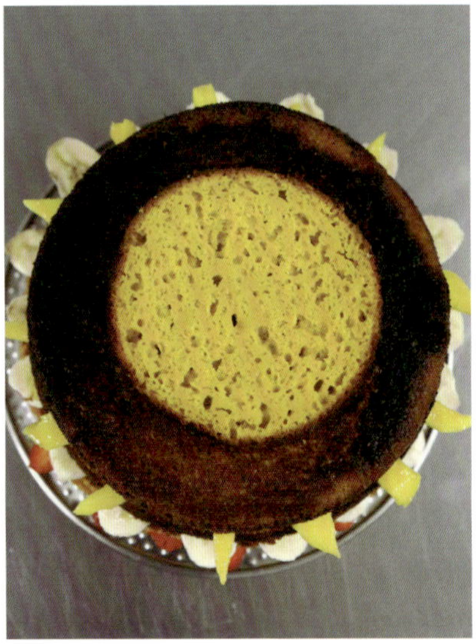
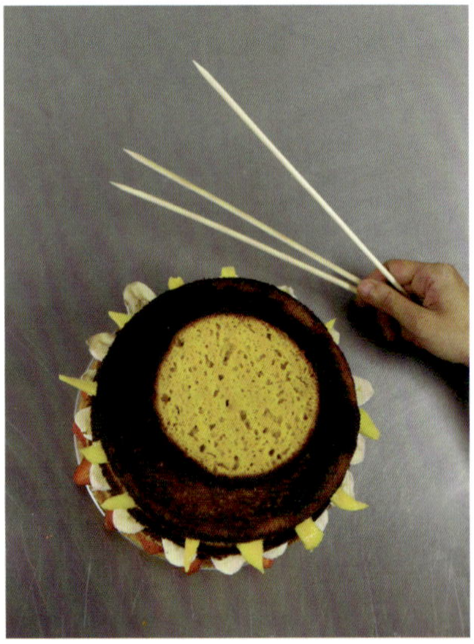
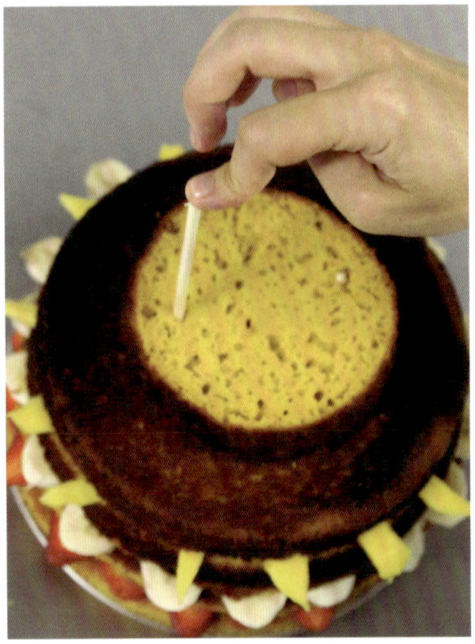
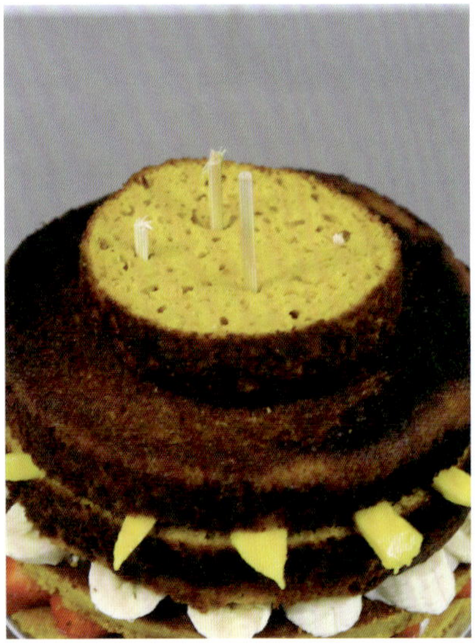
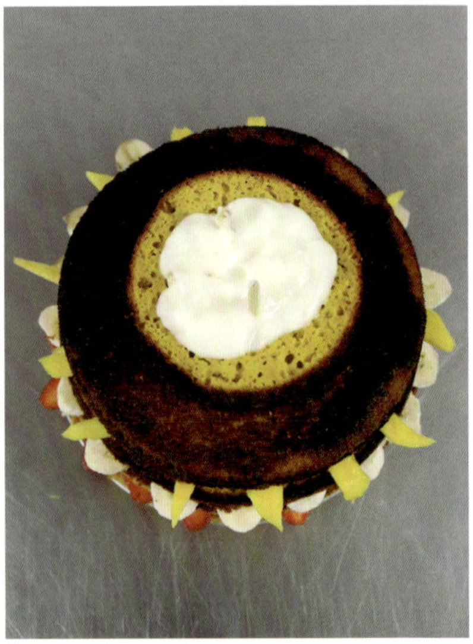

199

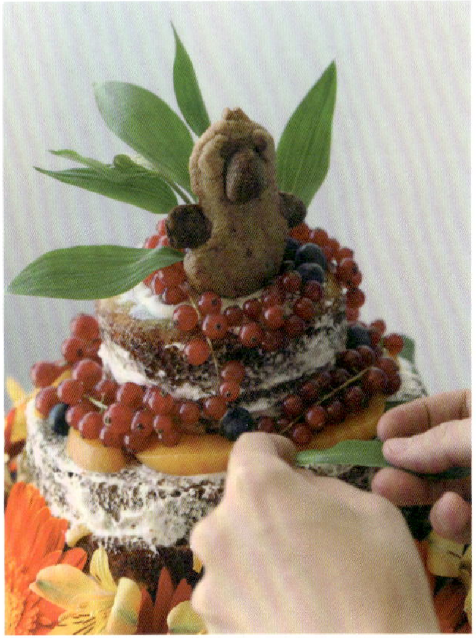

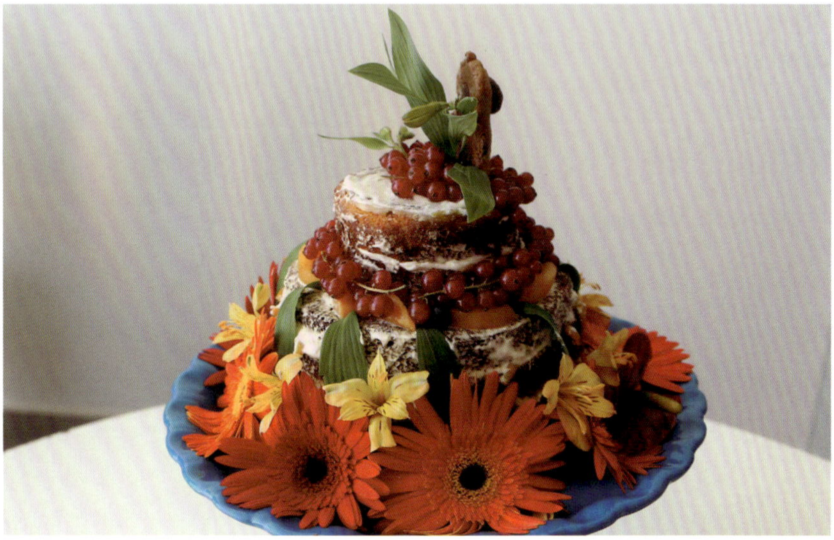

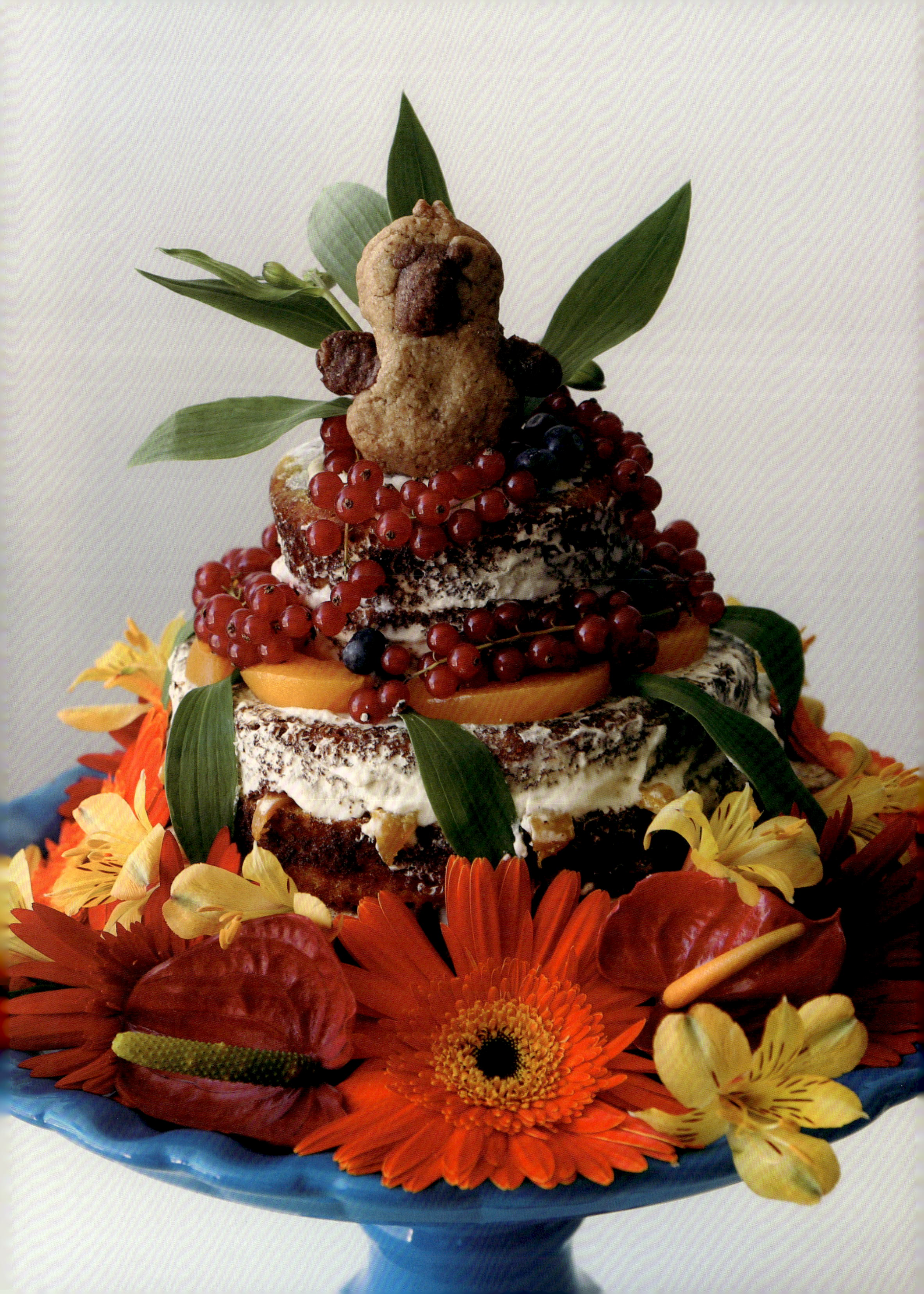

900x1300
embalatec
011-5534-0003
embalatec
(11) 5534-0003
17 OUT 2016

Dinossauros

Dinossauros é um tema de festa que atrai tanto crianças pequenas, como maiores. O encanto, juntamente com a ferocidade desses animais pré históricos tomam vida na mesa.

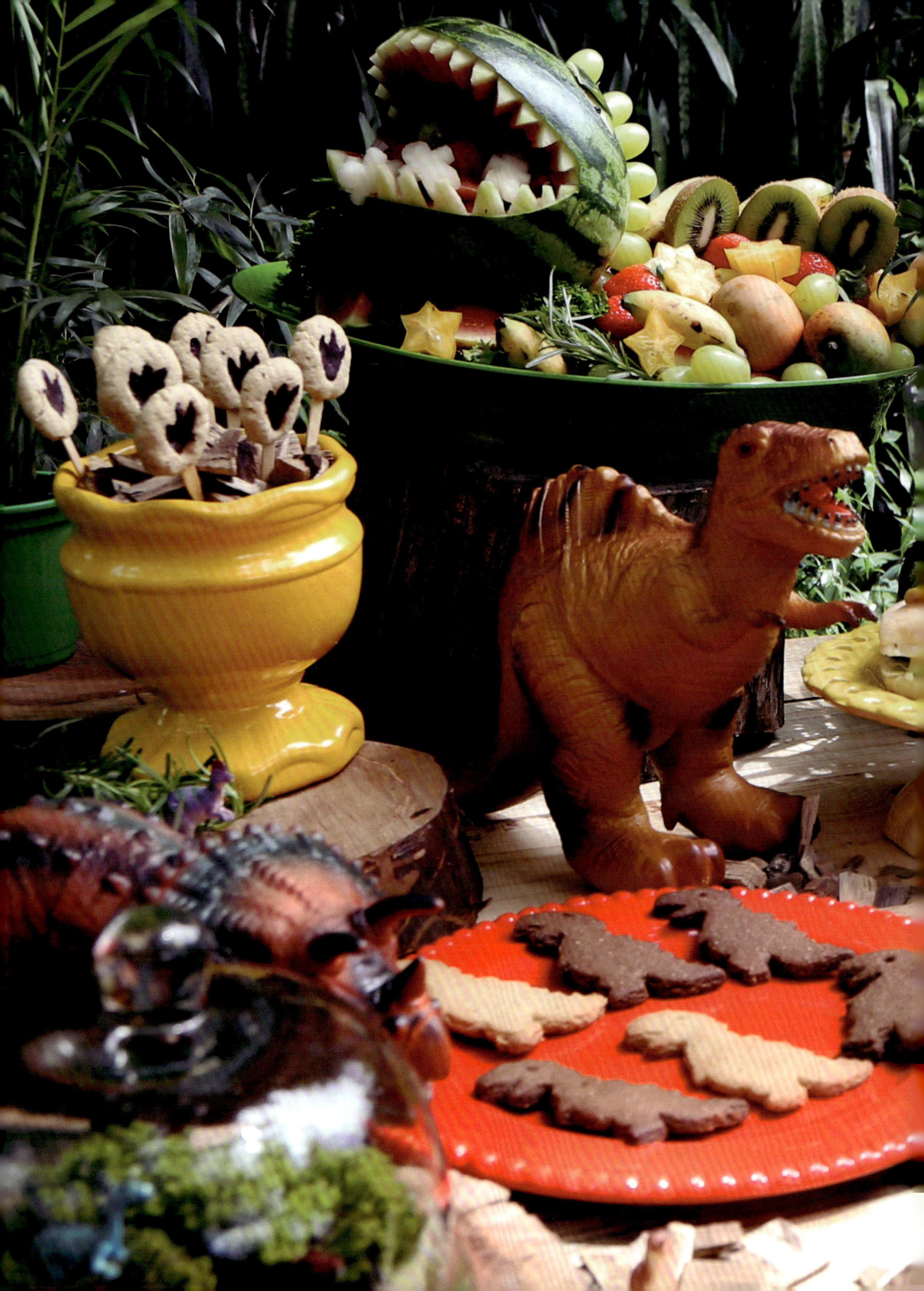

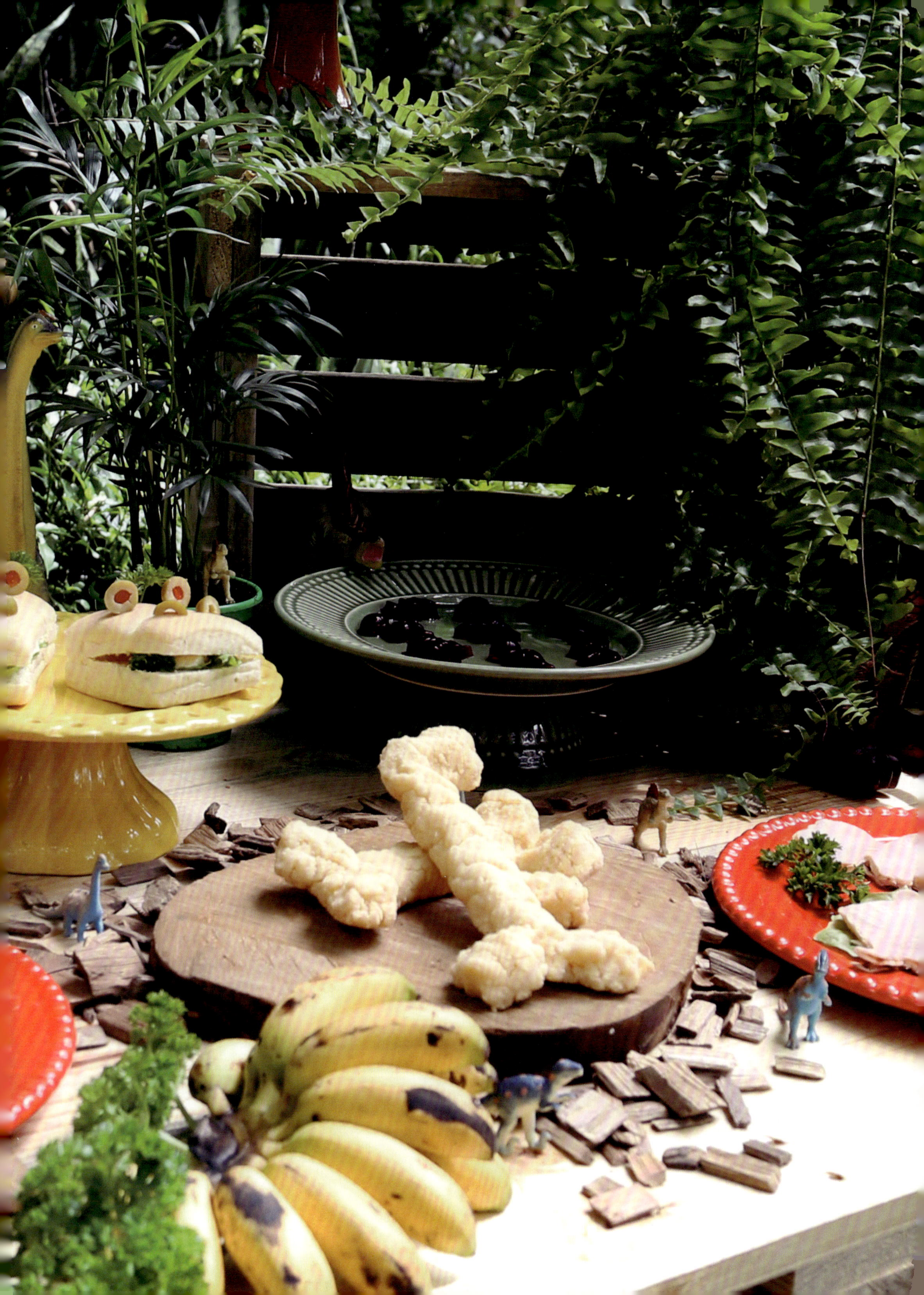

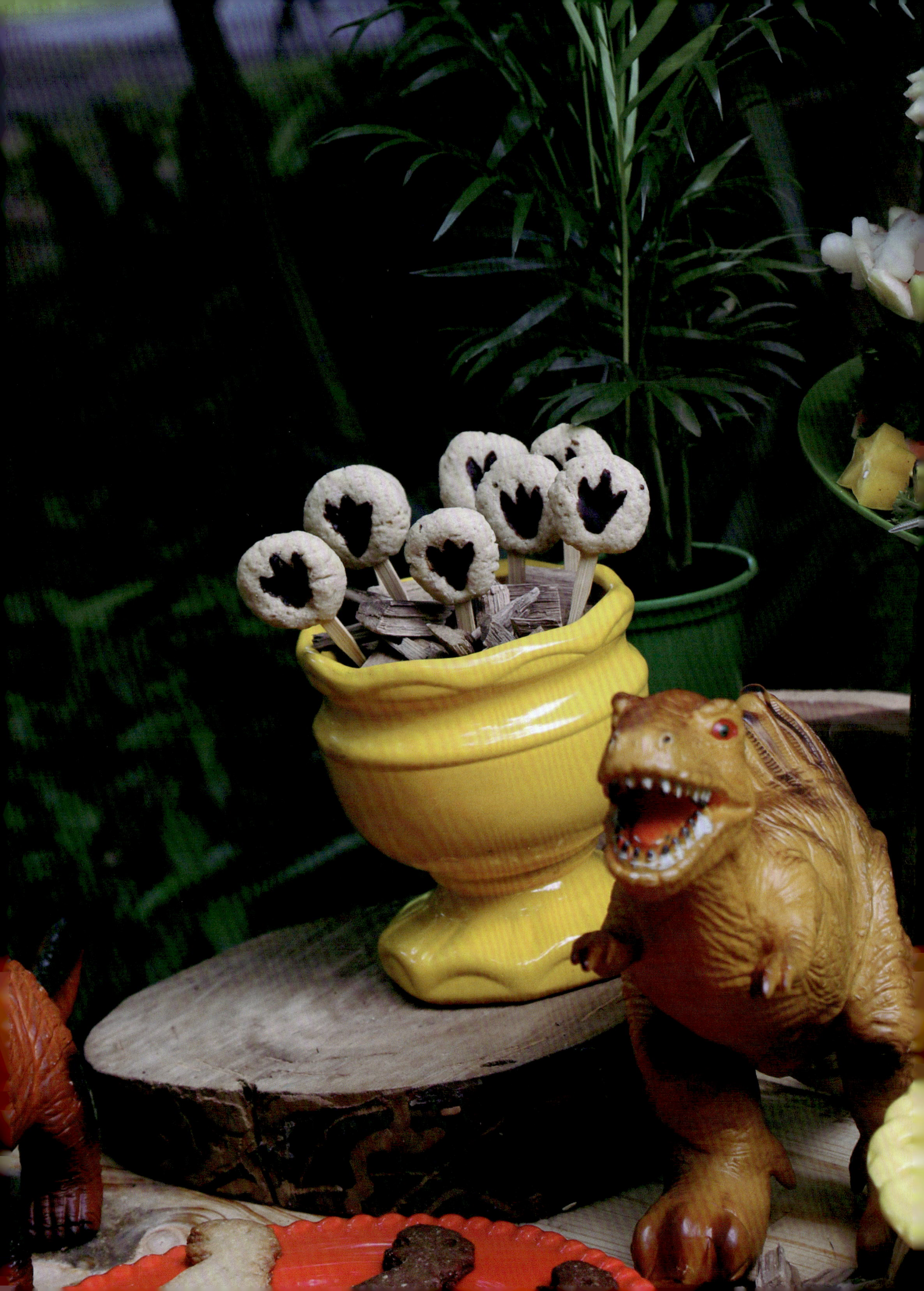

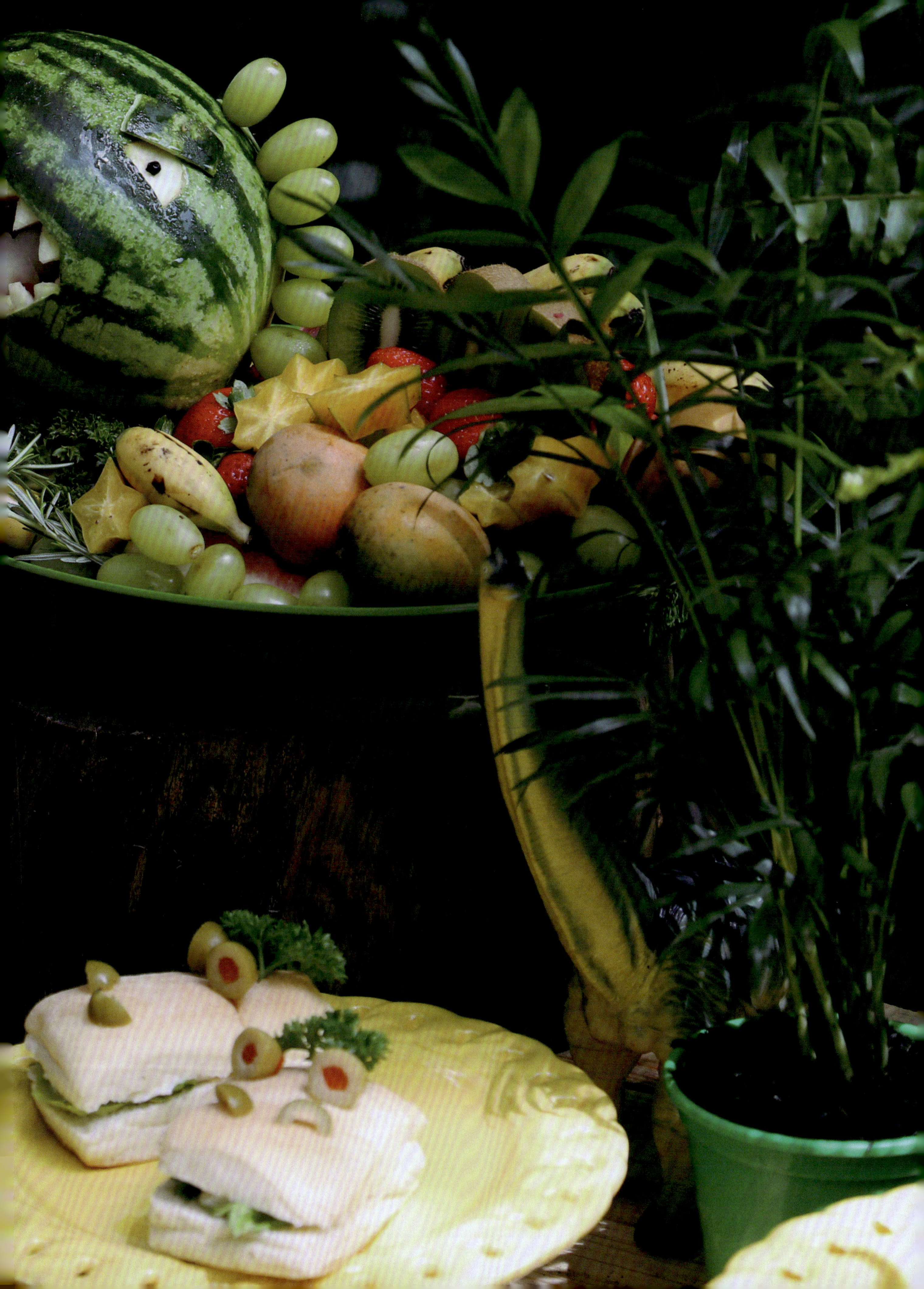

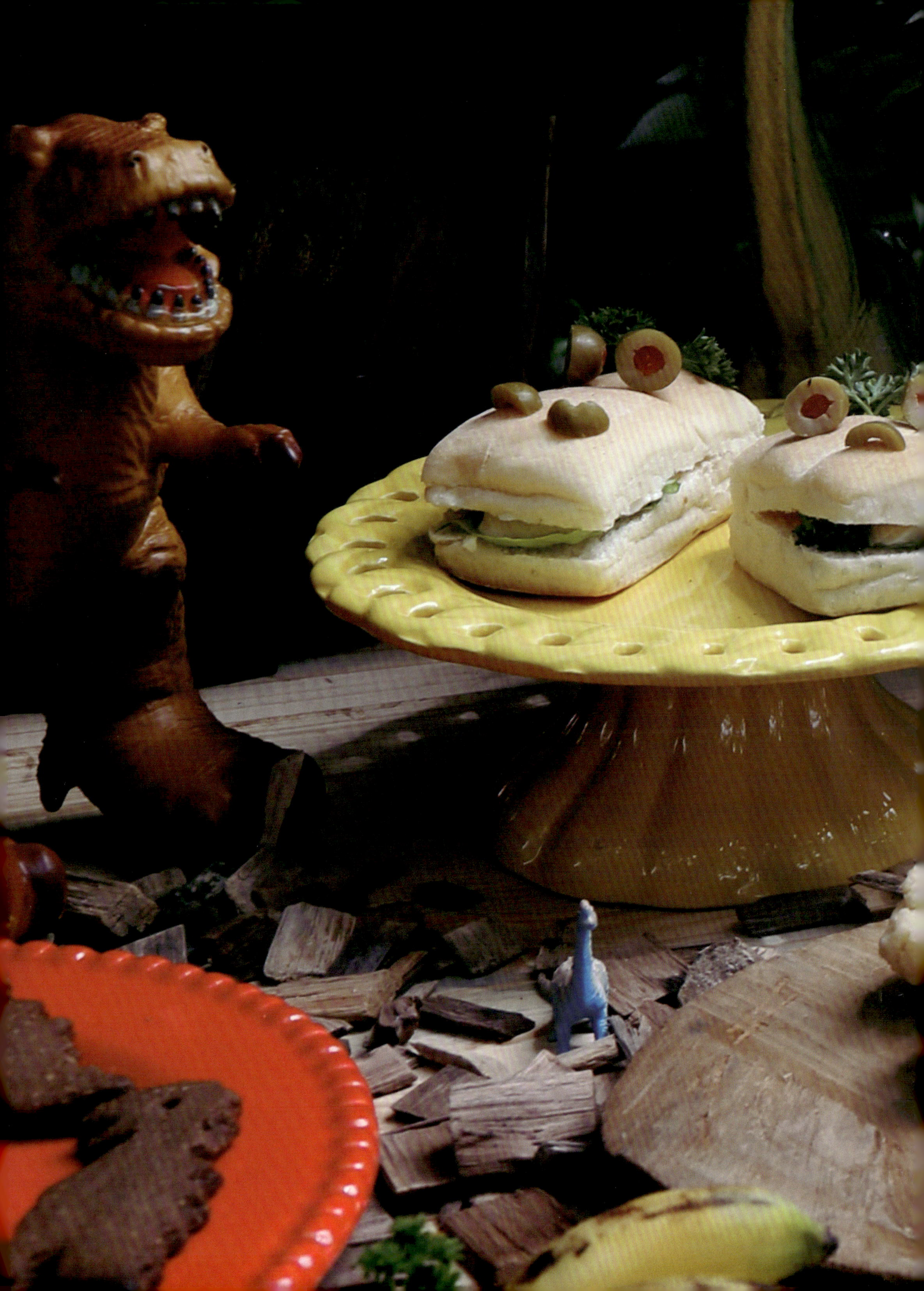

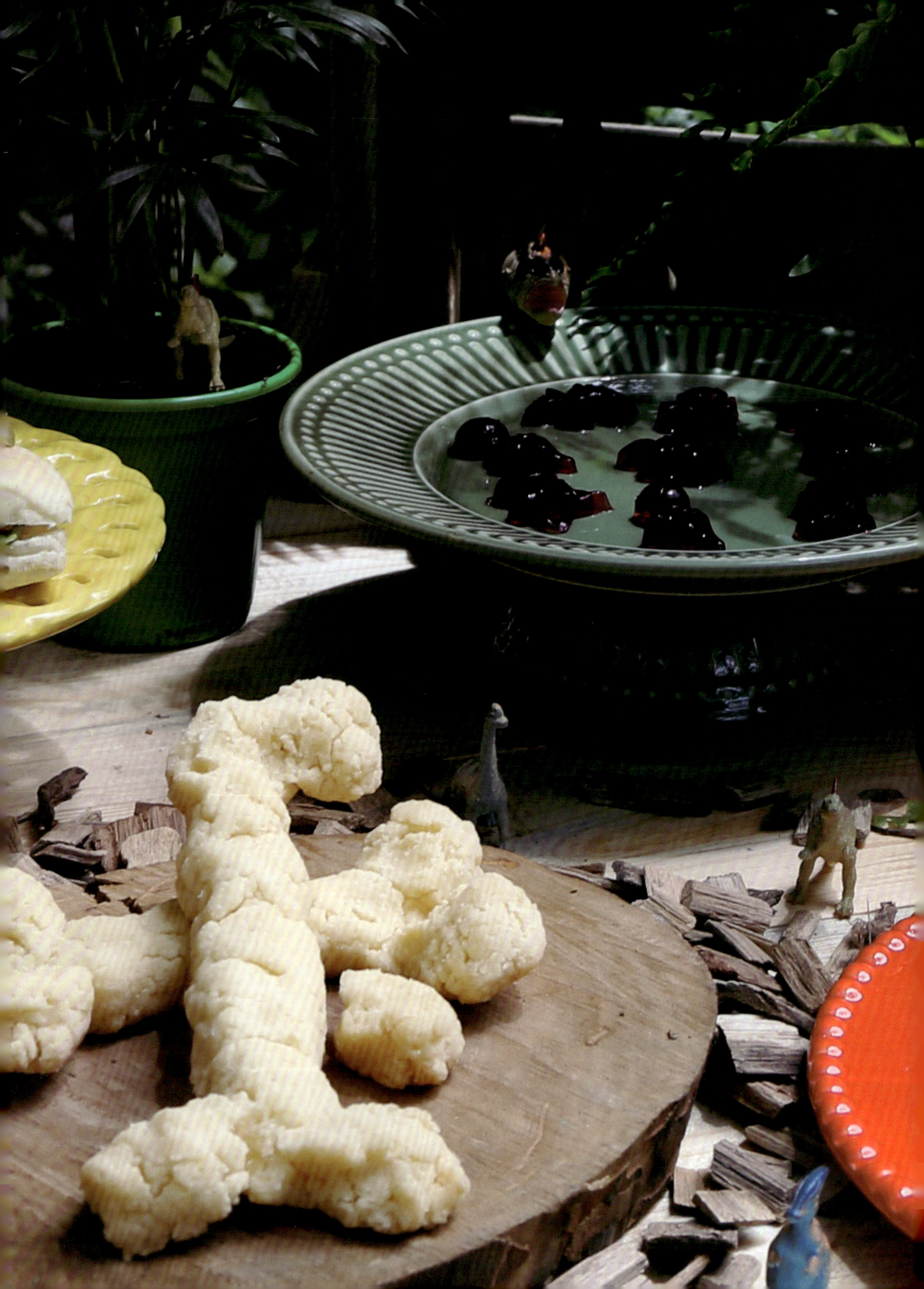

Biscoito *champagne* em formato de osso

Ingredientes

100g ovos
300g de farinha de amêndoas ou farinha sem glúten
110g de polvilho doce
300g de tâmaras picadas
15g de fermento em pó
120ml de azeite extravirgem

Modo de fazer

Misture todos os ingredientes e amasse até obter uma massa homogênea. O ponto ideal é quando ela desgruda das mãos. Modele no formato desejado. Unte uma assadeira com azeite e leve ao forno médio, preaquecido por 20-25 minutos.

211

Cookie print no palito

Material

Palitos
1 *print* (Foi usada a pata de um dinossauro de brinquedo)

Ingredientes

2 colheres de sopa de açúcar mascavo
1 colher de sopa de óleo
½ colher de chá de essência de baunilha
2/3 xícara chá de farinha de amêndoas
¼ xícara chá de amêndoas picadas (25gr)
1/3 xícara de chá amido de milho
1 colher de sopa de fermento químico
1 banana nanica madura
Canela, caso desejar, no máximo ½ colher de chá.

Modo de fazer

Em uma tigela, misture o óleo, o açúcar e a baunilha; em seguida, adicione a farinha de amêndoas, o amido de milho e o fermento e misture com a ponta dos dedos, para que forme uma farofa. Depois adicione a banana em forma de purê e as amêndoas picadas. Faça bolinhas e achate com uma colher.

Modo de fazer os *prints* no passo a passo.

213

Sanduíche natural Dino

Material

Cortadores de biscoito em formatos de dinossauro

Ingredientes

Pão de forma integral cortado na horizontal
Peito de peru
Queijo
Alface
Patê ou creme nutritivo de sua preferência

Modo de fazer

Monte o sanduíche sem a tampa de cima. Coloque, na sequência, pão de forma, patê, alface, queijo e peito de peru. Em seguida, corte o sanduíche com o cortador de dinossauro.

215

Ciabatta Rex

Material

2 pedaços de espaguete cru ou 2 palitos

Ingredientes

1 ciabatta
2 azeitonas

Recheio

Alface
Queijo branco
Recheios (p.29)

Modo de fazer

Corte o pão ao meio. Adicione o queijo branco, alface e o recheio desejado. Corte as azeitonas como mostra a figura. Posicione as azeitonas no lugar dos olhos do dinossauro e no lugar do nariz.

217

Melancia T-Rex

Material

1 faca para cortar frutas ou 1 faca decoradora de frutas
Cortadores de biscoito em formatos variados
Palitos
Fita crepe
Caneta
Travessa grande

Ingredientes

1 melancia *baby*, sem semente
1 melão descascado e cortado em fatias (p.57)
Frutas da estação cortadas em cubos
Morangos
Uvas

Modo de fazer

Passe a fita crepe na melancia, como mostra a figura. Em seguida, desenhe com uma caneta a boca do dinossauro. Com uma faca, corte a boca e, com a ajuda de uma faca decoradora, corte os dentes, como mostra a imagem. Retire um pouco de melancia do interior da fruta, para que caibam outras frutas na boca do dinossauro. Coloque, em posição de linha reta, na cabeça do dinossauro, os palitos com as uvas ou corte a casca de um melão em formato de crista, como mostra o passo a passo. Posicione a cabeça do dinossauro na travessa e em seguida adicione as outras frutas, para fazer o arranjo.

219

220

Jelly gummy

Material

Forma de silicone para gelo ou chocolate em formatos de dinossauro

Ingredientes

24g de gelatina incolor, sem sabor
240ml de suco de uva integral
20g de açúcar de coco
50g de purê de maçã

Modo de fazer

Hidrate a gelatina em 100ml de suco de uva; acrescente o açúcar ou o purê de maçã. Aqueça a mistura para derreter a gelatina. Em seguida, acrescente o restante do suco de uva. Coloque a gelatina na forma de silicone e leve ao congelador por, no mínimo, 3 horas. A gelatina congelada sai mais fácil da forma de silicone, com o formato perfeito.

222

Cookie Dino

Ingredientes

200gr de manteiga *ghee*
100gr de açúcar demerara
60g ovo
5ml essência de baunilha
300gr farinha de trigo
100gr de farinha de aveia
6g de fermento em pó
2g de sal

Modo de fazer

Misture todos os ingredientes até que a mistura fique homogênea. Enrole em um filme plástico e leve á geladeira por meia hora. Retire, abra a massa e use os cortadores de Dino como mostra a figura

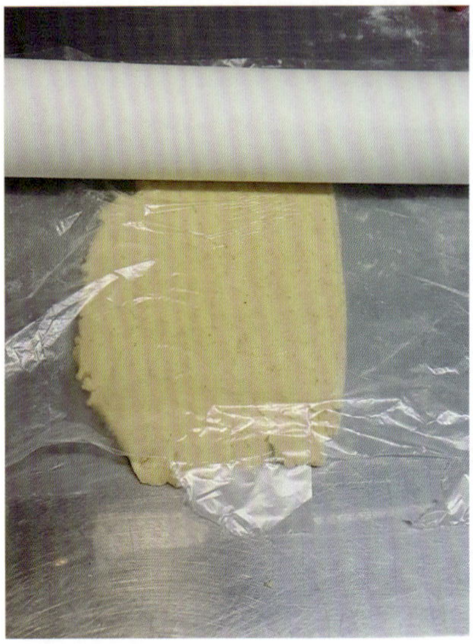
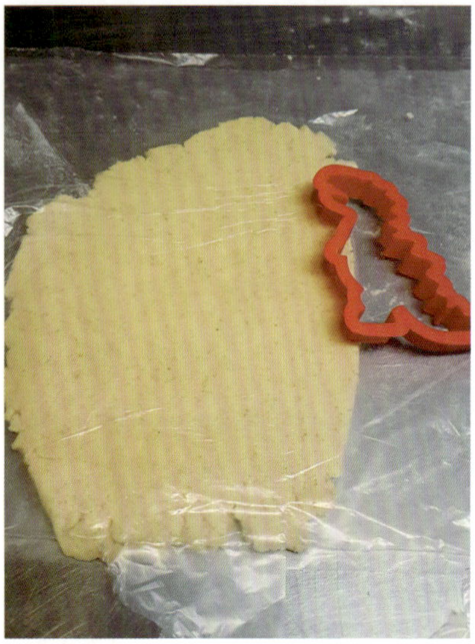
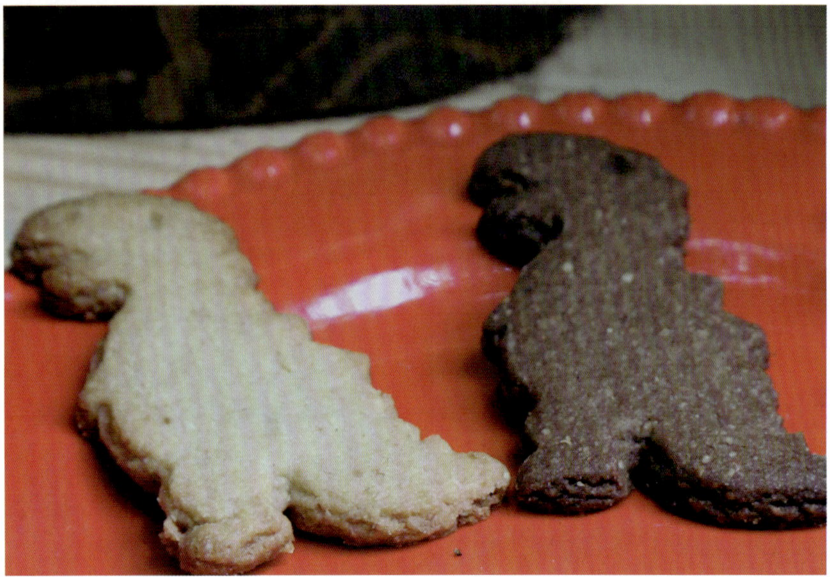

Extra : Dino *nuggets*

Material

Cortadores de biscoito tamanho M, em formatos de dinossauro

Ingredientes

500g de peito de frango moído
1 colher de sopa de cenoura ralada
1 colher de sopa de abobrinha ralada
2 rodelas de cebola picadas
2 dentes de alho picados
2 colheres de sopa de cheiro-verde picados
1 colher de chá das ervas ou tempero de sua preferência (açafrão, *cury*, alecrim, orégano...)
Sal a gosto
1 ovo

Modo de fazer

Misture bem todos os ingredientes e faça bolinhas achatadas. Para ajudar, você pode usar uma colher de sopa, para pegar a massa, ou enfarinhe uma superfície, abra a massa, enfarinhe a parte de cima também e use o cortador de dinossauros.

Para empanar

Farinha *panko* ou farinha de rosca. Para quem não pode ingerir glúten, utilizar farinha de arroz ou fubá.

226

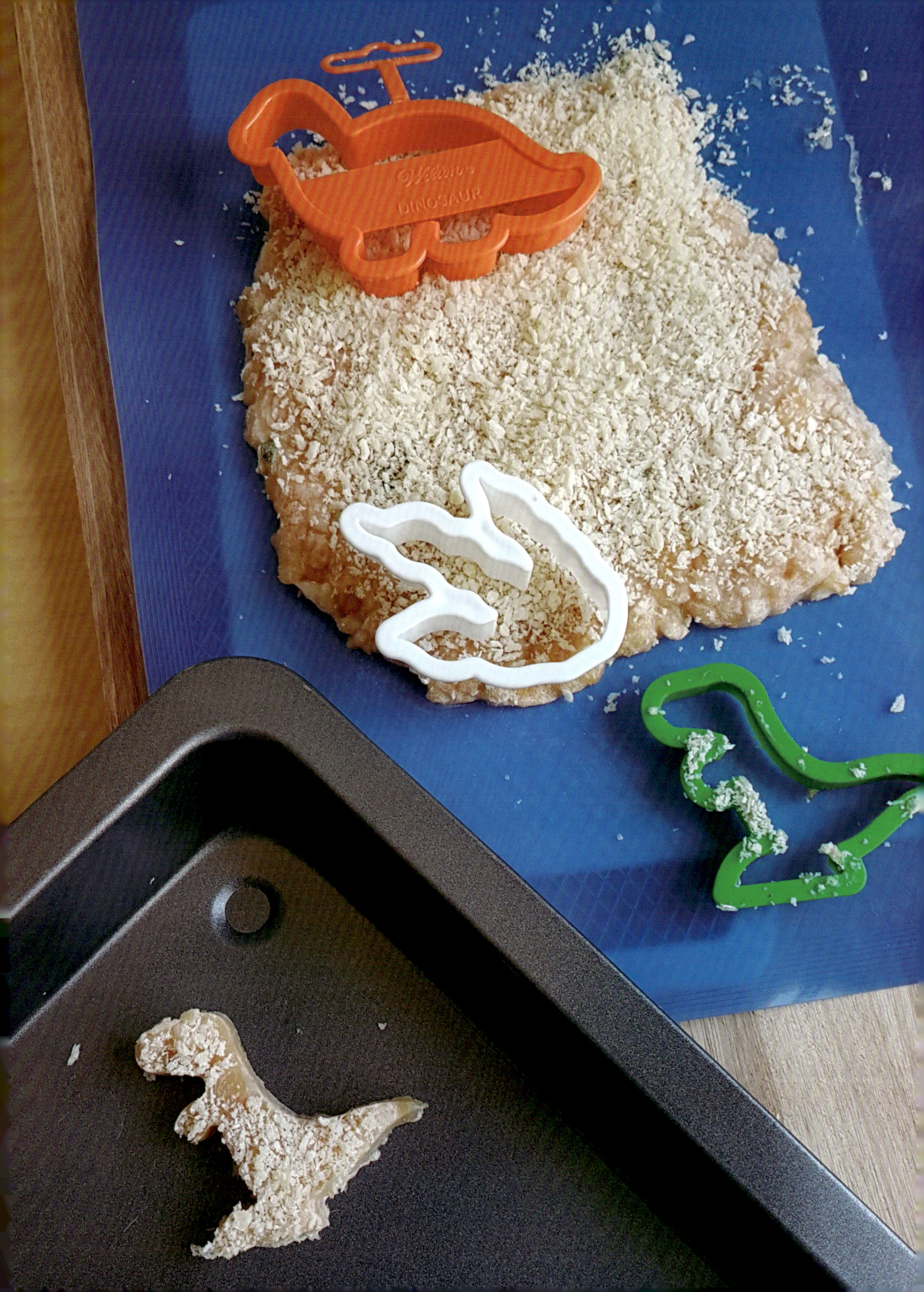
DINOSAUR

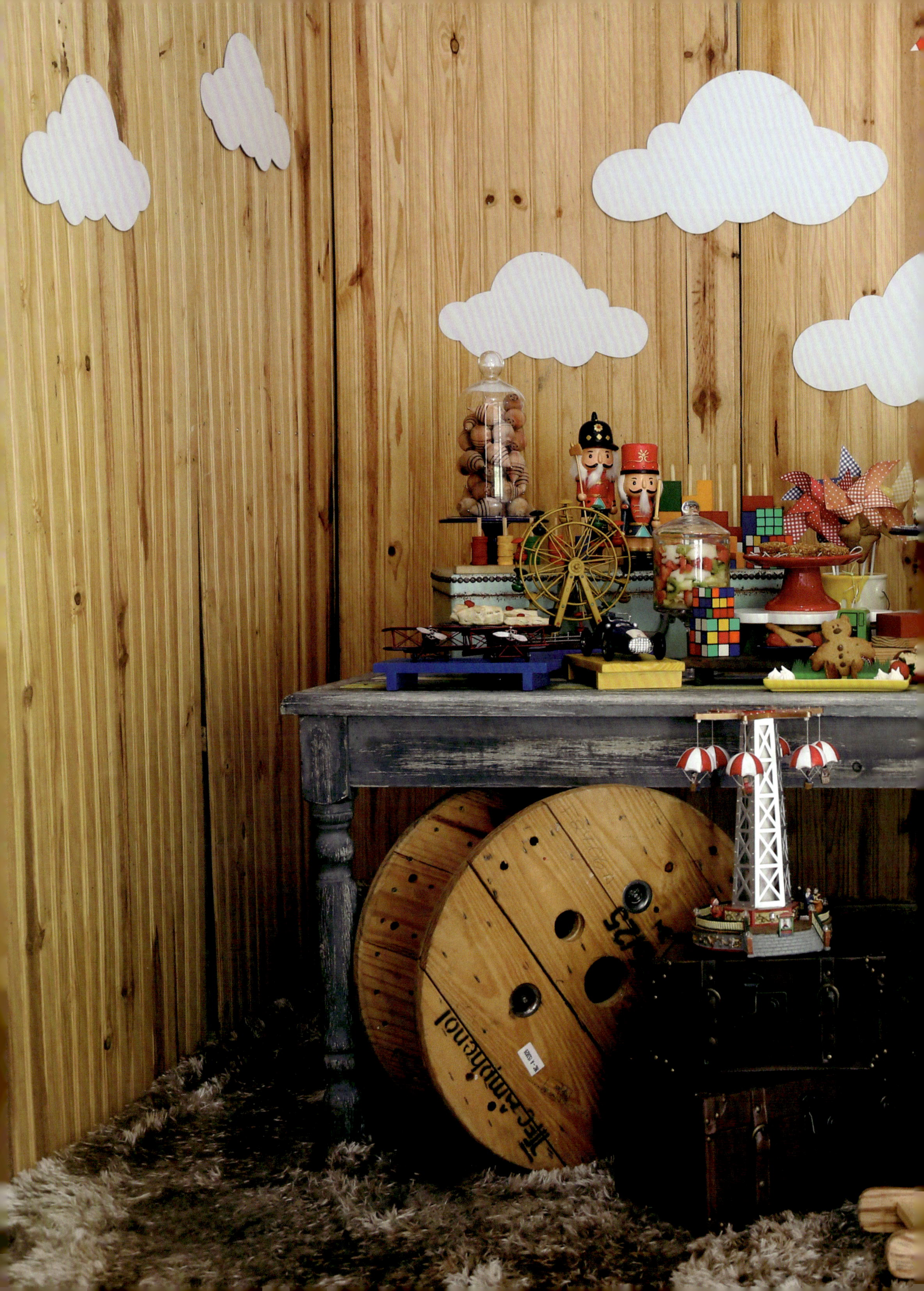
The Amphenol

Brinquedos Antigos

Brinquedos Antigos é uma mesa que remete à momentos de integração entre crianças e adultos, relembrar momentos da Infância ao lado das crianças traz uma sensação de nostalgia.

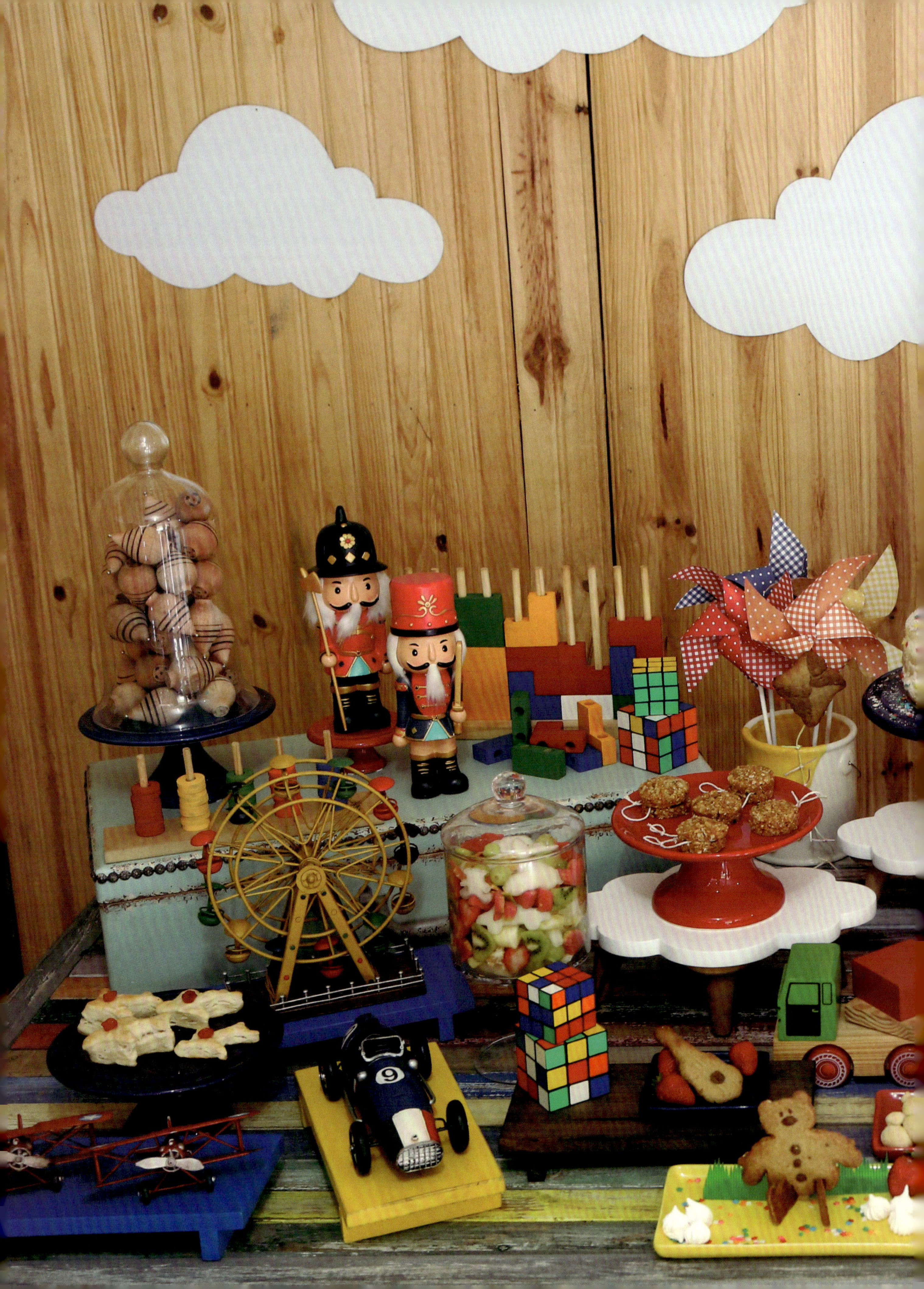
9

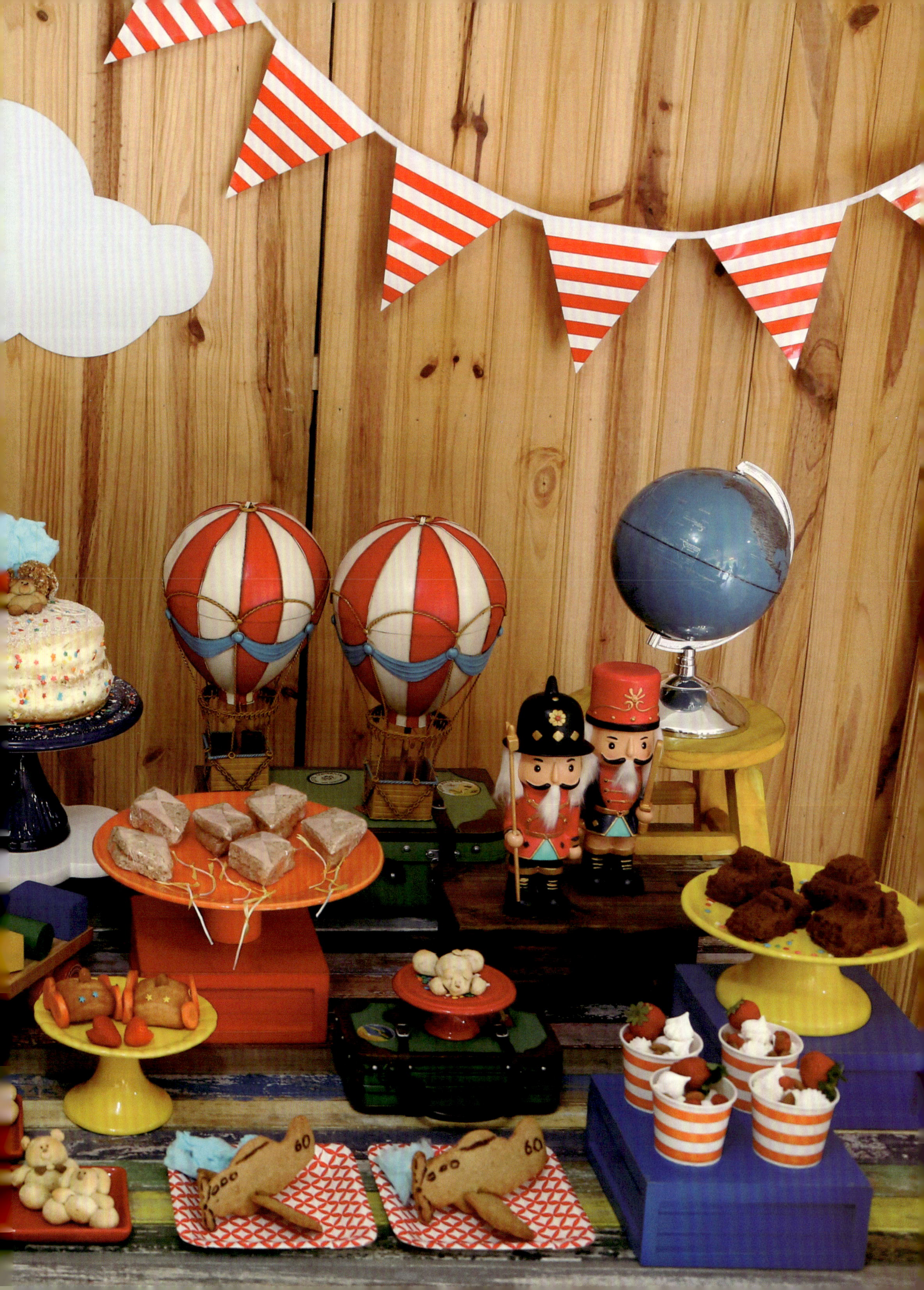
60
60

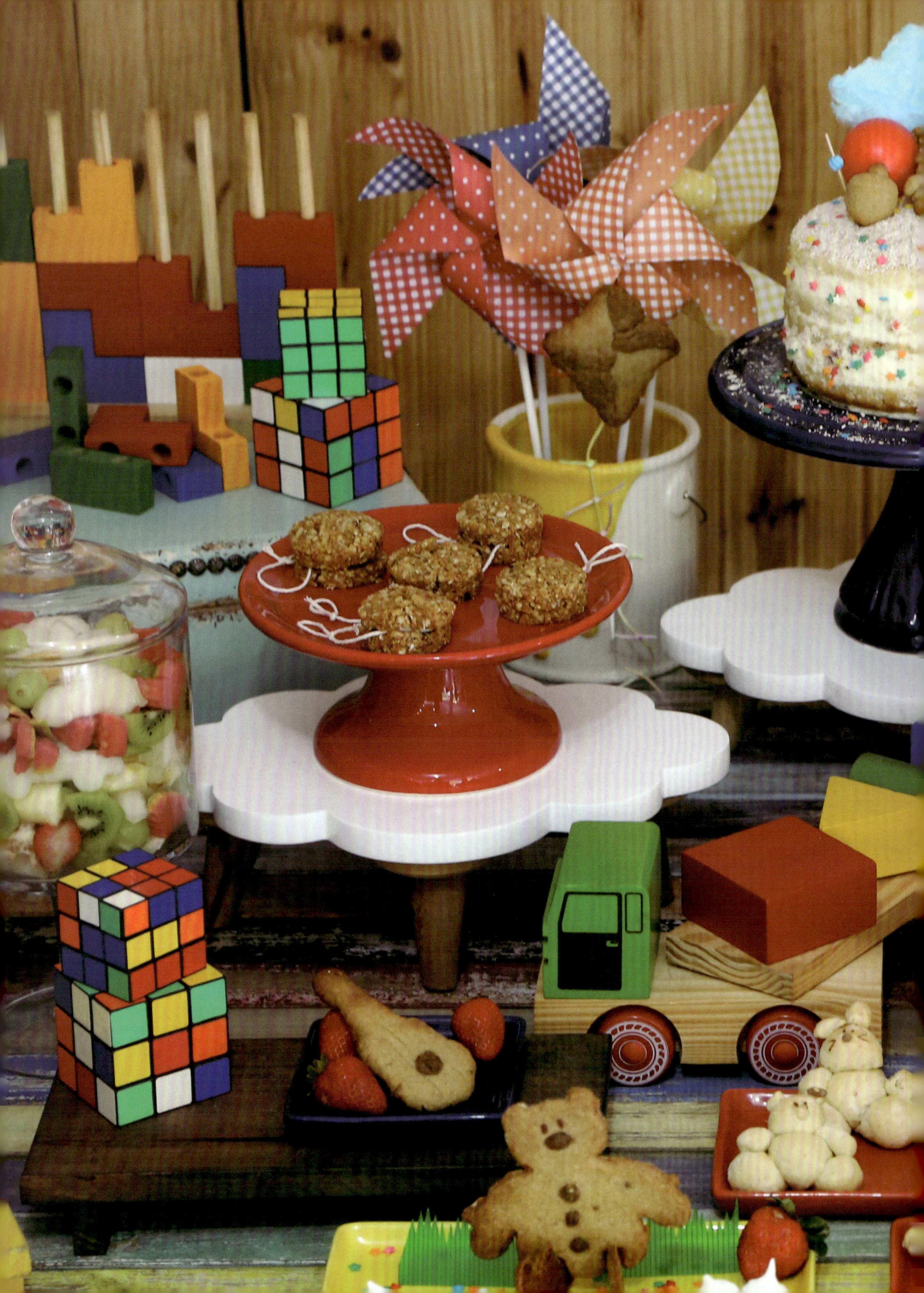

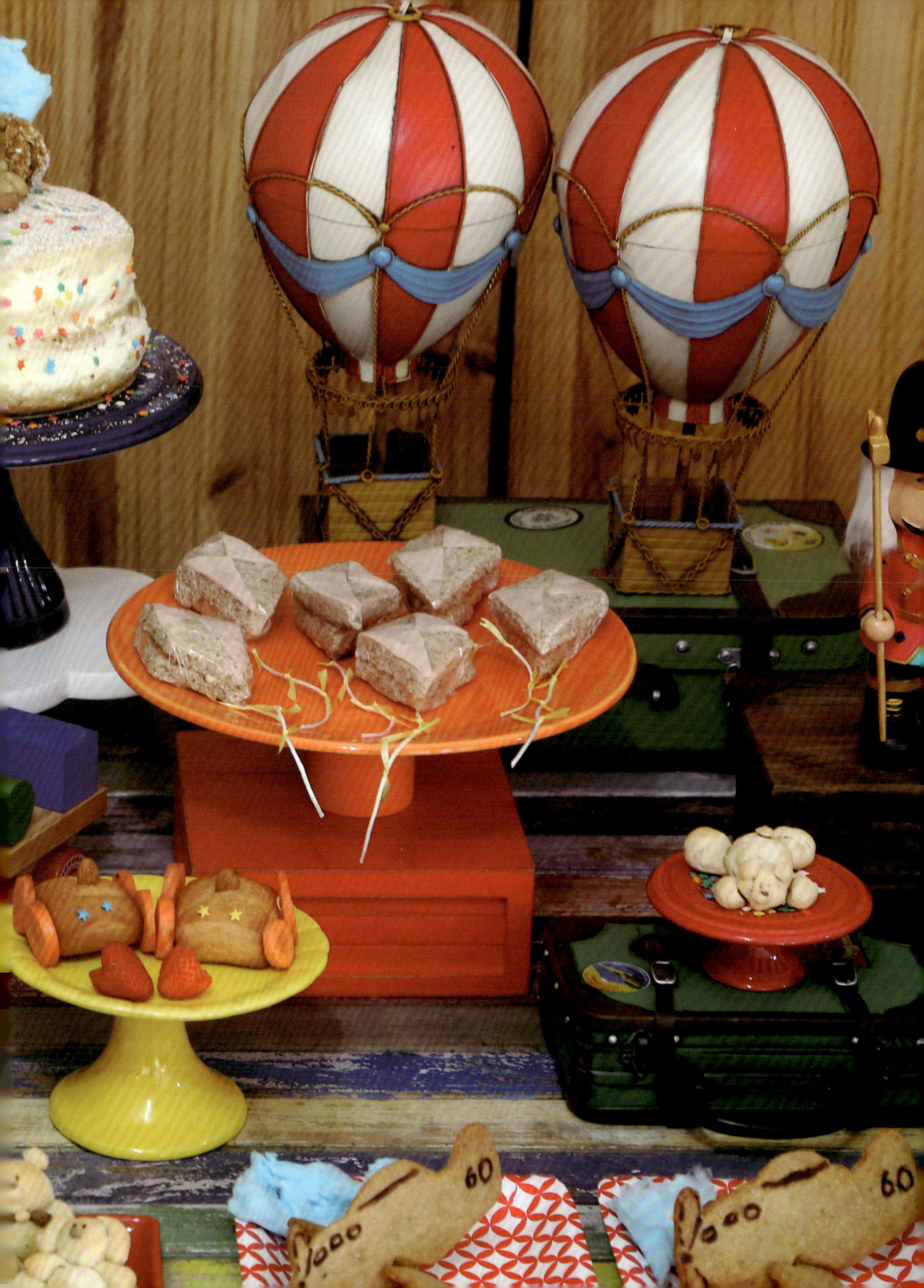
60
60

Pastel assado em formato de avião

Material

Cortador de biscoito em formato de avião
Batedeira com o batedor de gancho
Rolo de massa

Ingredientes

1kg de farinha
10g de fermento biológico seco
50g de ovo
300ml de água ou leite vegetal morno (entre 24°C e 27°C)
50g de açúcar demerara
45ml de óleo vegetal
5g de sal
1 gema para pincelar

Modo de fazer

Adicione, na tigela, a água, 300g de farinha, o fermento biológico seco, o açúcar e misture levemente. Deixe descansar por 30 minutos, para que o fermento cresça ou dobre de tamanho. Em seguida, adicione o restante da farinha. Ligue a batedeira com o gancho e, enquanto ela vai trabalhando a massa, adicione o ovo, o óleo e o sal. Deixe batendo, em velocidade média, por 15 minutos. Desligue a batedeira e feche a vasilha com um filme plástico. Deixe a massa crescer por 20 minutos. Abra a massa com um rolo de macarrão. Posicione os recheios e feche a massa. Com o cortador de avião ou o cortador desejado, corte a massa recheada e leve ao forno preaquecido, em assadeira untada com óleo, por 30 minutos ou até dourar, à temperatura de 180oC.

Obs: O fermento leveda melhor a uma temperatura entre 24oC-27oC.

Passo a passo

Abra a massa com o rolo de macarrão e coloque o recheio desejado. Feche a massa e, usando o cortador de biscoitos em formato de avião, corte a massa como mostram as figuras. Após assado, corte um tomate cereja ao meio e coloque em cima do avião, para decorar.

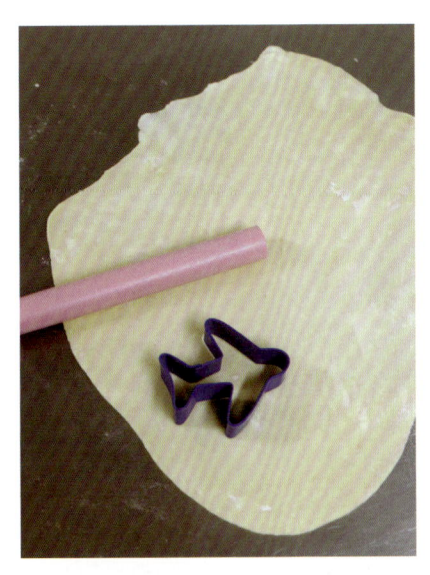

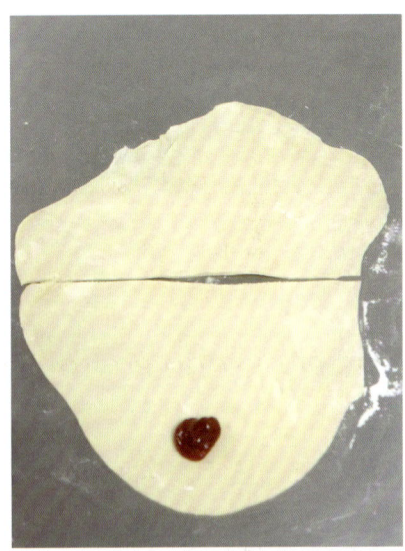

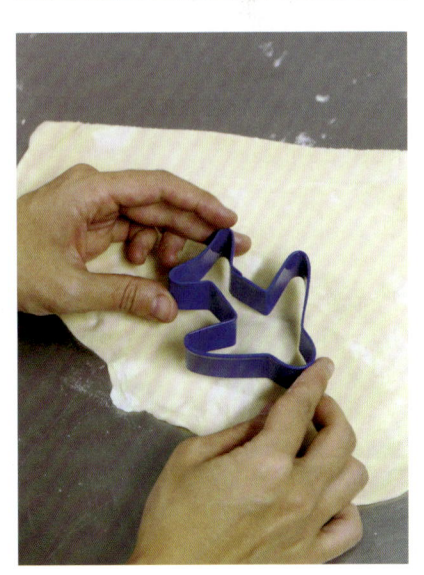

235

236

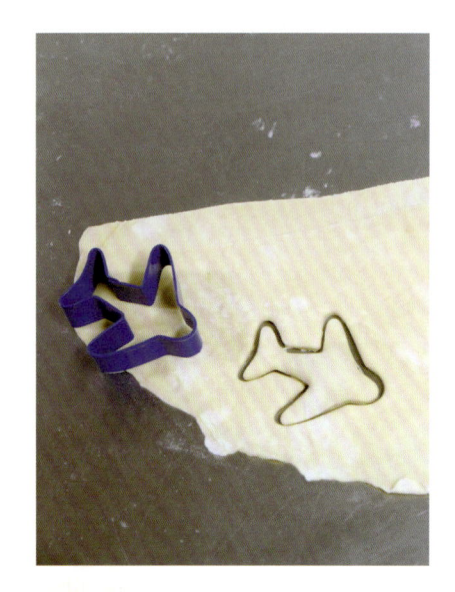

Sanduíche natural de pipa

Material

Molde de pipa (p.367) em papel ou cortadores de biscoitos em formato de losango

Ingredientes

2 pães de forma
Creme de ricota (p.28)
Alface
Cenoura ralada
Opcional: peito de peru

Modo de fazer

Usando o molde nas medidas especificadas, para cada par de pão de forma com 10cm x 10cm podem ser confeccionadas 4 pipas. Posicione o molde na parte superior do pão e corte no formato como mostra o passo a passo a seguir. Abra o pão, acrescente o recheio desejado, feche e siga o passo a passo da decoração.

Passo a passo

Corte o molde e posicione-o em cima do pão de forma. Com a ajuda de uma faca ou tesoura, corte a fatia de pão de forma no formato indicado.
Utilize o recheio que desejar (p.28 e 29)
Corte o peito de peru como mostram as fotos.

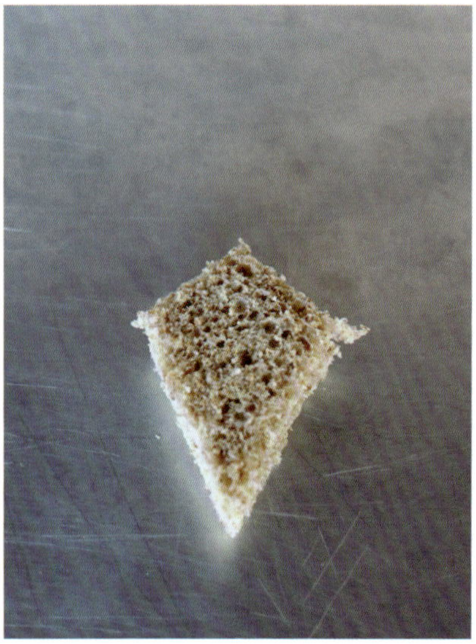
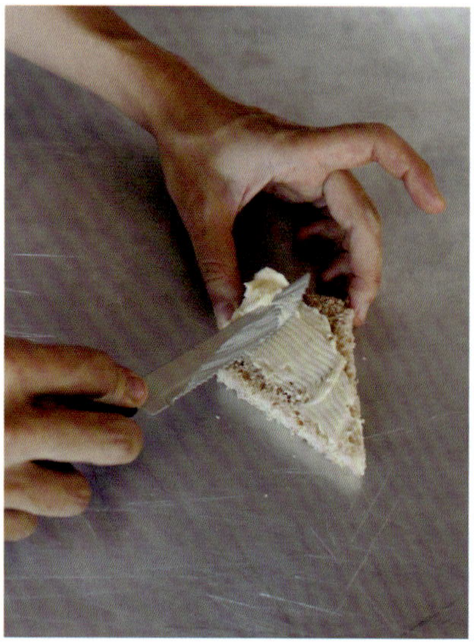
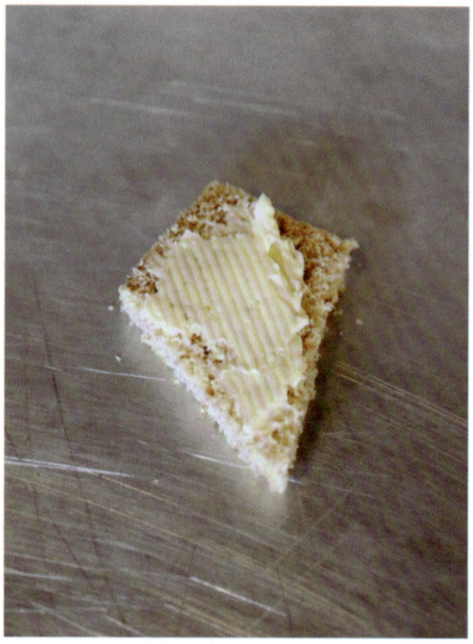
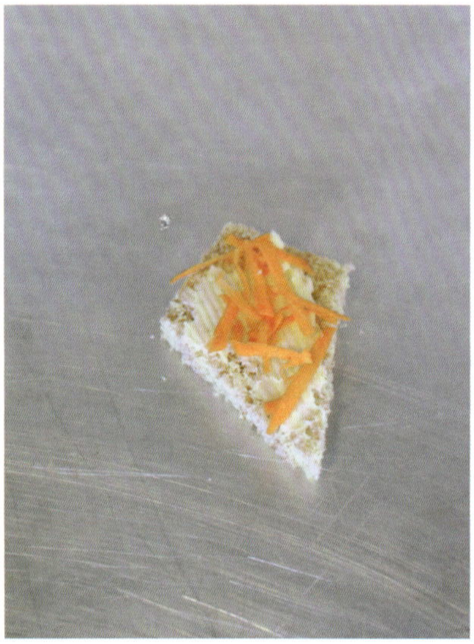
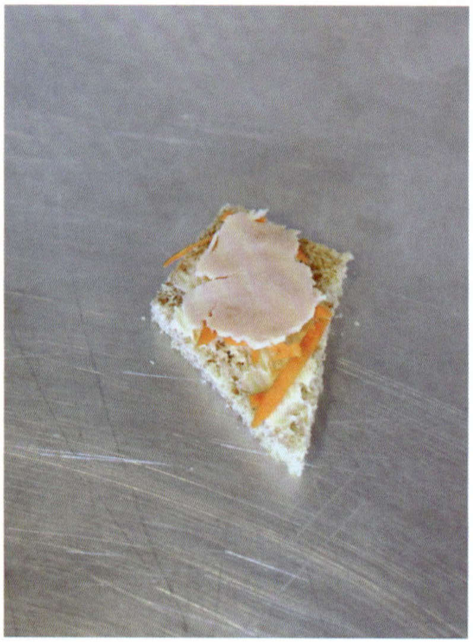
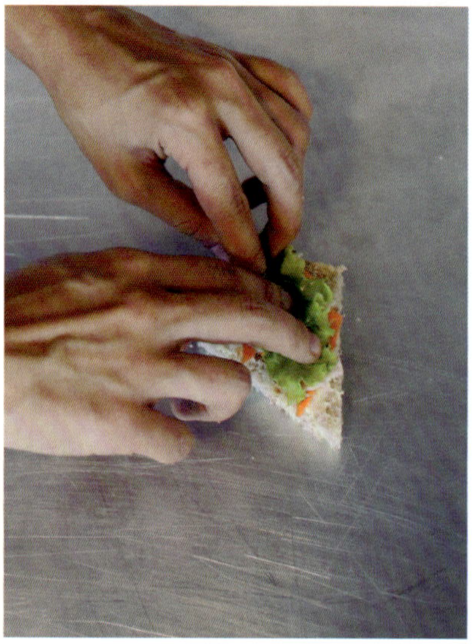
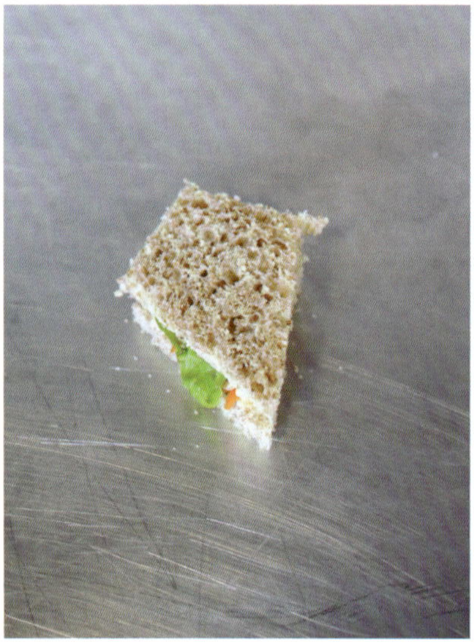
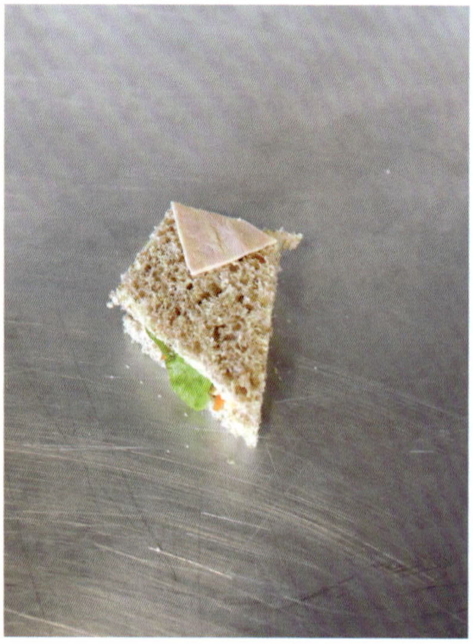
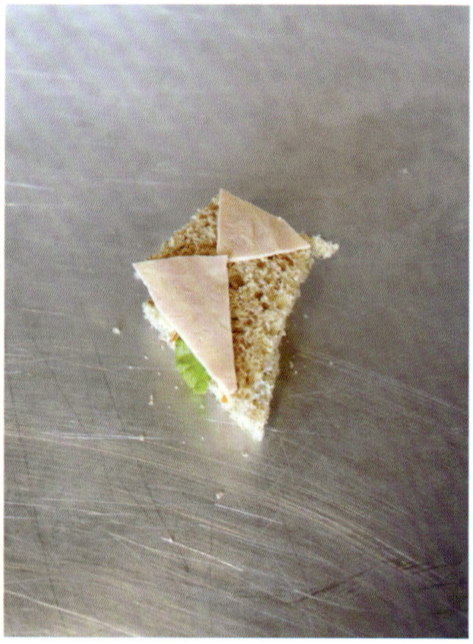

239

240

Barrinha de cereal de ioiô

Material

Assadeira
Cortador circular de 4-5cm de diâmetro ou molde de hambúrguer na mesma medida (tampa de fermento em pó também funciona)
Barbante ou fita para fazer a cordinha do ioiô

Ingredientes

70g de banana nanica ou de tâmaras secas bem picadas
400g de granola
15g de açúcar mascavo

Obs: Para fazer a granola caseira, você pode fazer um *mix* com aveia, flocos de arroz, nozes, castanhas, uvas passas e frutas desidratadas picadas.

Modo de fazer

Misture bem todos os ingredientes. Usando o cortador de aro, corte a massa ou adicione a massa dentro do cortador e pressione, para ficar bem compacto. Coloque um punhado de granola, fazendo um morrinho em cima, na metade das barrinhas de cereais circulares. Leve ao forno a 120°C-150°C ou até secar (em média, leva 1 hora), mas tome cuidado para não queimar. Retire do forno, espere esfriar, retire da assadeira e coloque o barbante como mostra o passo a passo.

Passo a passo

Pegue um pedaço de barbante e enrole na granola, como mostra a figura.

242

243

Salada de frutas de carrinho, ursinho, avião e bola

Material

Cortador de biscoito pequeno no formato de carrinho
Cortador de biscoito pequeno no formato de avião
Cortador de biscoito pequeno no formato de ursinho
Boleador

Ingredientes

1 Melão
1 Melancia *baby*
Uva Thompson (sem semente)
200g de morango (1 bandeja)

Modo de fazer

Para usar os cortadores prefira frutas como o melão ou a melancia, pois possuem maior área de corte e são mais consistentes. Frutas como o abacaxi e o kiwi possuem fibras que saem do centro da fruta, então dificultam o corte com os cortadores. Procure descascar o melão e a melancia por inteiro e depois fatiar como mostra o passo a passo na página 57. Com o auxílio dos cortadores, corte máximo de figuras possível. Use o boleador em frutas como manga, mamão, melancia ou melão como mostram as figuras na página 57.

Prefira saladeiras ou dispensers transparentes para mostrar a arte culinária. Coloque as figuras em contato com o vidro e o restante das frutas picadas no meio, como mostra o passo a passo.

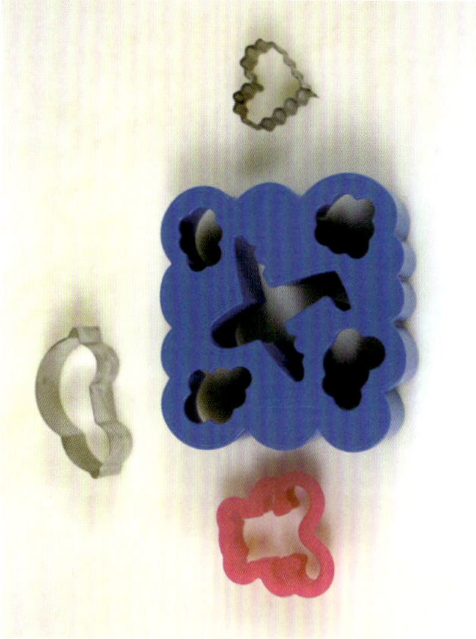
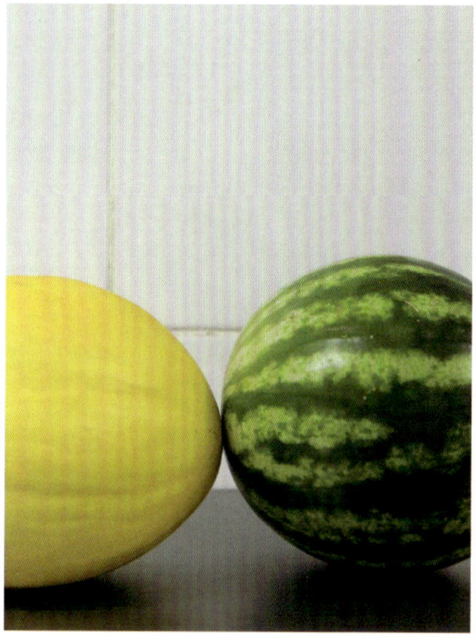
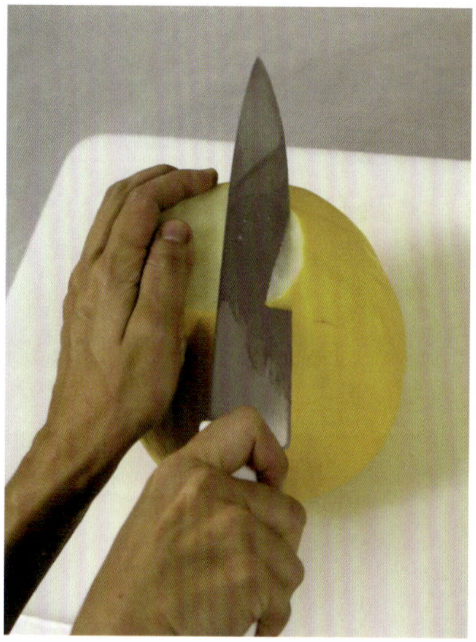
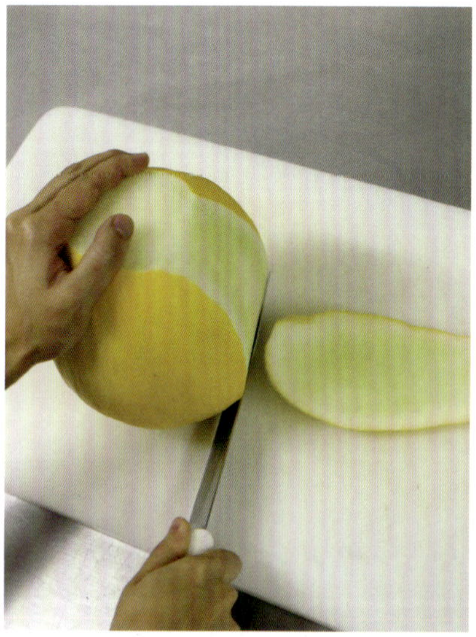
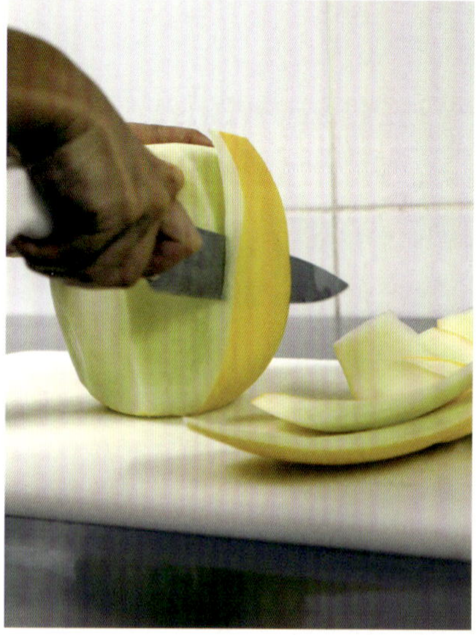
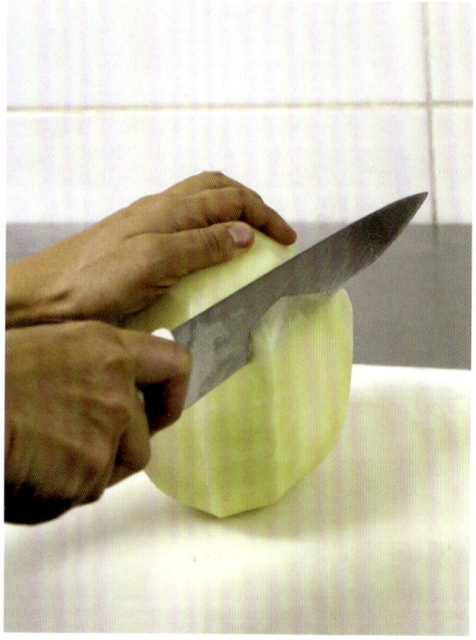
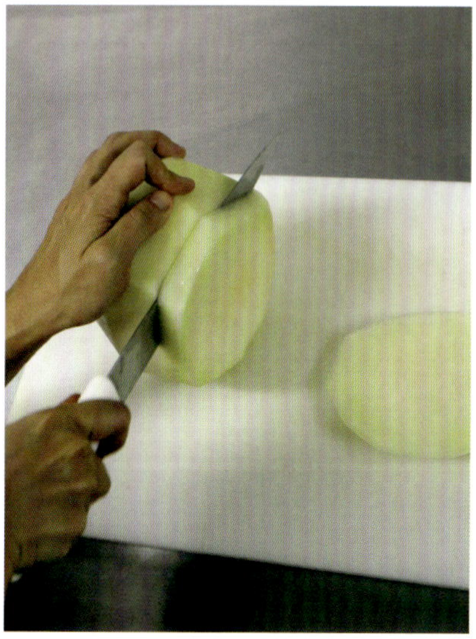
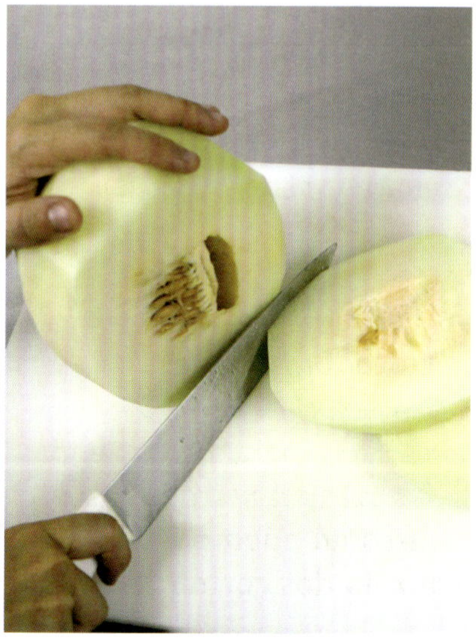
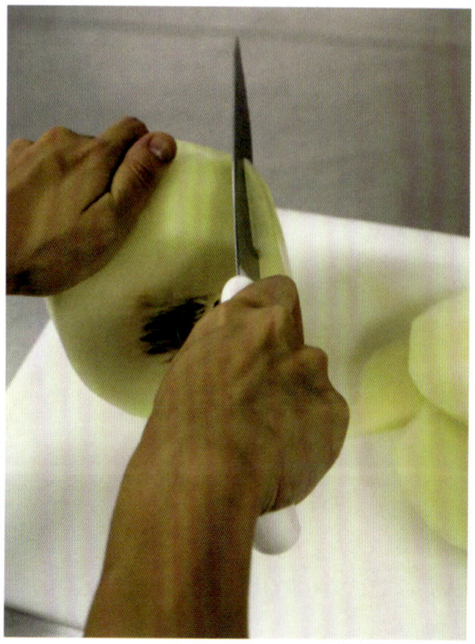

246

247

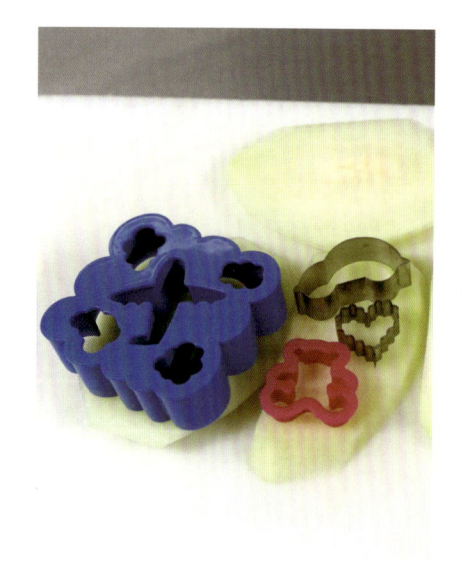

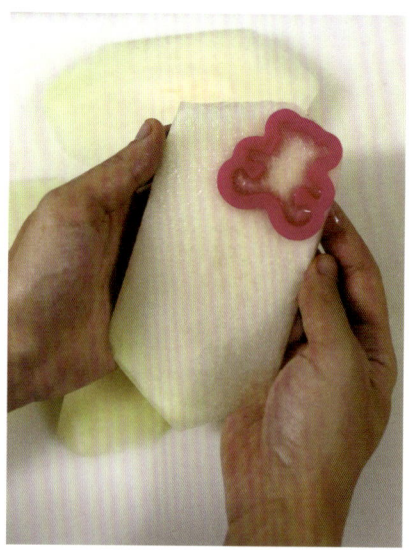

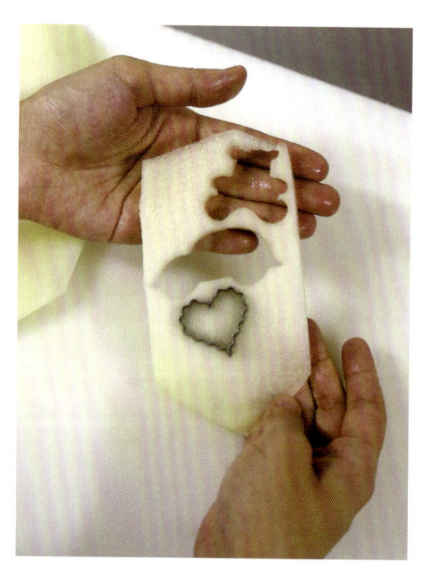

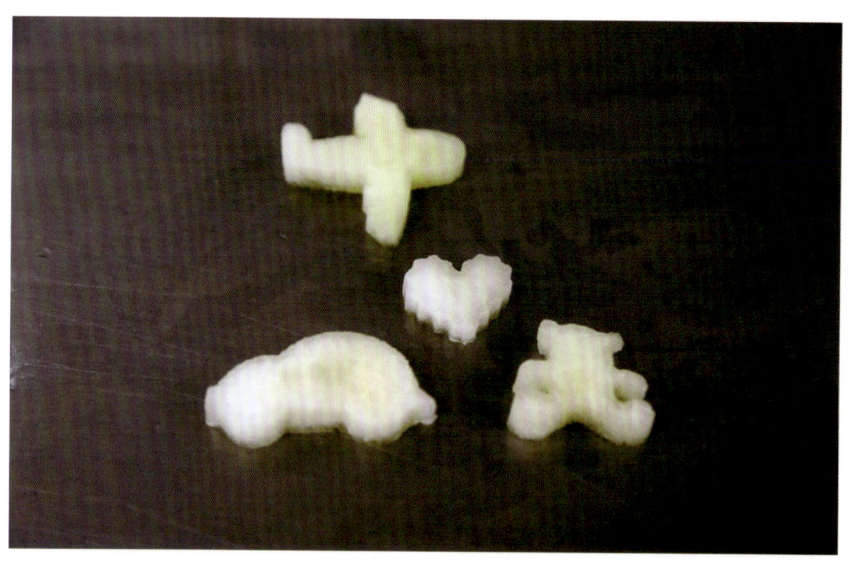

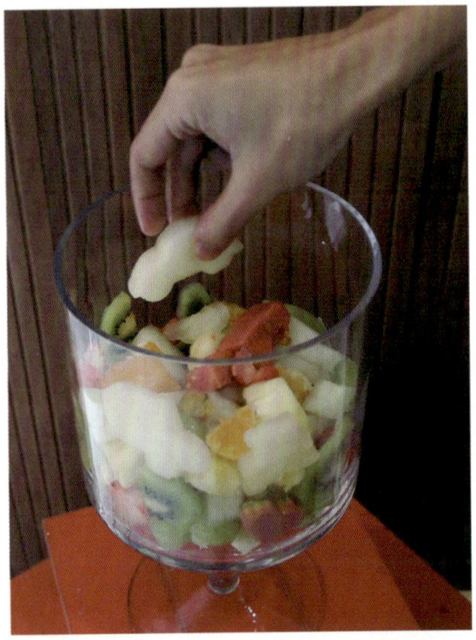
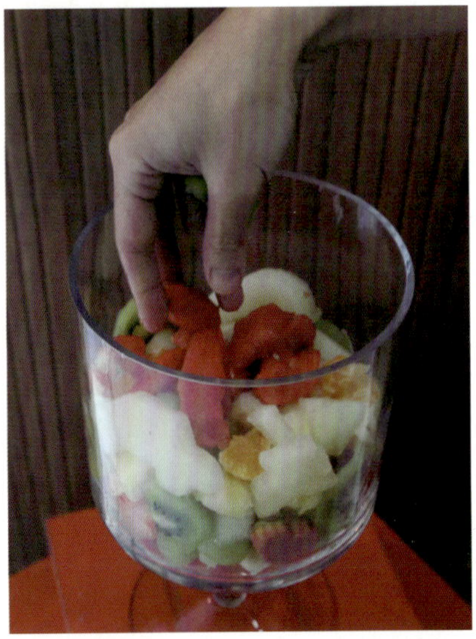
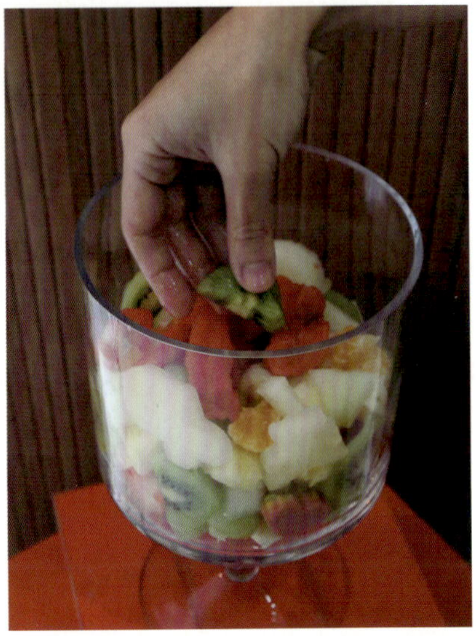
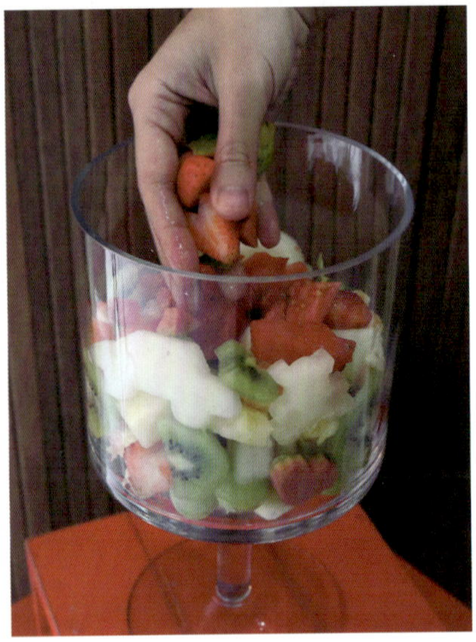
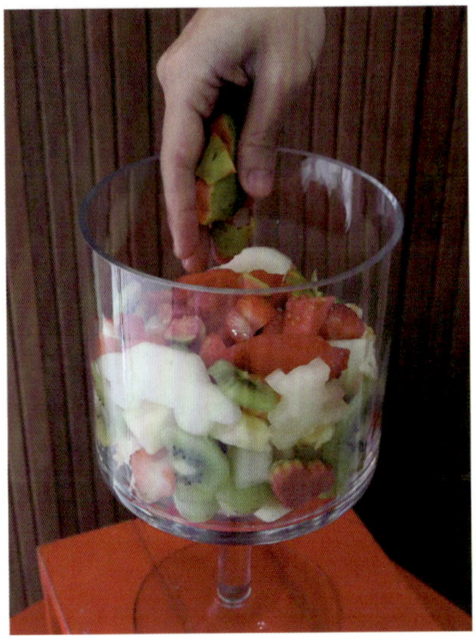
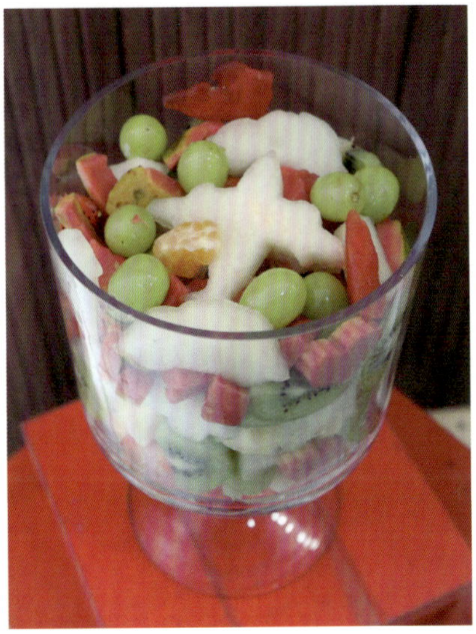

Naked cake de morango com merengue e aveia (sonho gigante)

Material

Assadeira para bolo aro 26cm ou tabuleiro retangular e cortador aro 26cm.
Estacas para bolo ou palitos de plástico ou churrasco sem ponta.
Faca de cerra ou fio dental
Bandeja redonda ou base descartável para bolo

Ingredientes para a massa do bolo – Cotton cheesecake (receita japonesa)

500g ovos
400g de chocolate branco
400g de cream cheese

Modo de fazer

Separe as claras das gemas. Leve as claras ao *freezer* por 20 minutos. Derreta o chocolate branco em banho-maria ou no micro-ondas. Misture o chocolate branco com o *cream cheese*. Adicione as gemas peneiradas e misture bem. Retire as claras do *freezer* e bata a clara em neve. Em seguida, misture delicadamente os ingredientes, para incorporar a clara em neve na mistura. Passe óleo vegetal na assadeira e forre o fundo e a lateral desta com papel manteiga. Asse a massa em banho-maria em forno preaquecido a 170°C. Depois dos 20 minutos, abaixe o fogo para 150°C e deixe mais 20 minutos. Desligue o forno e deixe por mais 20 minutos.

Desenforme e deixe esfriar. Com uma linha ou uma faca de cerra, corte o bolo ao meio, adicione o recheio e o feche, como mostra o passo a passo a seguir. Use o recheio (p.23) e a cobertura (p.20) que desejar. Para esse *naked cake* foi usado o recheio de *chantilly* (p.23) com morangos e cobertura de *chantilly* com aveia em flocos.

Biscoito de aveia

Ingredientes

190g de farinha
60g de farinha de aveia
45g de manteiga
60g de açúcar

Modo de fazer

Misture todos os ingredientes e leve à geladeira por 1 hora. Retire a massa e modele como mostra o passo a passo de cada figura.

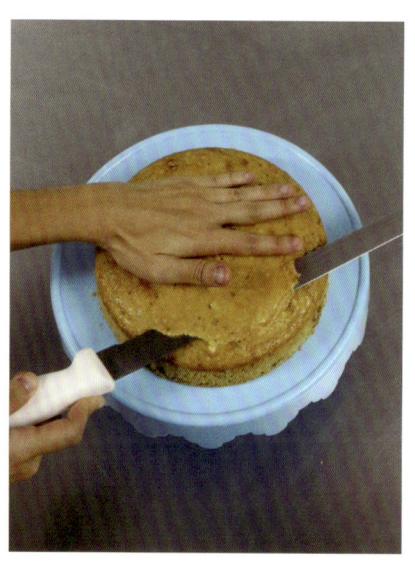

251

252

253

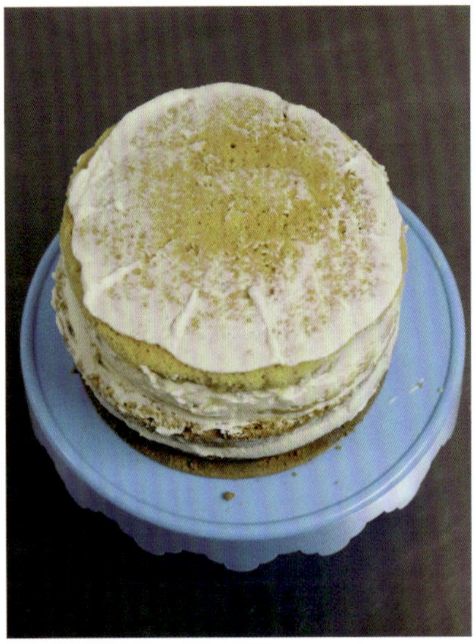
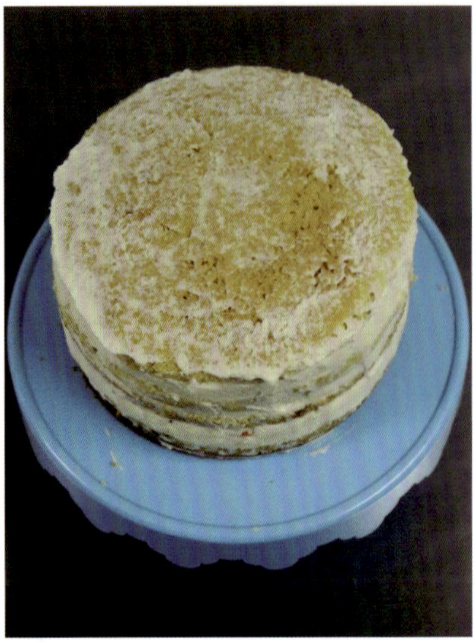
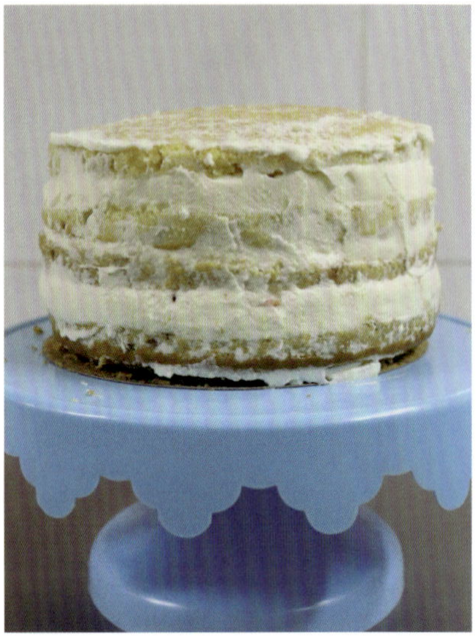
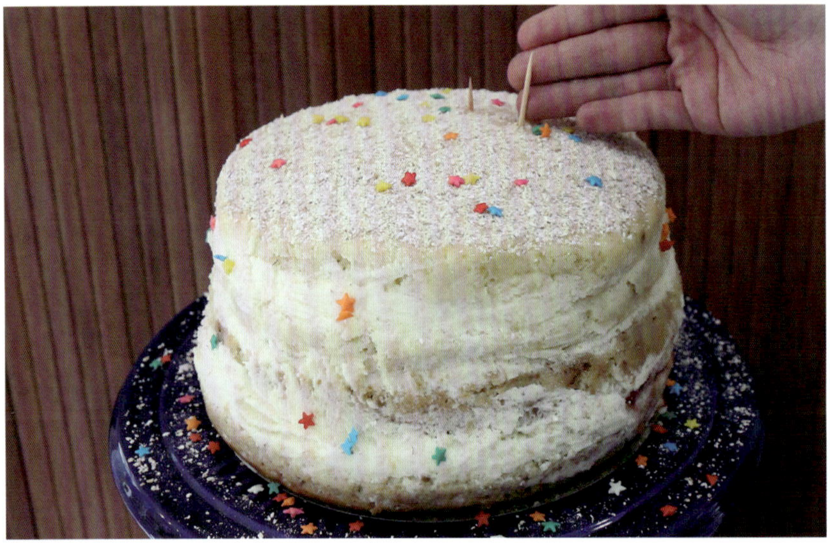
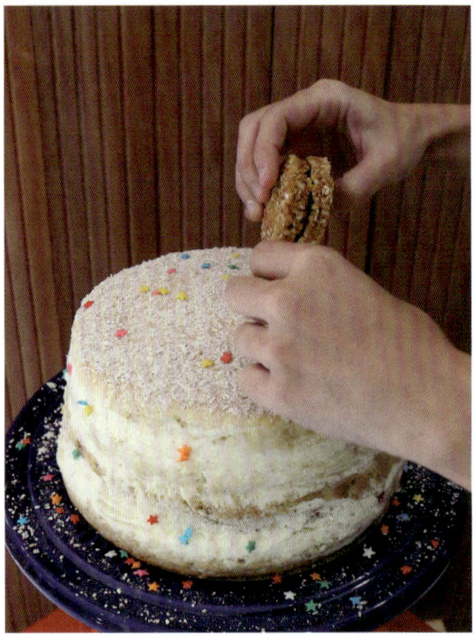
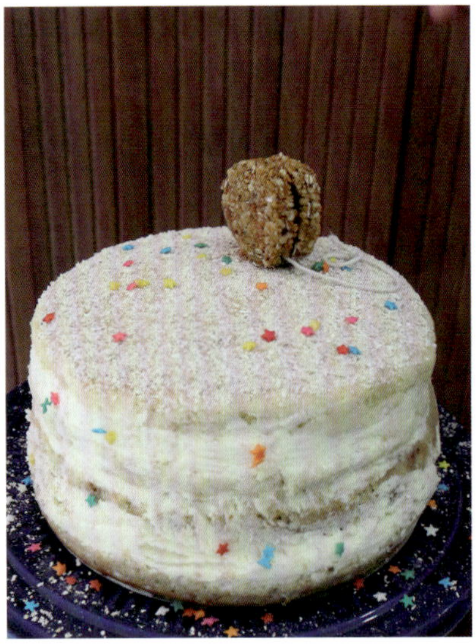
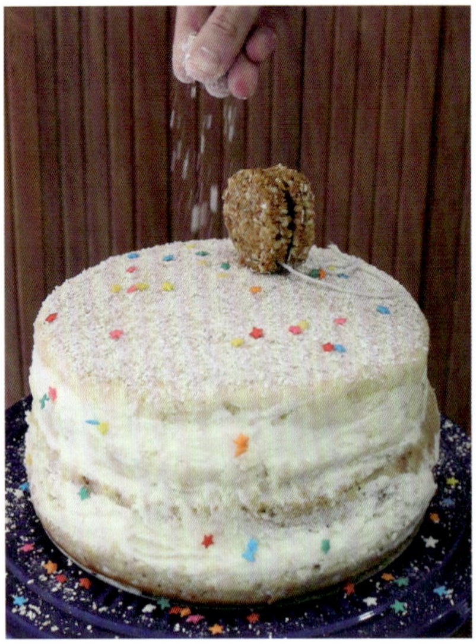
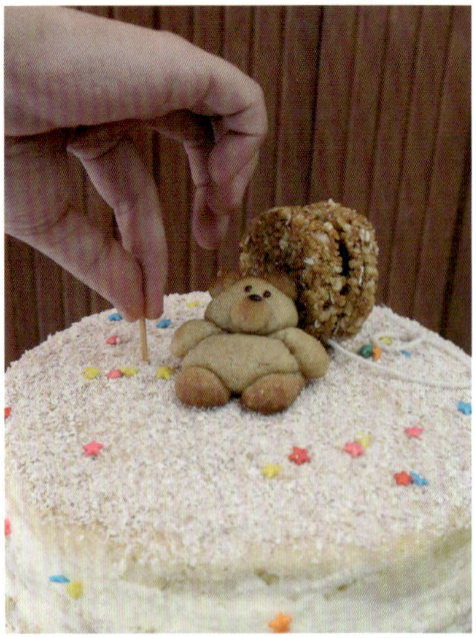

255

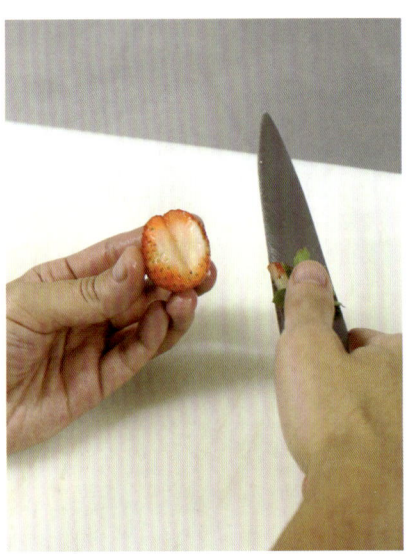

Chantilly e morangos

Modelagem dos biscoitos de aveia

258

259

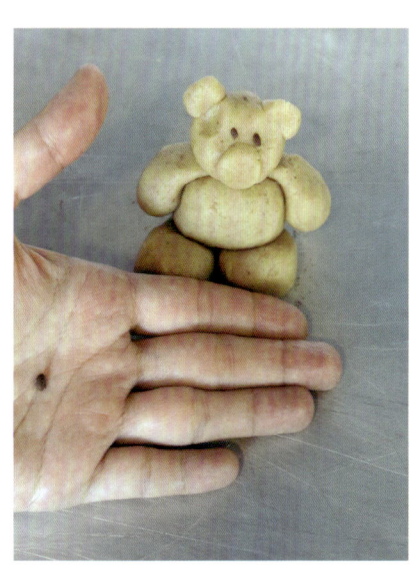

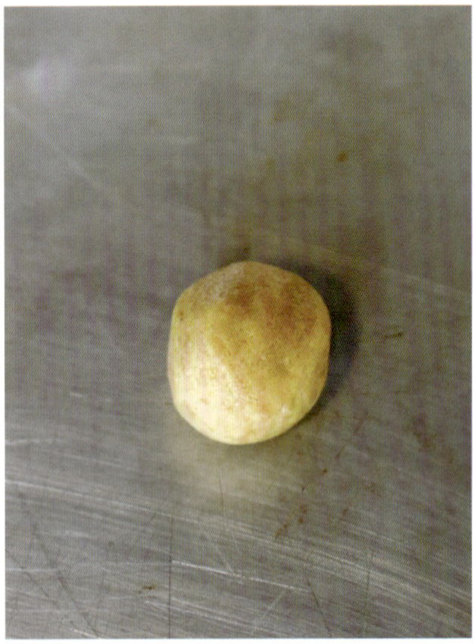
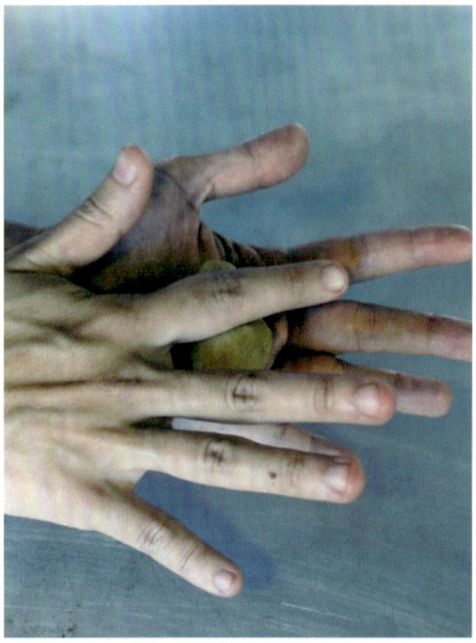
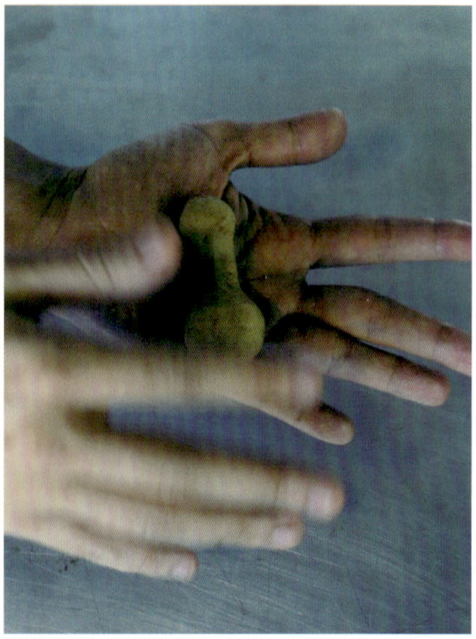
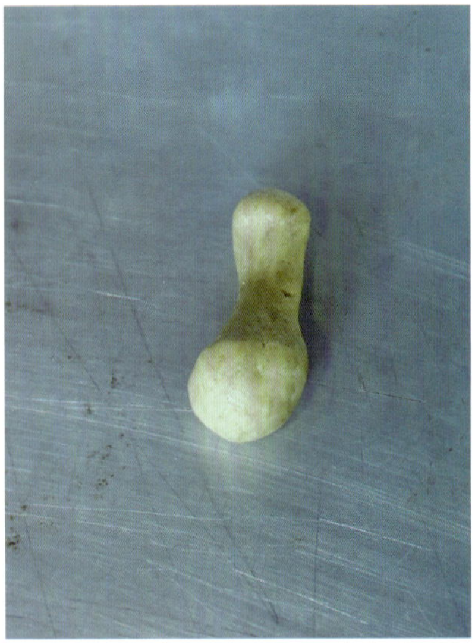
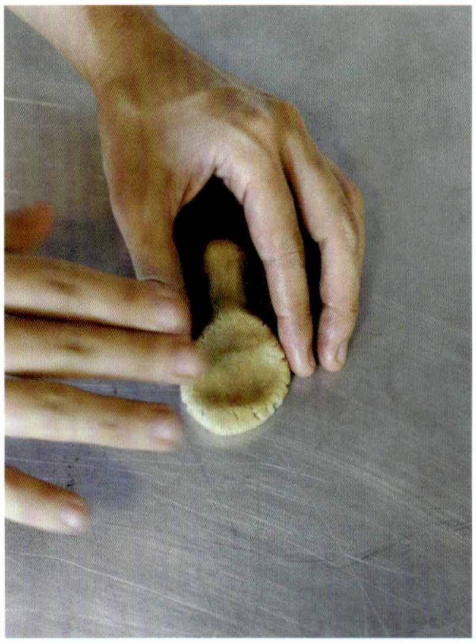
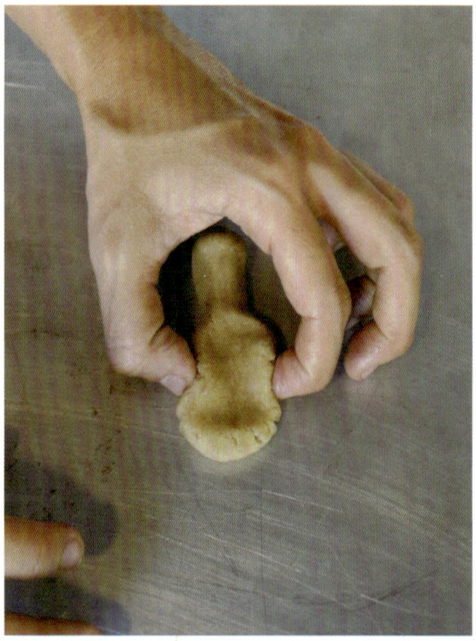
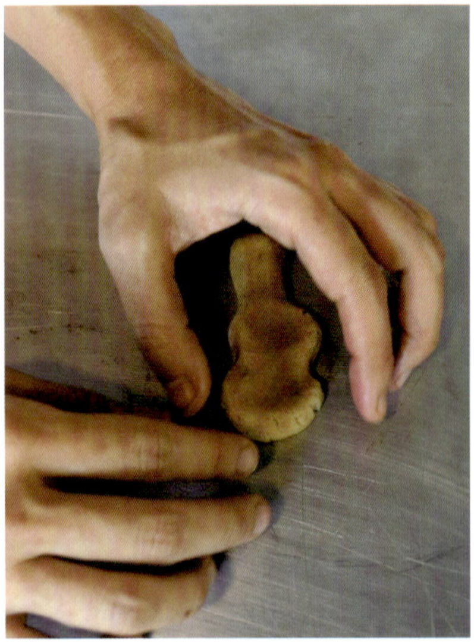
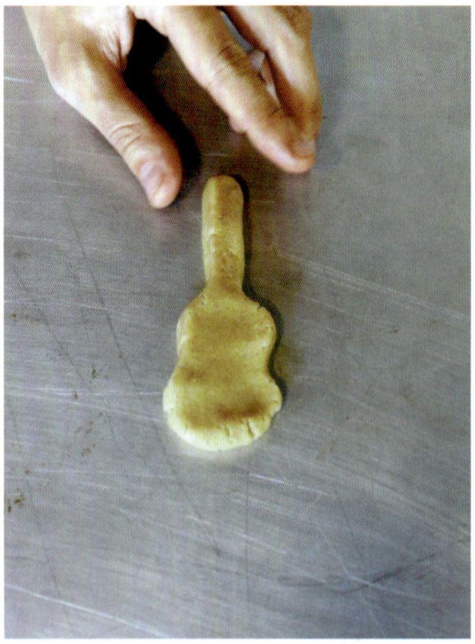
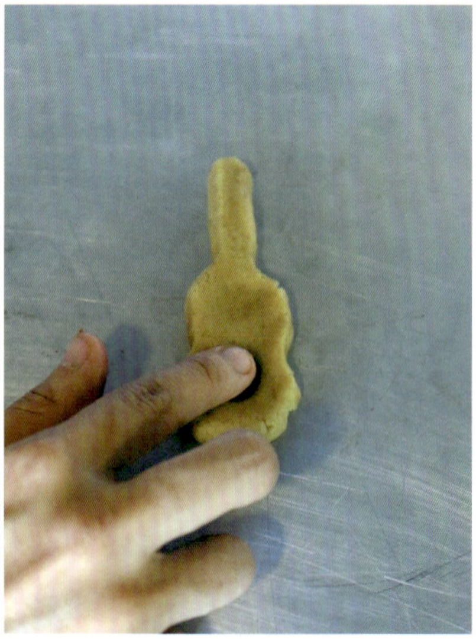

261

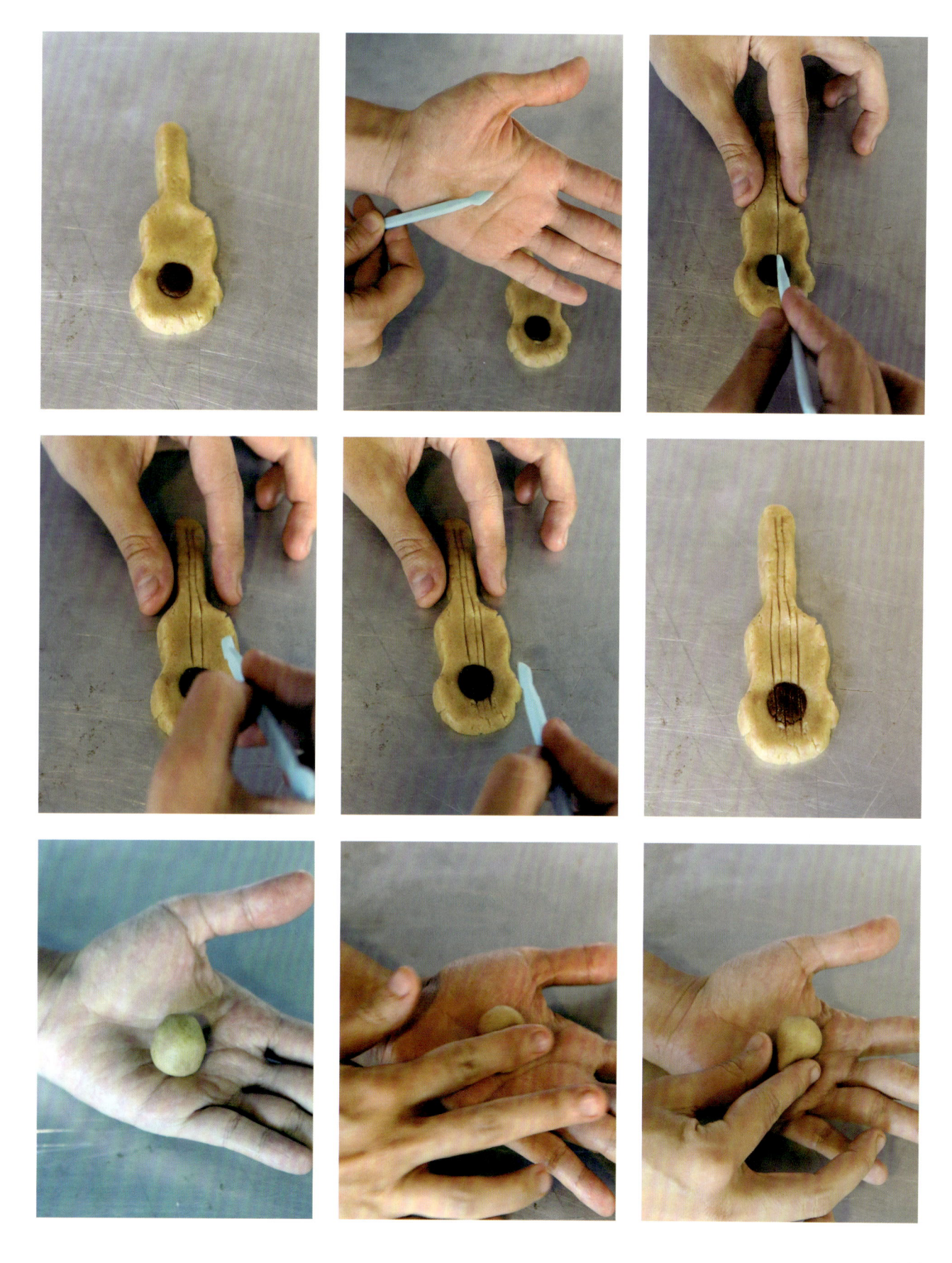

262

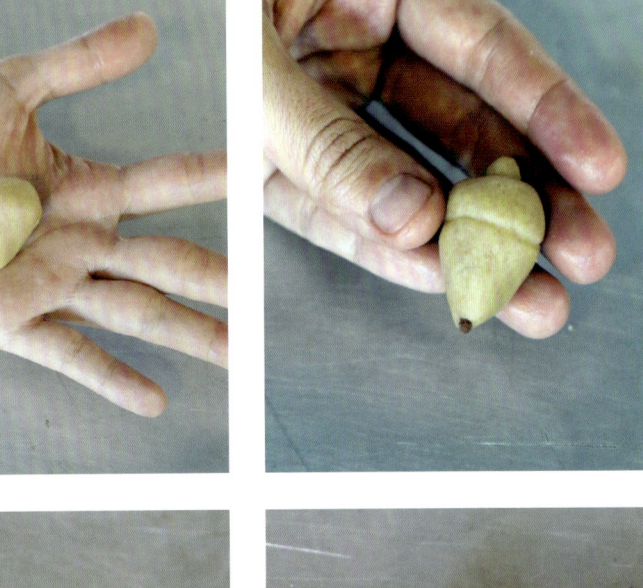

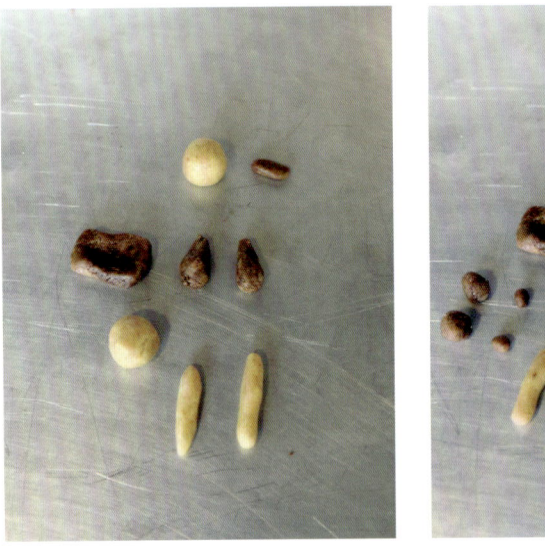

263

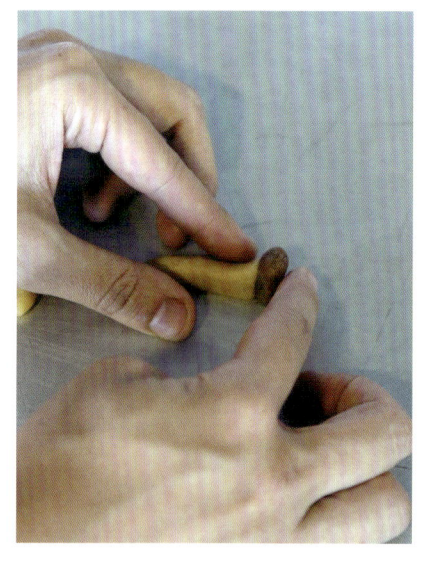

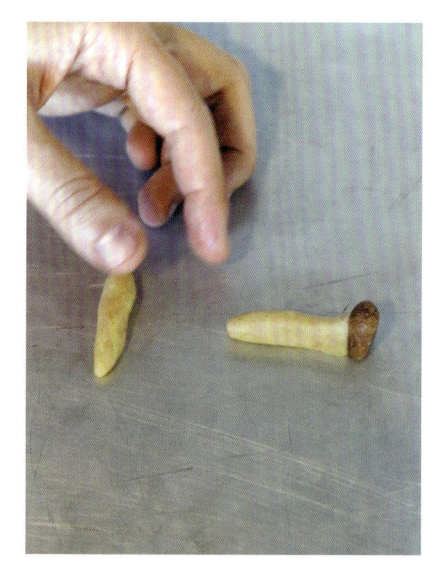

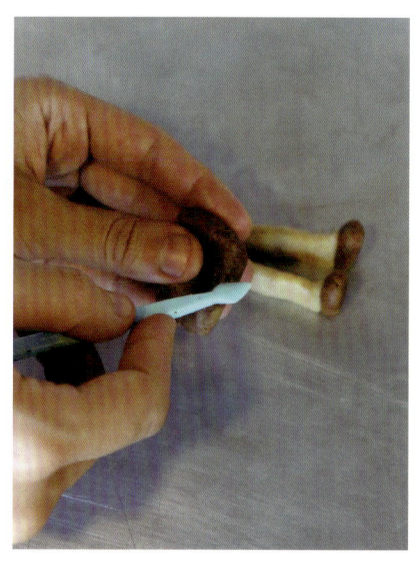

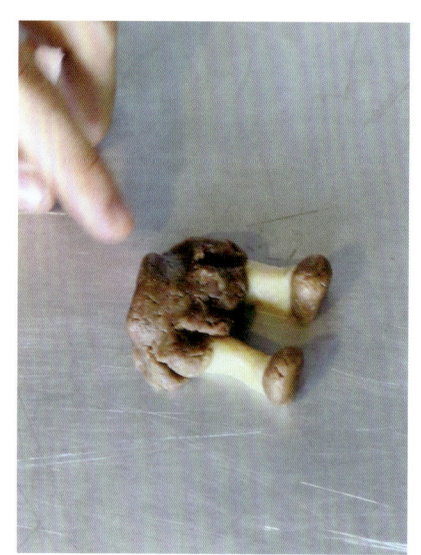

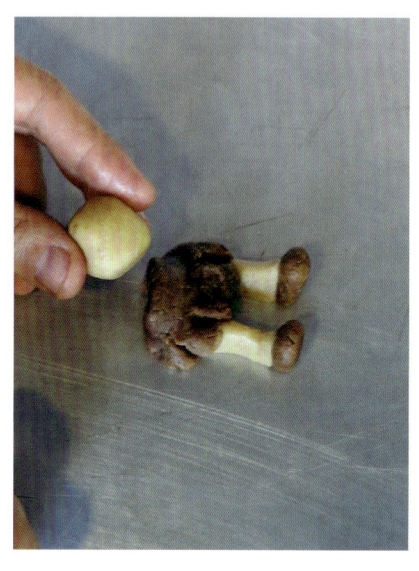

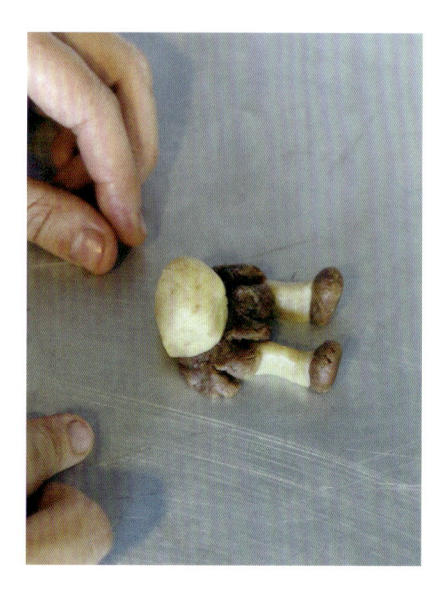

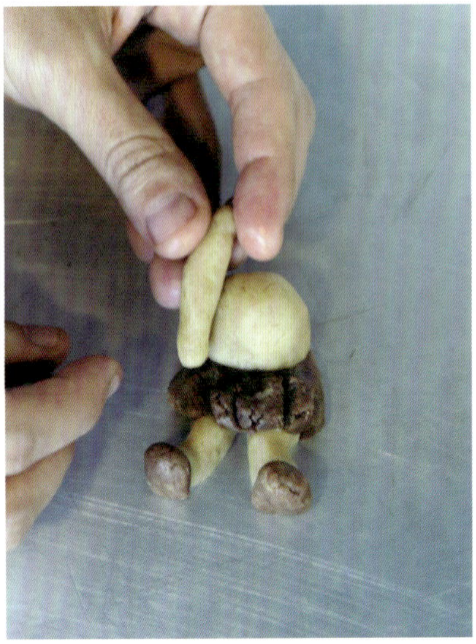
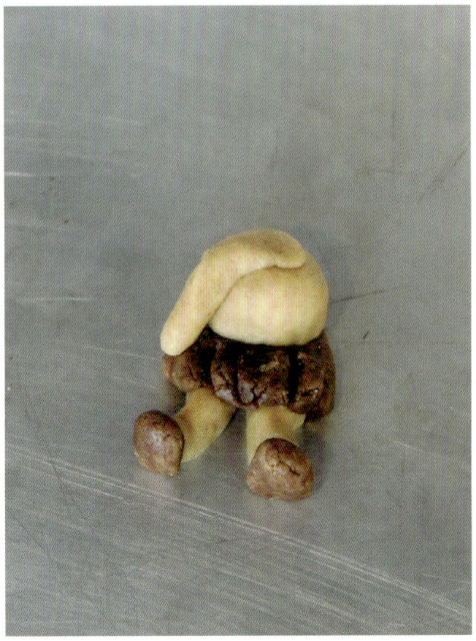
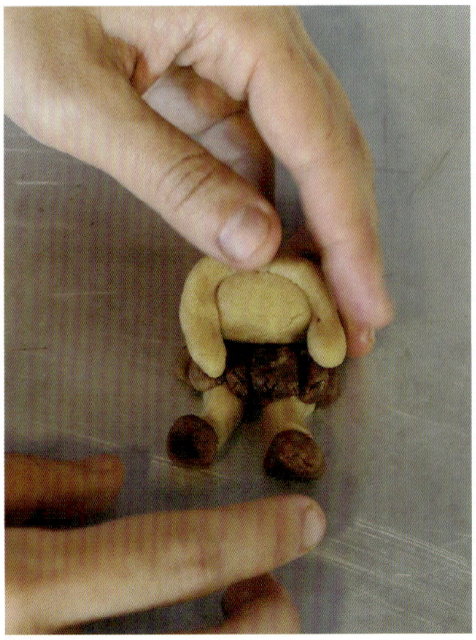
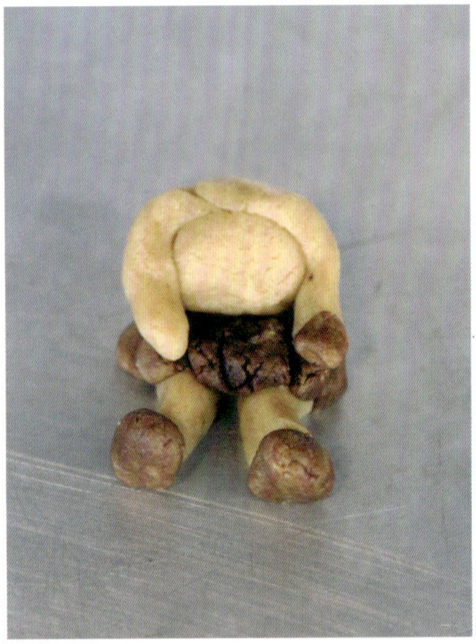
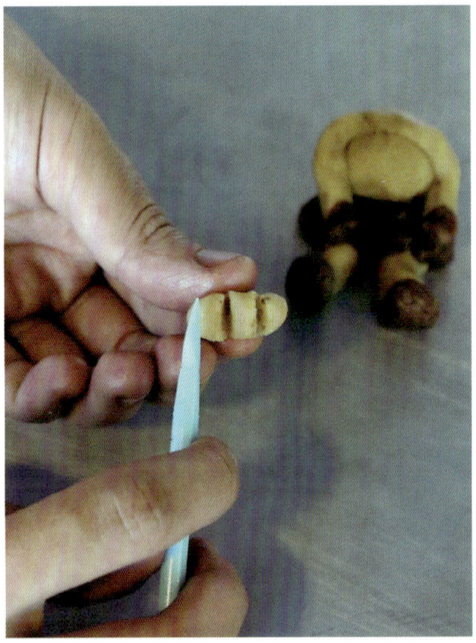
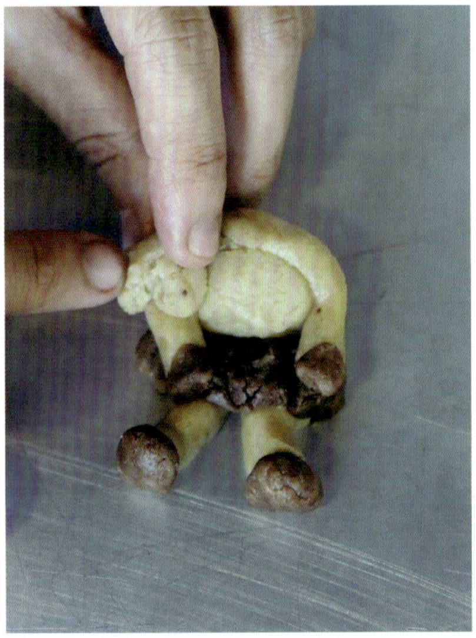
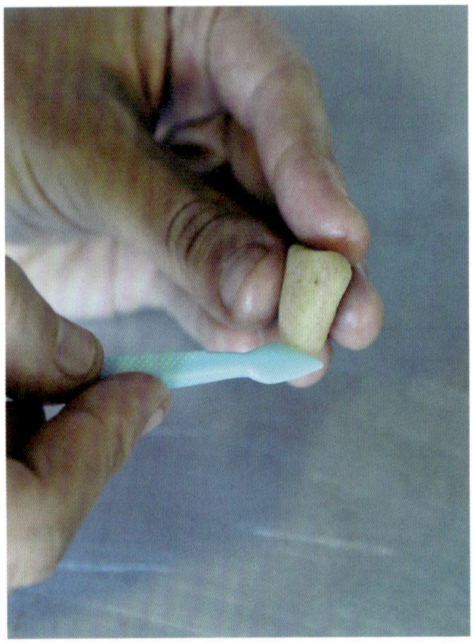
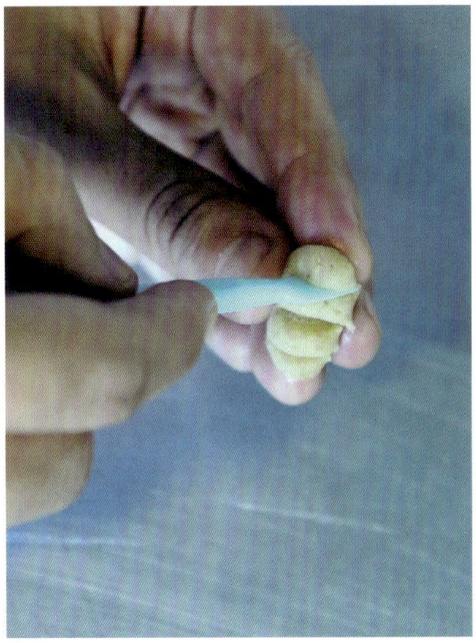
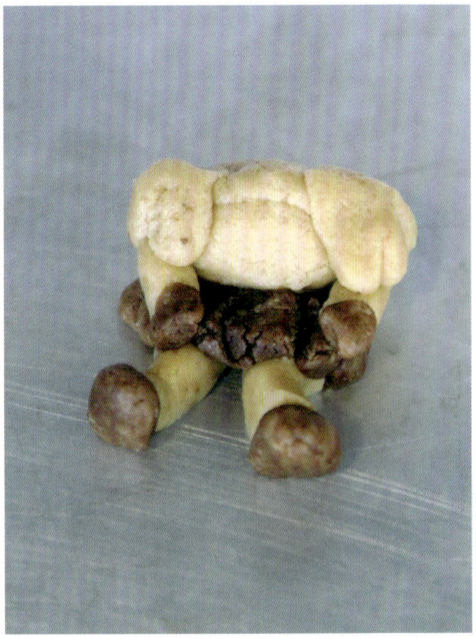

265

266

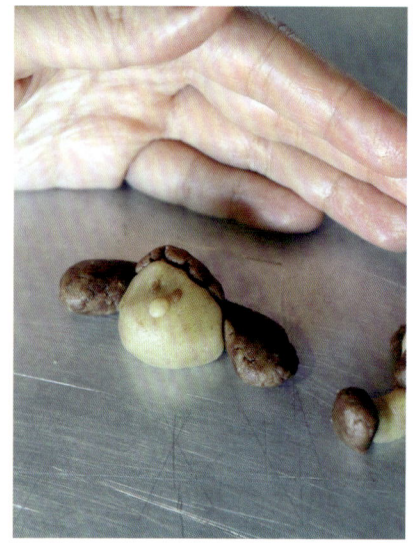

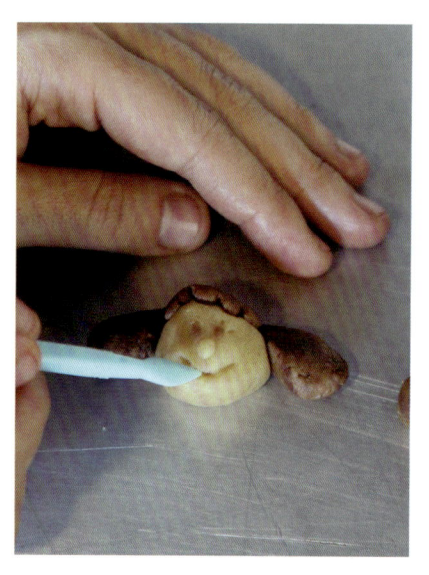

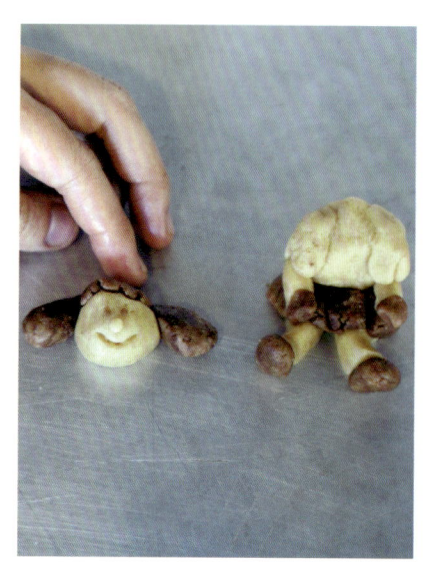

Pão doce recheado de ursinho

Material

Masseira ou batedeira com o batedor de gancho

Ingredientes

150g de ovo
200ml de leite de coco
200ml de água morna (entre 24°C e 27°C)
45ml de óleo de coco
5g de sal
180g de açúcar demerara
1 kg de farinha branca ou semi-integral (3 partes de farinha branca para 1 parte de farinha integral)
10g de fermento biológico seco

Modo de fazer

Adicione o açúcar, a água morna, 200g de farinha e o fermento biológico seco na tigela da batedeira e deixe o fermento crescer por 30 minutos. Em seguida, adicione o restante da farinha, o leite de coco e óleo de coco. Ligue a batedeira na velocidade baixa, adicione os ovos e depois o sal. Bata, em velocidade média, por 3 minutos, e em velocidade alta, por 5 minutos. Desligue a batedeira, tampe a massa com um filme plástico e deixe que dobre de tamanho, ou deixe descansando por 20 minutos. Abra a massa e siga o passo a passo

268

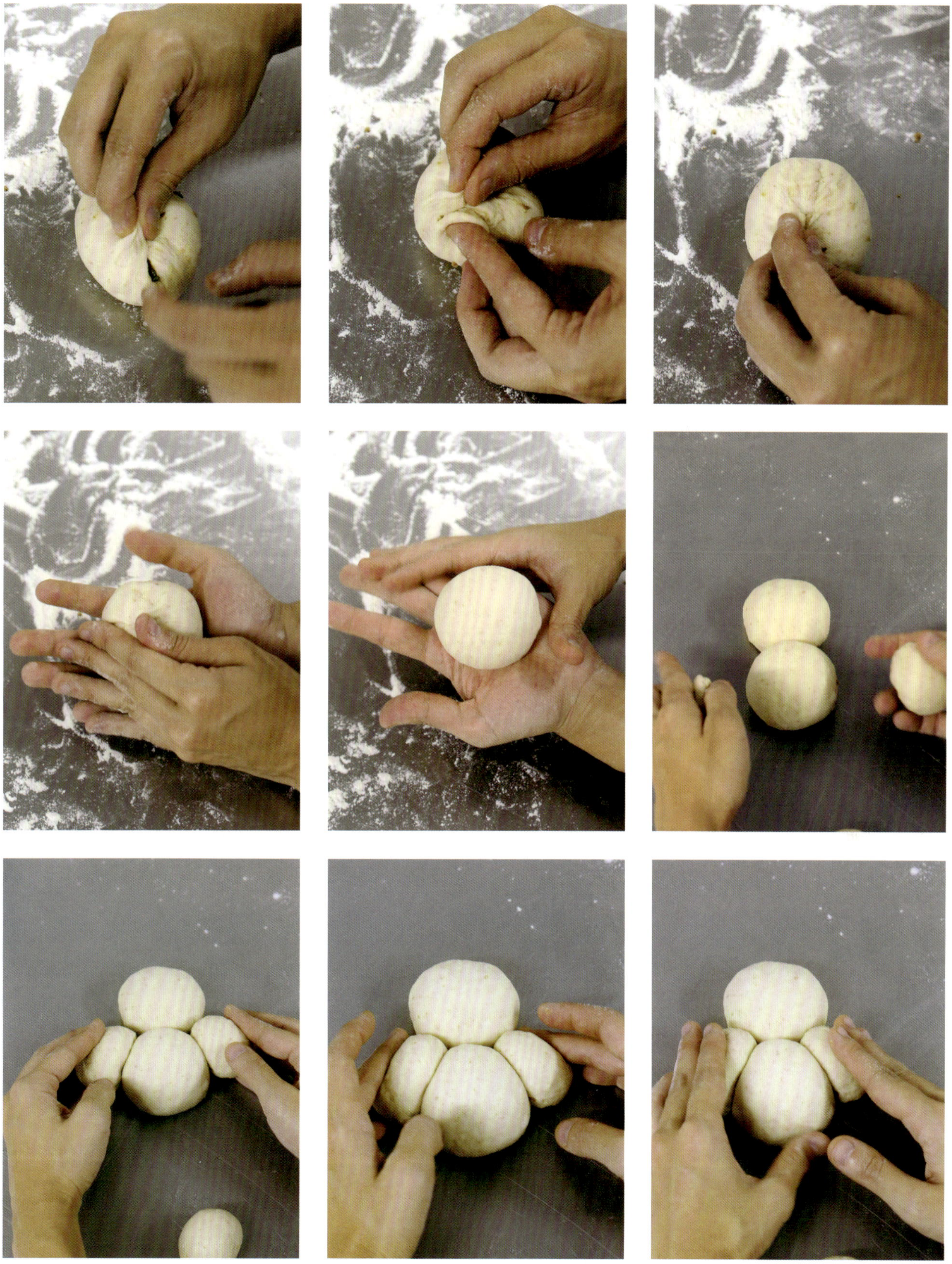

270

271

272

Biscoito de amêndoas para os biscoitos 3D

Ingredientes

350g de farinha (branca ou integral ou *mix* de farinhas)
200g de manteiga ou margarina sem lactose
200g de açúcar
50g de açúcar mascavo
250g de farinha de amêndoas
5g de canela
100g de gemas
Icyng Sugar para polvilhar

Modo de fazer

Misture todos os ingredientes, faça uma massa homogênea e leve à geladeira por 30 minutos. Retire da geladeira, abra a massa com 3mm de espessura e use cortadores divertidos para dar forma aos biscoitos. Preaqueça o forno a 180°C. Asse os biscoitos por 12-15minutos ou até dourar levemente. Use os cortadores 3D para fazer os biscoitos. Coloque os biscoitos na assadeira, com papel manteiga, separados um do outro para que não grudem

274

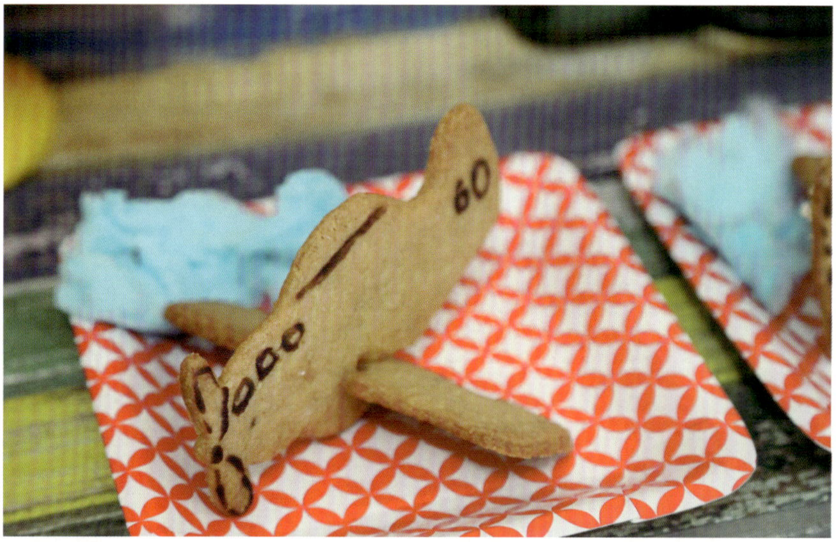

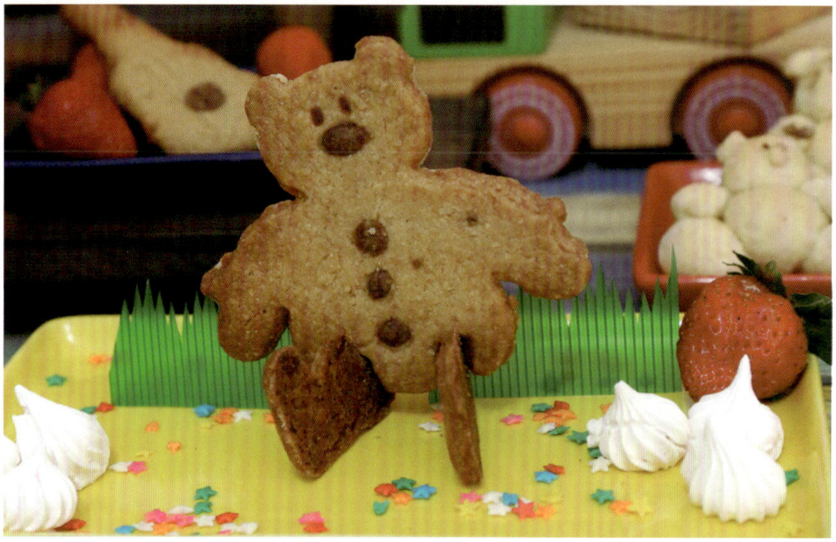

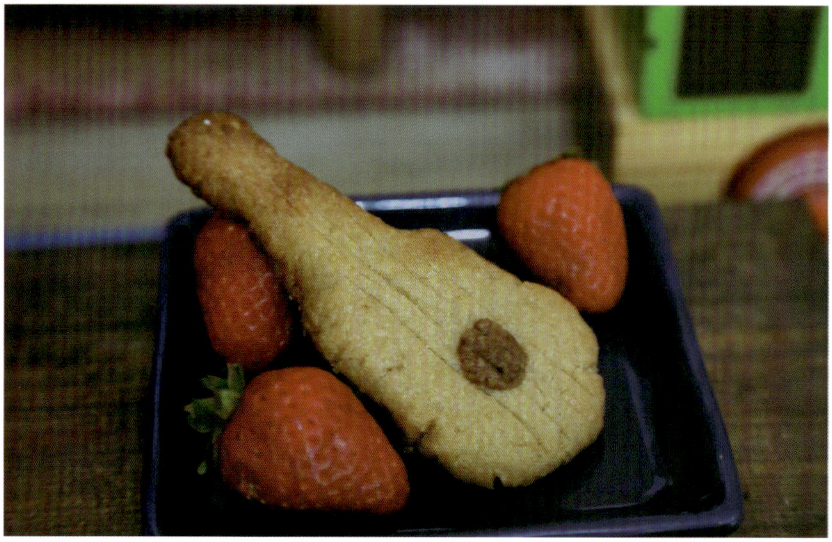

Muffim de chocolate de carrinhos

Material

Assadeira para *muffin* em formato de carrinho ou formatos divertidos
200g ovo
180g de açúcar
250g de farinha de amêndoas ou farinha de trigo
60g de óleo
15g de fermento em pó
240ml de leite morno ou leite de coco morno

Modo de fazer

Bata os ovos com o açúcar até que fique claro e liso. Dissolva o chocolate em pó com o leite. Em seguida, vá colocando o leite nos ovos, aos poucos, e continue batendo por mais 3 minutos. Vá adicionando, na mistura, a farinha peneirada com o fermento, aos poucos. Unte a assadeira com óleo e farinha, para não grudar. Asse em forno, preaquecido a 180°C, por 30 minutos.

Extra: Bisnaga de carrinho (livro Alegria na cozinha – Lanches saudáveis divertidos)

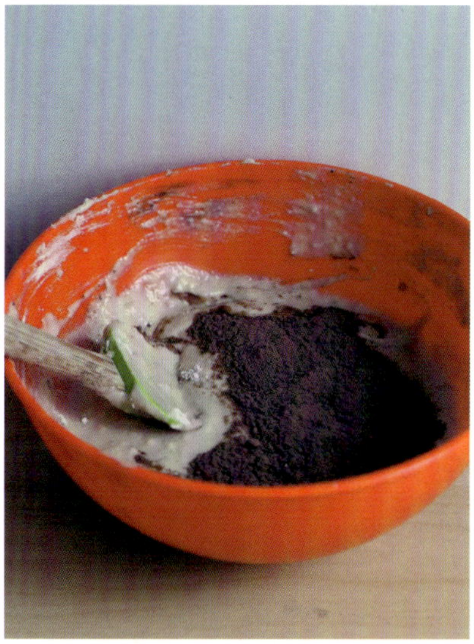
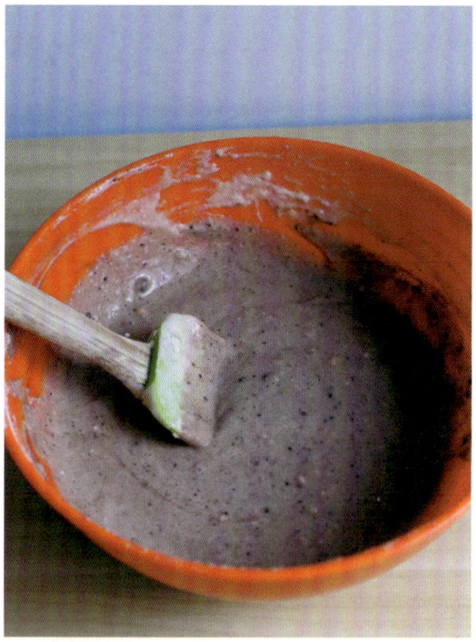
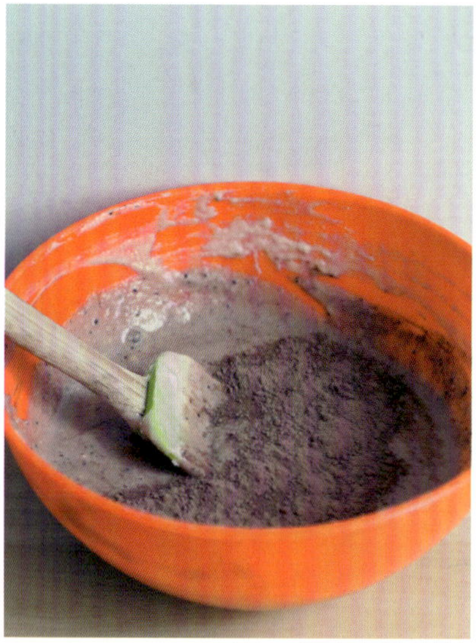
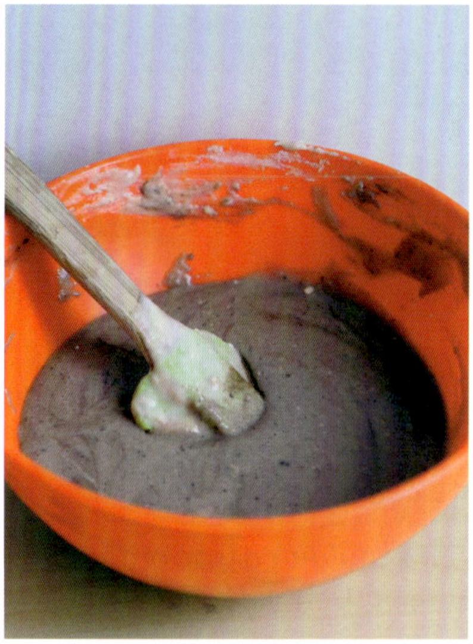
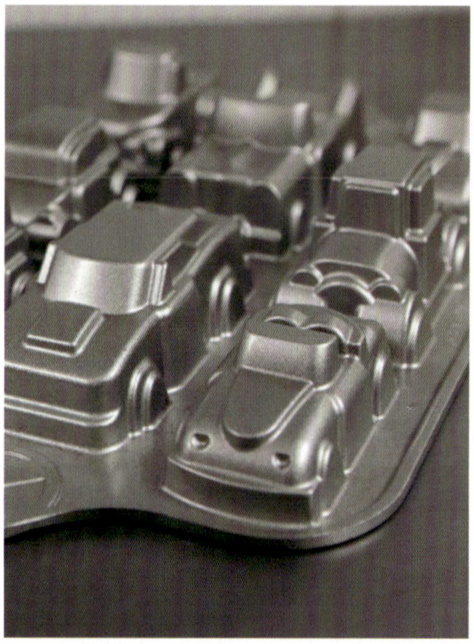
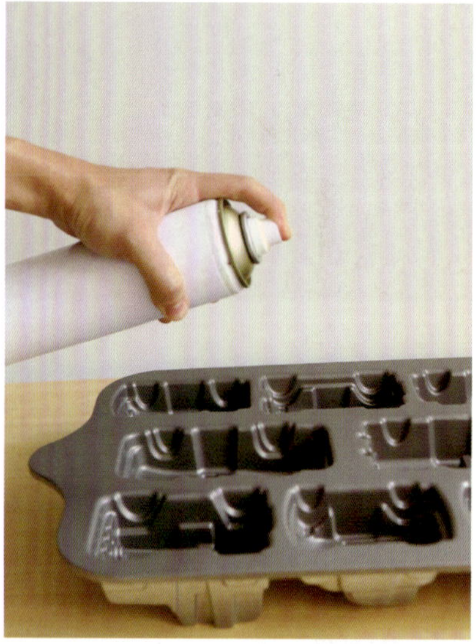
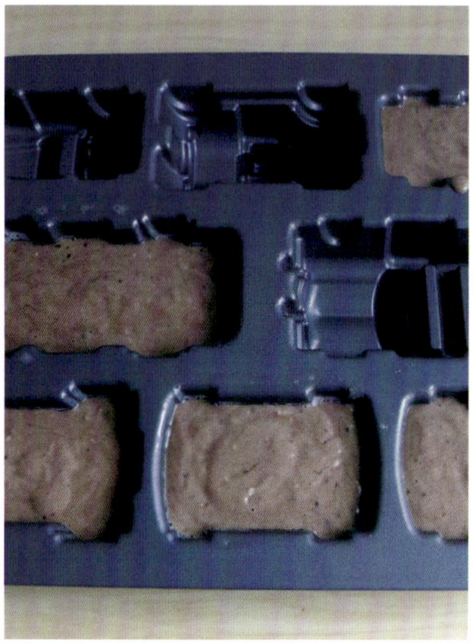
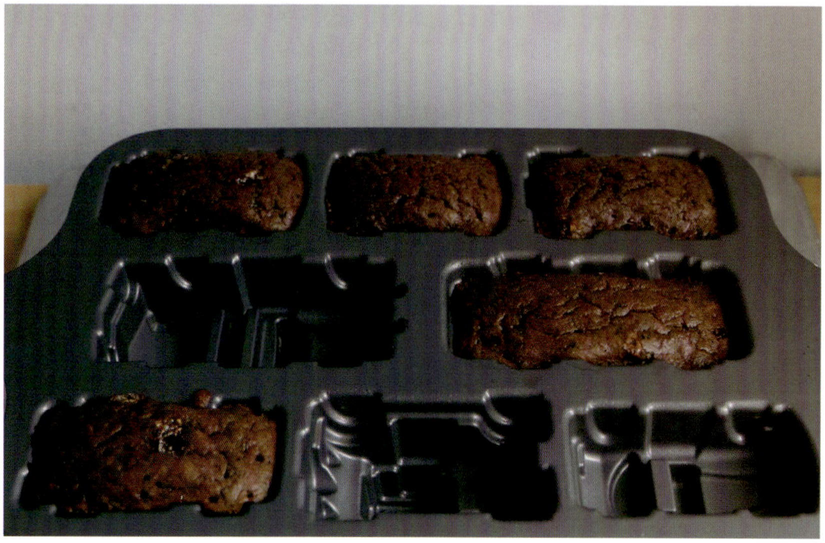

Extra: Bisnaga de carrinho do livro *Alegria na cozinha – Lanches saudáveis e divertidos*

Ingredientes

1 bisnaga
1 tomate cereja
4 rodelas finas de pepino
4 rodelas de cenoura
Peito de peru
Patê de sua preferência

Modo de fazer

Passe uma bisnaga já cortada ao meio e com recheio para a criança e fique com uma para tornar esse lanche mais divertido!
Com o dedo vá diretamente ao centro da bisnaga e fure-o com o dedo. Esse será o assento do piloto.
Nosso piloto será 1 tomatinho cereja, mas pode ser um ovo de codorna, uma cenourinha *baby* ou uma azeitona.

Em seguida passar o patê nas duas laterais da bisnaga para grudar as fatias de cenoura e pepino para formar as 4 rodas do carrinho.

Opções: Use a imaginação! Pode fazer volante com milho, ou rodela de alguma verdura, faróis, calota, até um teto!

279

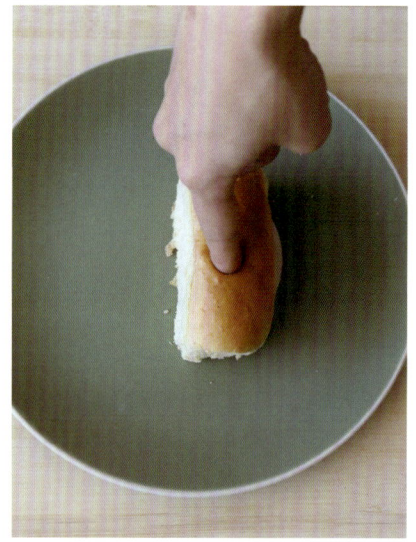

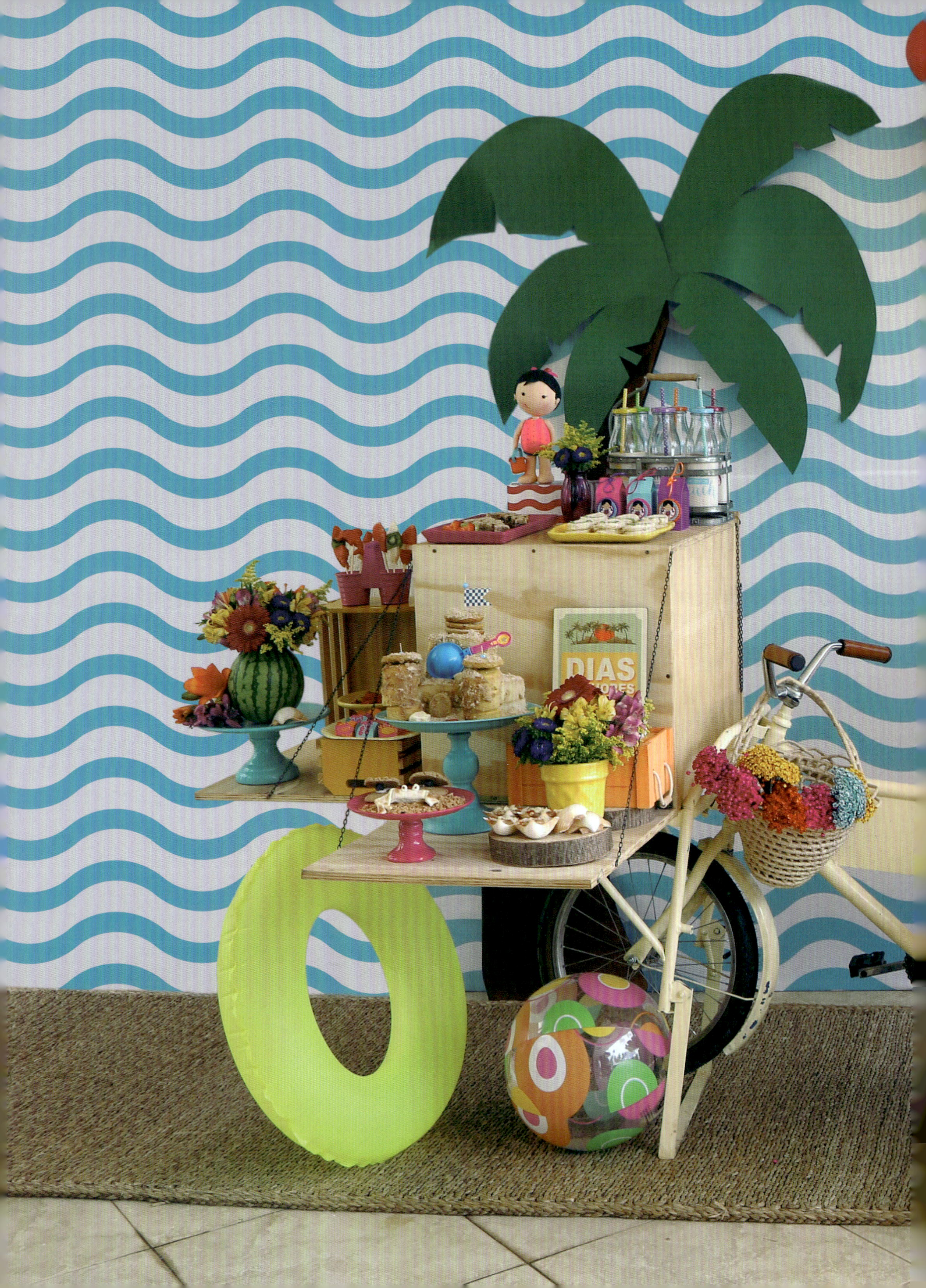
DIAS

Verão

Festas com o tema "Verão" – como praia, por exemplo – são super legais para se fazer em épocas de calor, com piscina, sorvete e muita diversão.
A pedida para esse tema são os dindins, sorvetes, picolés, muita fruta, sucos variados, água de coco, sombra e água fresca.

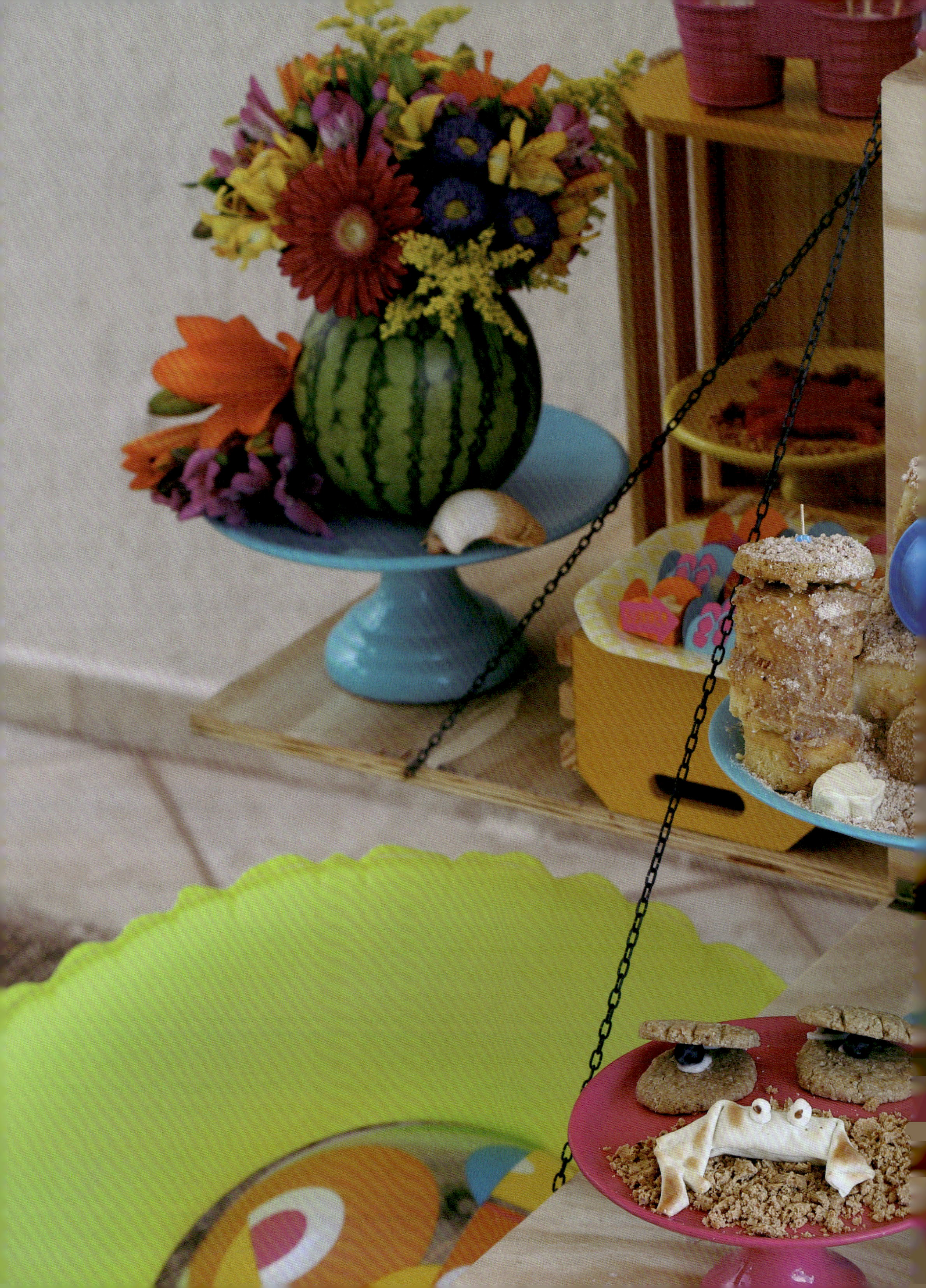

DIAS MELHORES VERÃ

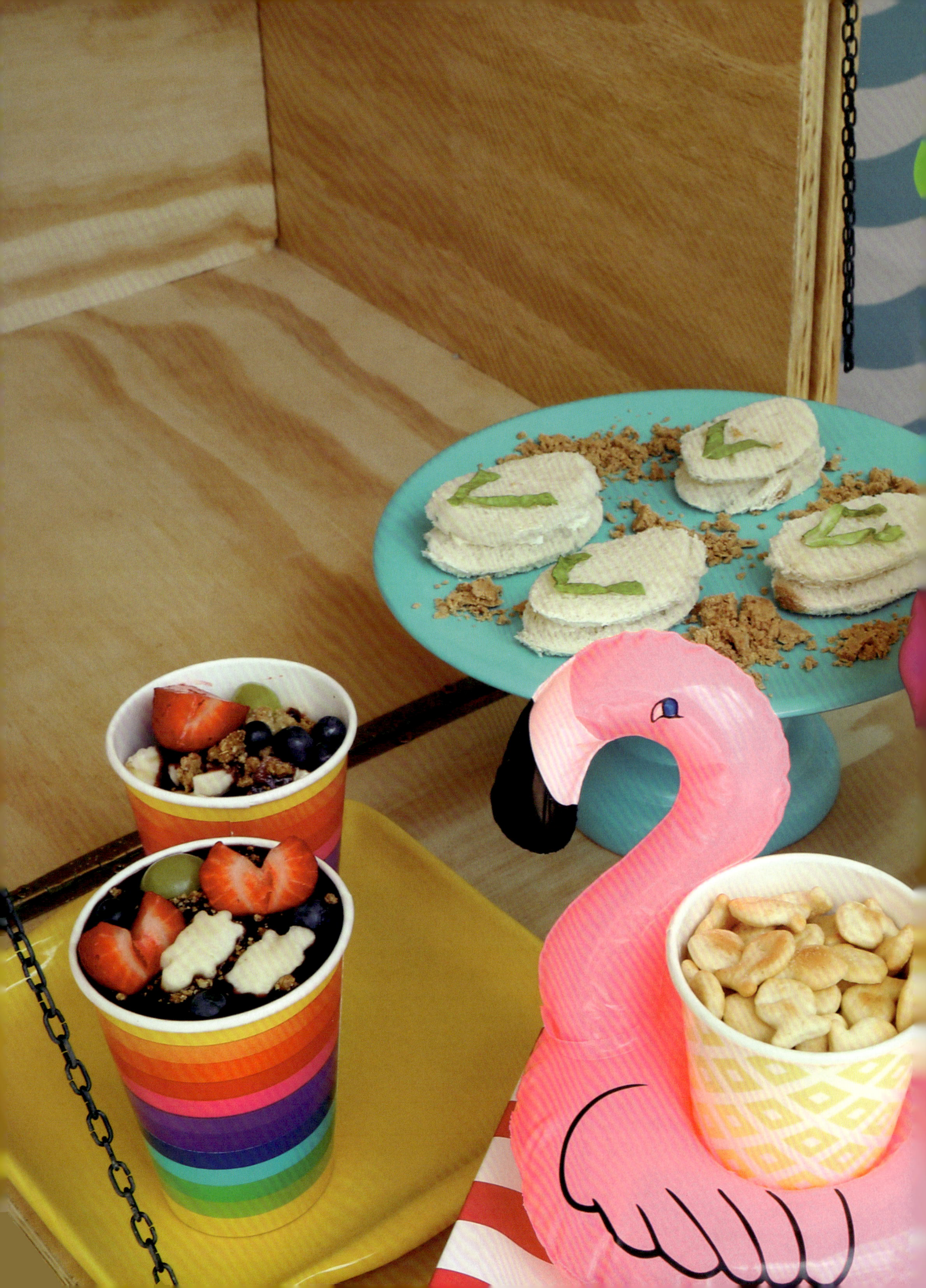

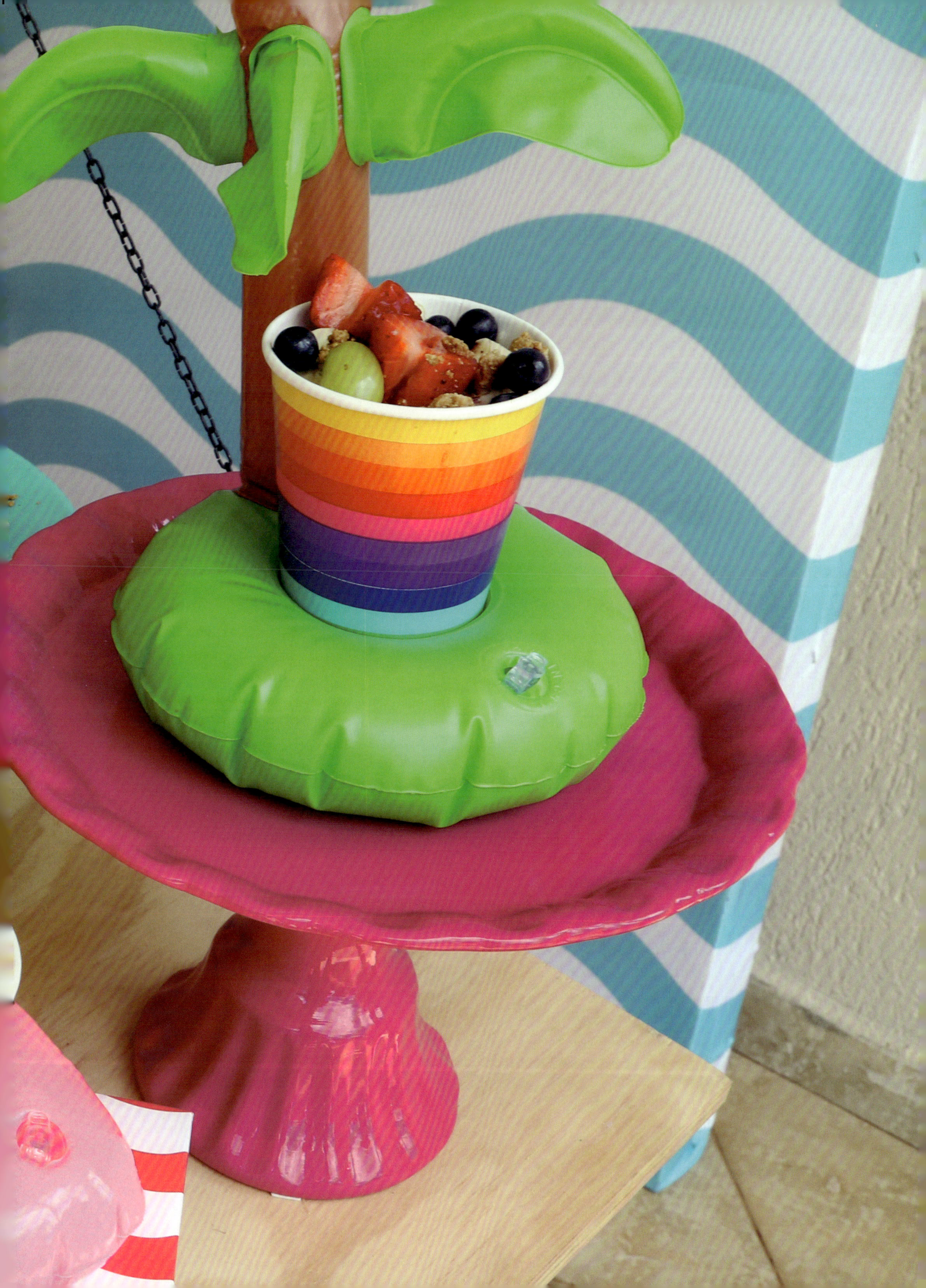

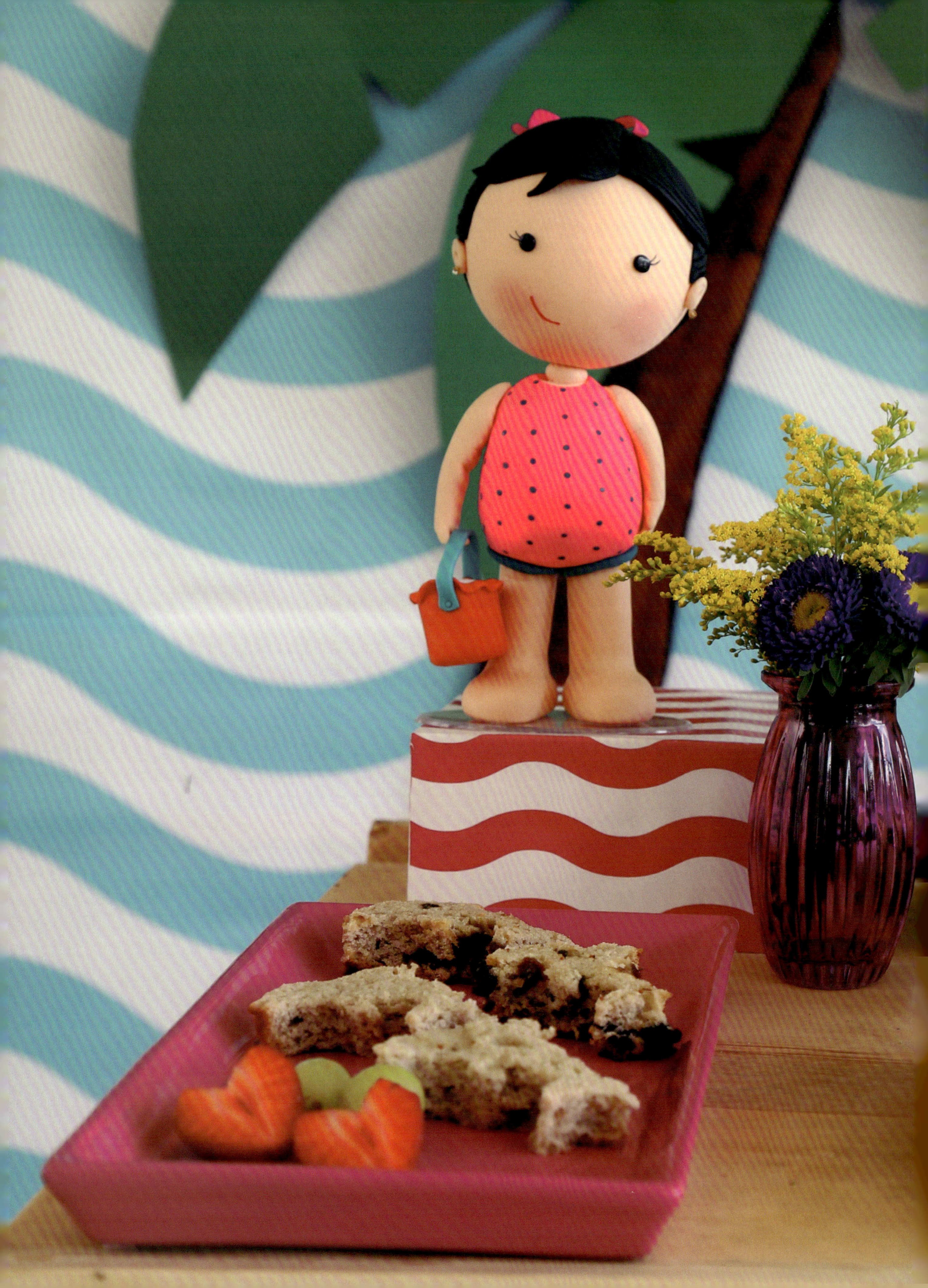

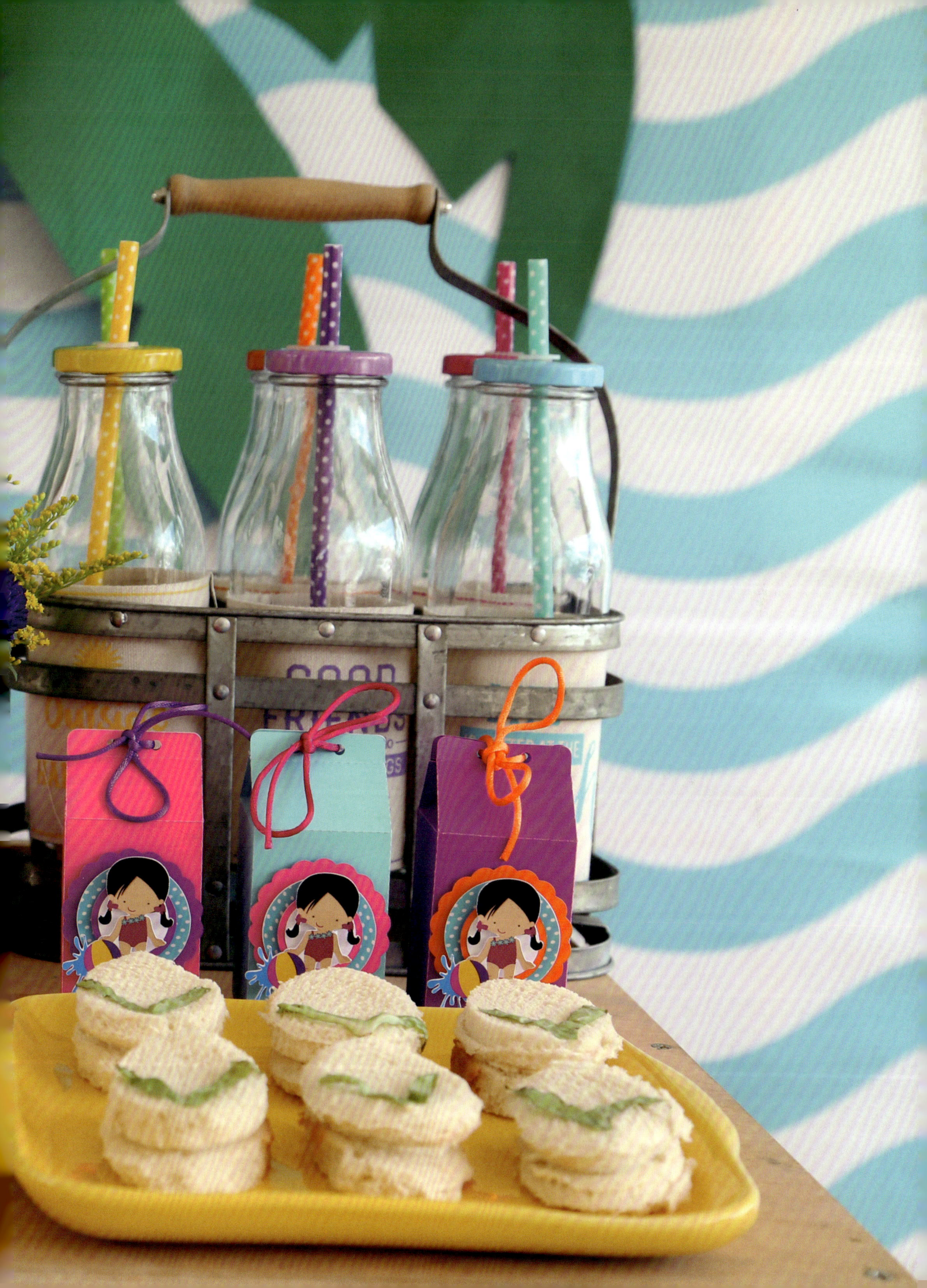
GOOD
FRIENDS

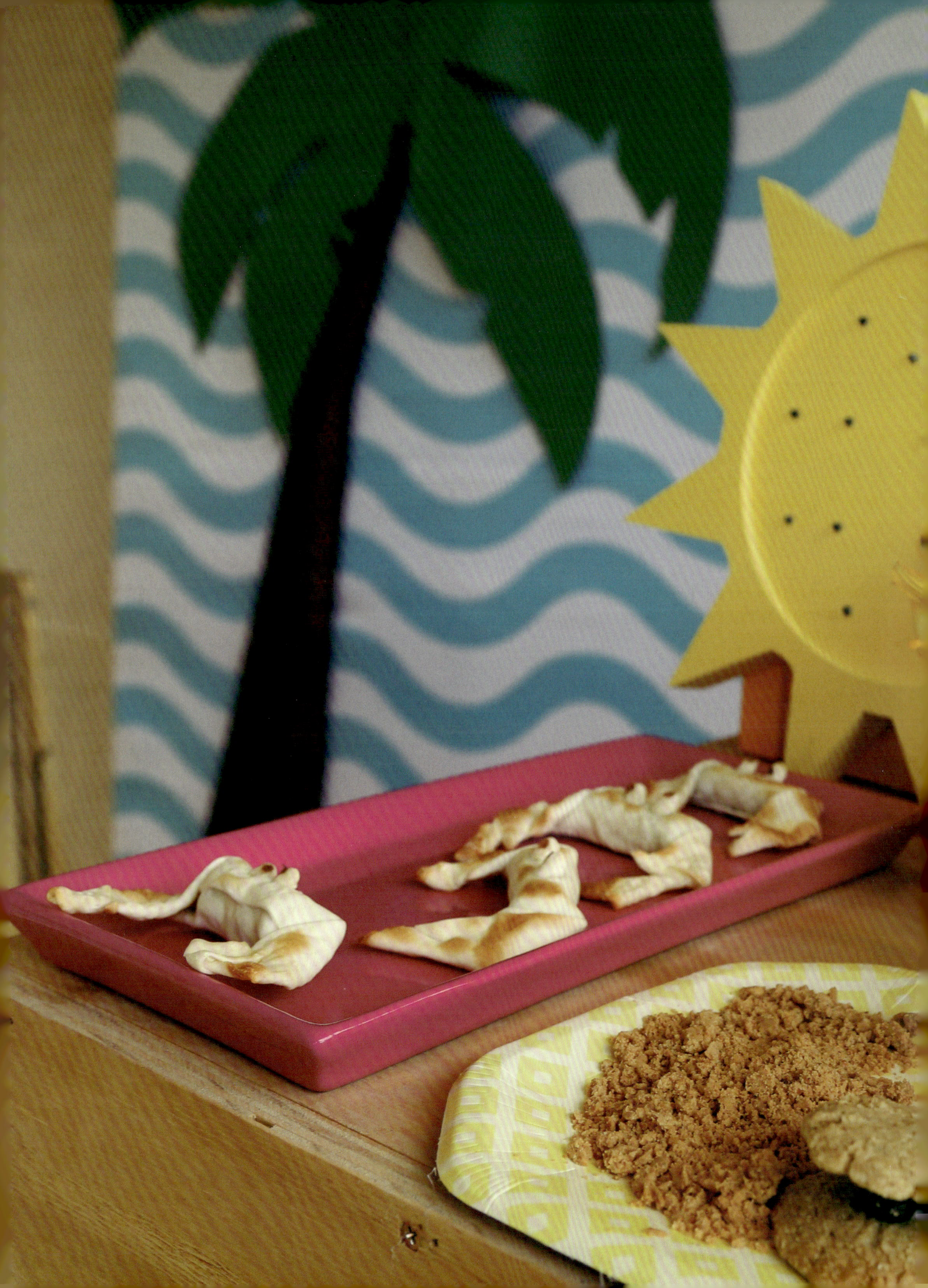

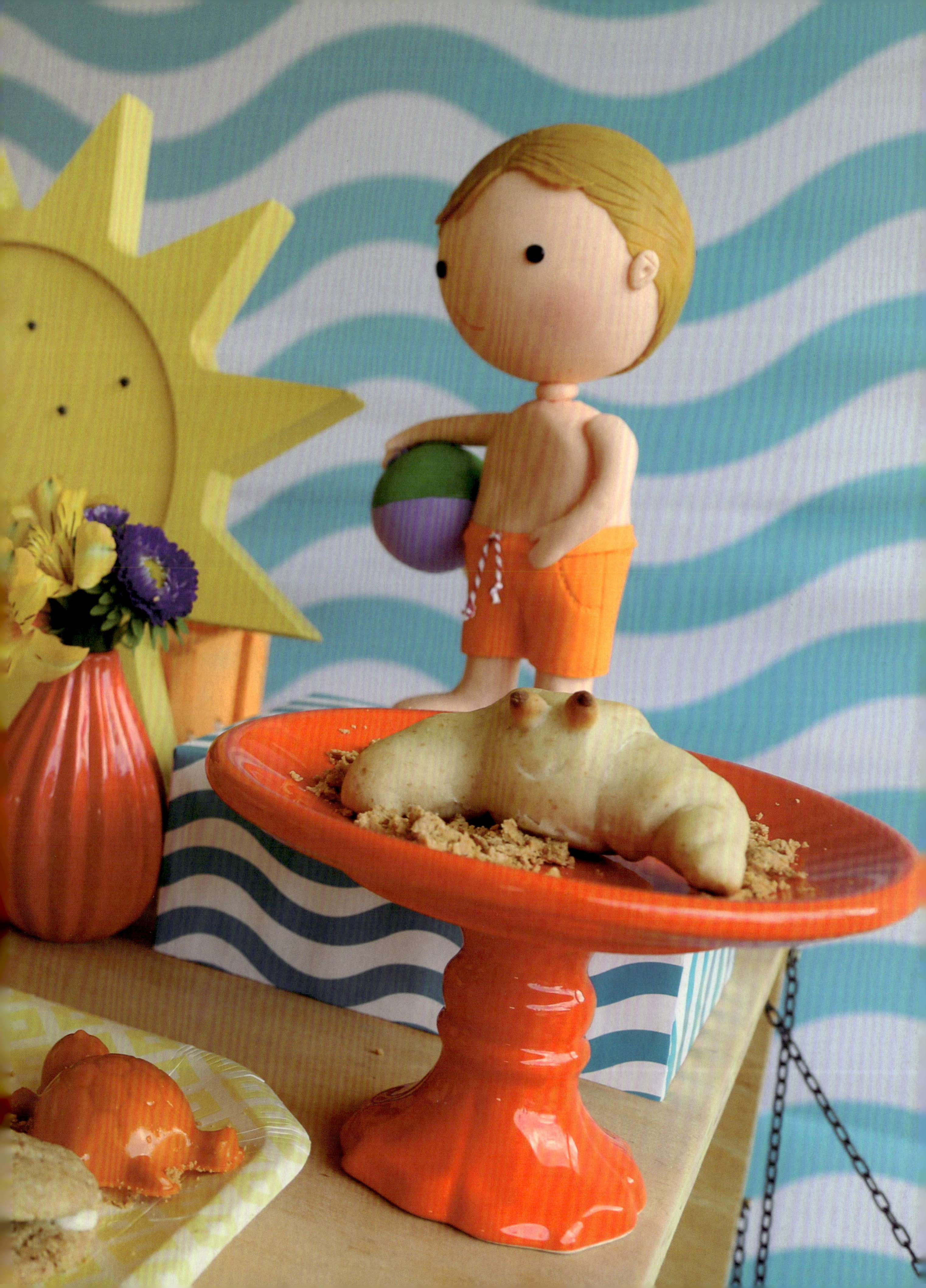

SURFING TO

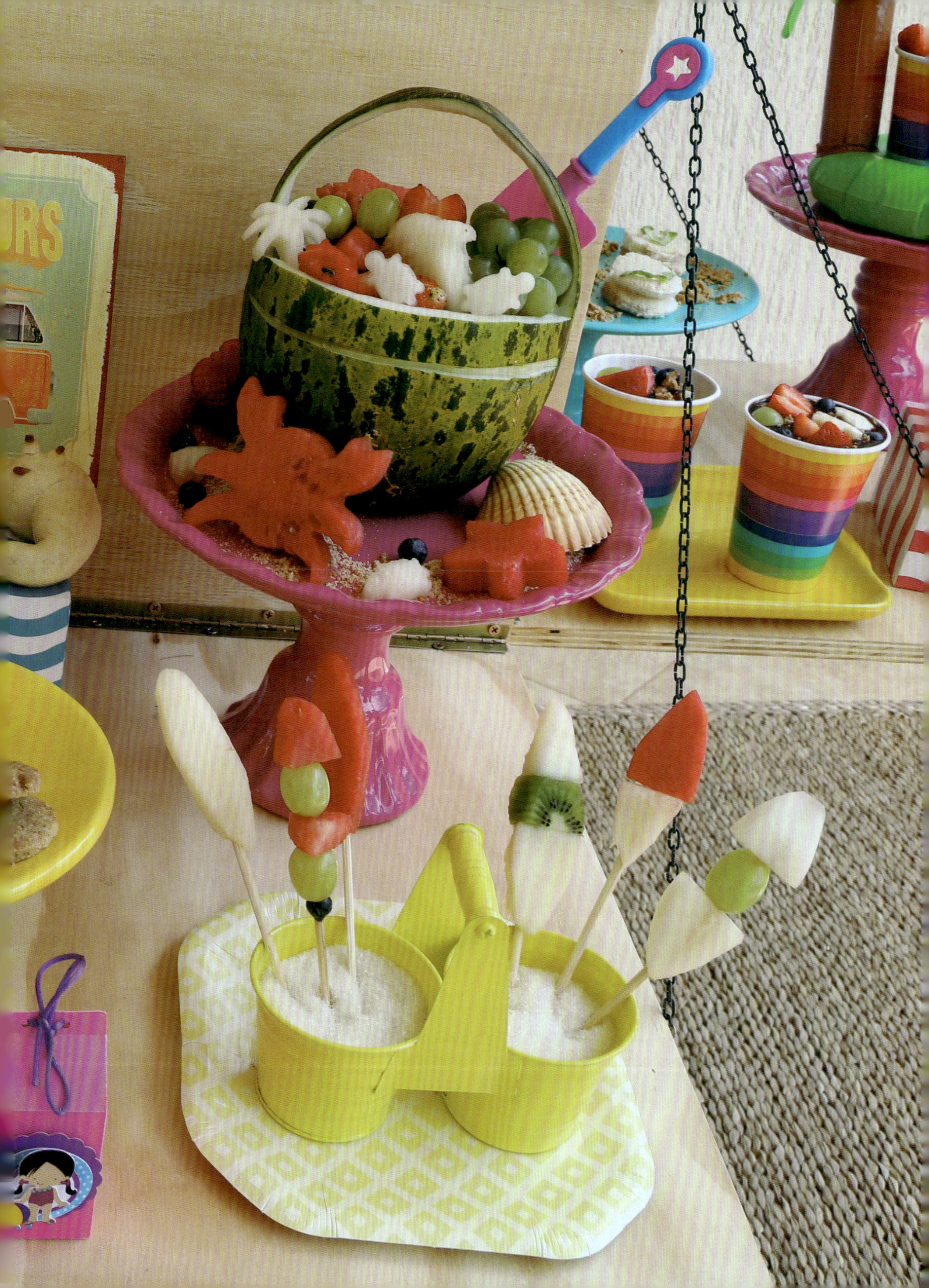

Sanduíche de chinelinho

Material

Cortador de biscoito oval de 6cm
Tesoura

Ingredientes

Pão de forma
Couve ou cebolinha
Pasta ou patê de sua preferência (p.28)

Modo de fazer

Corte o pão de forma usando o cortador oval. Em cada fatia de pão de forma cabem dois cortes. Com uma tesoura, siga o passo a passo para fazer a alça do chinelo. Como estamos falando de mesa temática, podemos usar uma geleia de damasco e bananas em rodelas para recheio do chinelinho, ou um patê de sua preferência para servir durante a festa.

293

294

295

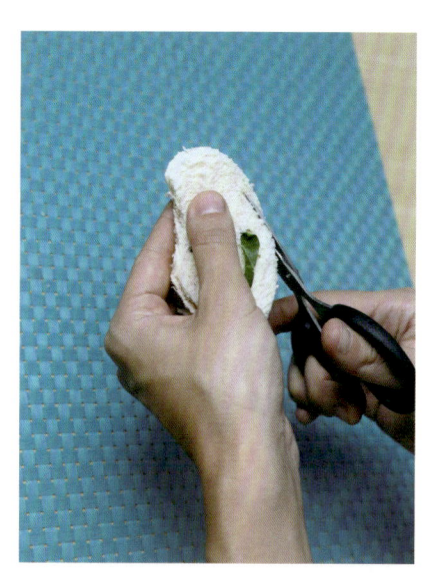

Chocolatinhos brancos com frutas secas

Material

Forma de silicone no tema fundo do mar
Refratário para micro-ondas ou banho-maria

Modo de fazer

200g de chocolate branco fracionado
20g de cerejas passas
20g de uvas passas
20g de frutas secas ou cristalizadas picadas

Modo de fazer

Derreta o chocolate fracionado no micro-ondas ou no banho-maria (como o chocolate branco derrete mais rápido, fique atento para não o deixar queimar, se for no micro-ondas). Coloque o chocolate na forma de silicone e acrescente as frutas secas. Leve à geladeira até endurecer, e está pronto. Desenforme e coloque em forminhas.

O chocolate fracionado não necessita de temperagem, o que facilita na hora da confecção dos chocolates com frutas.

297

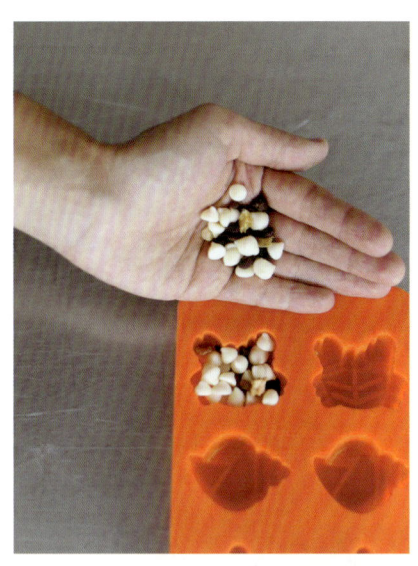

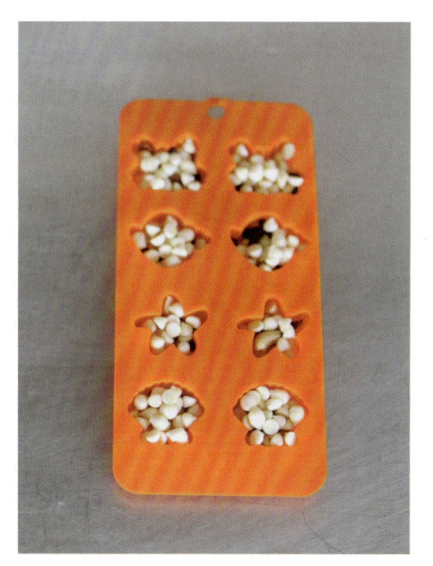

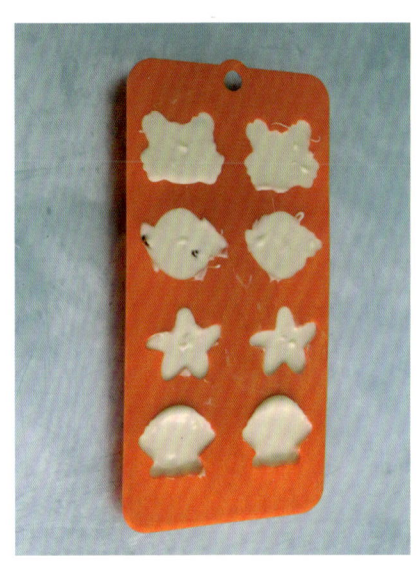

Miniempratado de macarrão

Material

Conchas do mar de vieiras

Ingredientes

200g de macarrão do tipo conchinha
500ml de água
10g de sal
15ml de azeite
20g de manjericão picado ou desidratado
100g de tomate *sweet grape* picado
200g de queijo faixa azul ralado

Modo de fazer

Aqueça a água em uma panela até ferver. Com a água fervendo, adicione o macarrão e o sal. Mexa de tempos em tempos, para que o macarrão não grude na panela. Esse macarrão demora em média 2-3 minutos para ficar no ponto certo. Retire do fogo, escorra o macarrão e adicione água gelada, para que ele pare o cozimento e não fique mole. Adicione o macarrão escorrido em uma tigela.

Adicione o azeite, tomates picados e manjericão. Coloque as porções de macarrão nas conchas de vieiras e salpique queijo ralado por cima, como mostra o passo a passo.

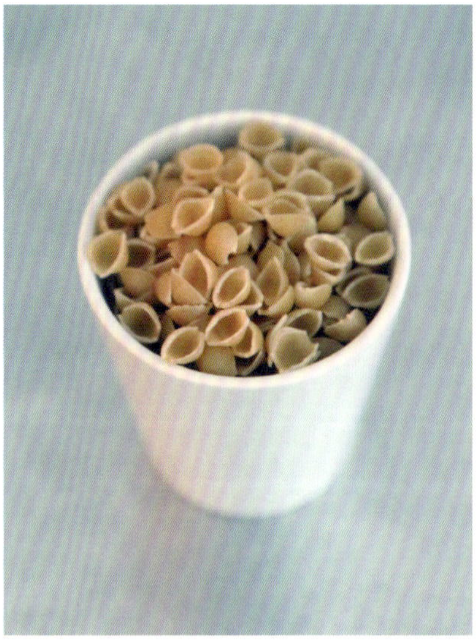
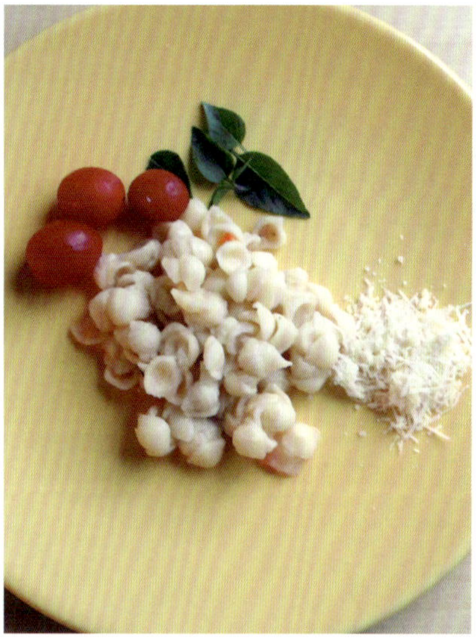
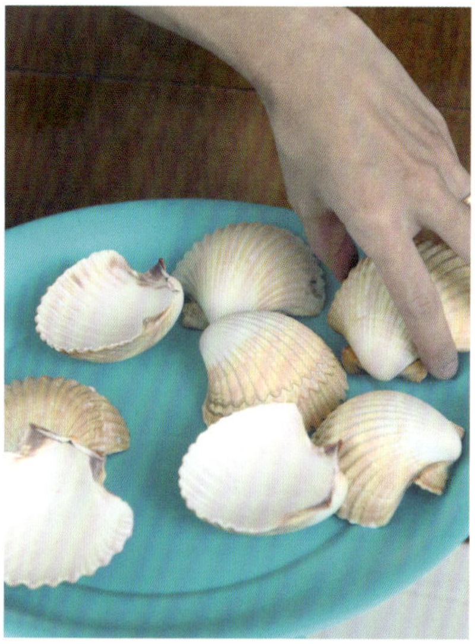
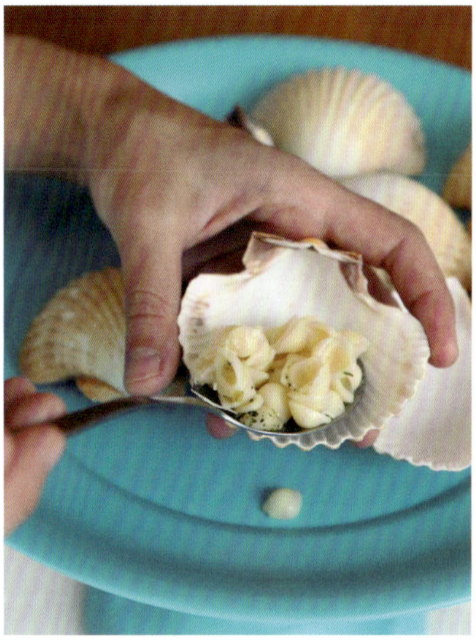
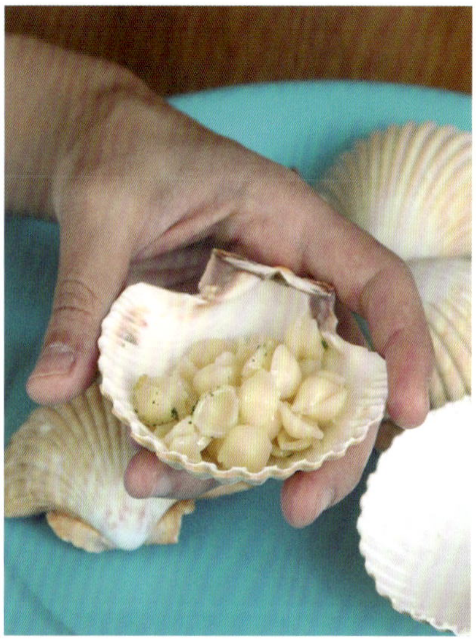
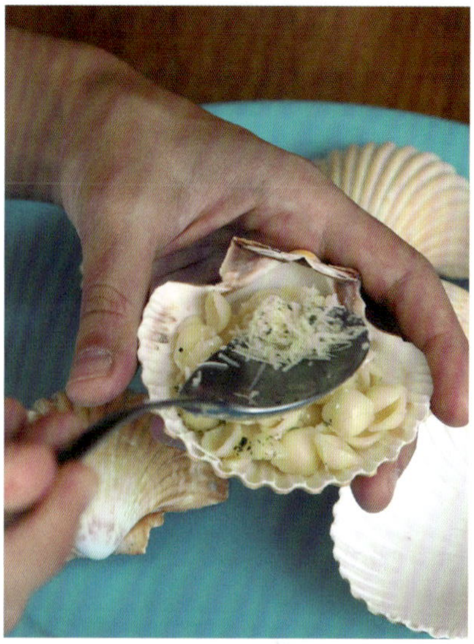
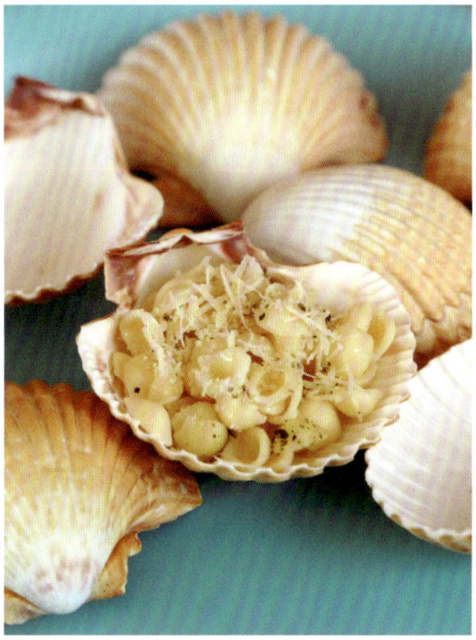
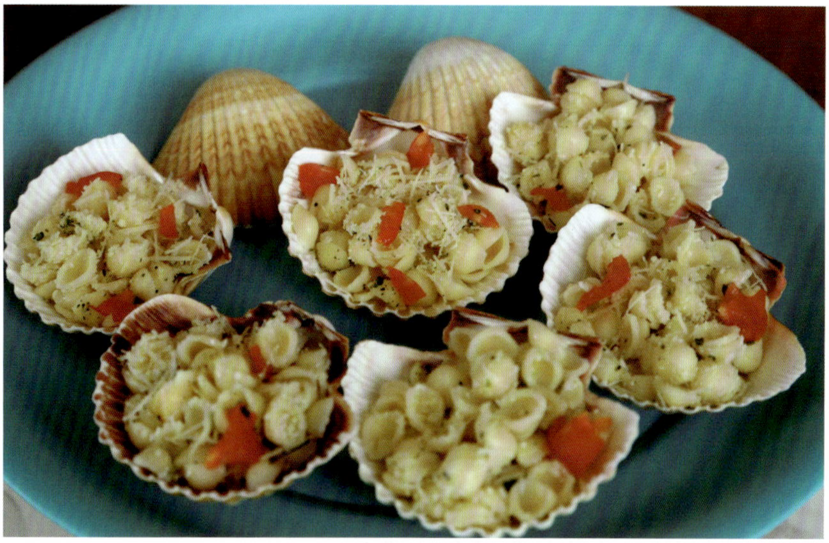

Biscoitinho de conchinha do mar

Material

Cortador redondo de aro 5
Rolo de massa
Plástico

Ingredientes

90 g de açúcar demerara
150g de manteiga *ghee* na temperatura ambiente
5g de sal
30g de farinha de amêndoas
250g de farinha de trigo
50g ovo
100g de mirtilos

Modo de fazer

Misture a manteiga com o açúcar, o sal e a farinha de amêndoas. Acrescente o ovo e a farinha de trigo. Caso a massa ainda esteja quebradiça, adicione 15ml de água gelada. Faça uma bola de massa e enrole em filme plástico. Leve à geladeira por 1 hora. Abra a massa entre dois plásticos, para que ela não grude no rolo (assim não é precisa utilizar mais farinha na receita). Usando o cortador redondo, corte a massa e siga o passo a passo para modelar. Asse em forno médio, preaquecido, por 7 minutos. Retire do forno e espere esfriar. Usando um glacê, prenda o mirtilo no interior da concha e cole uma concha na outra.

301

302

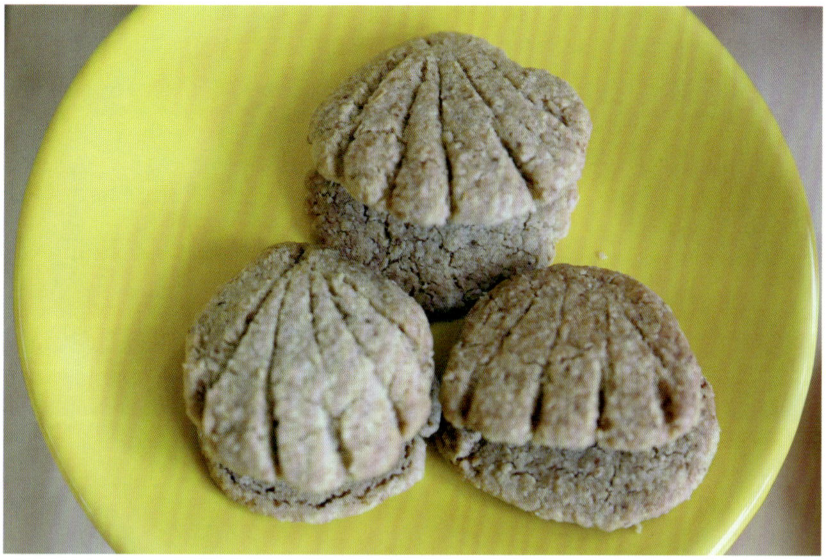

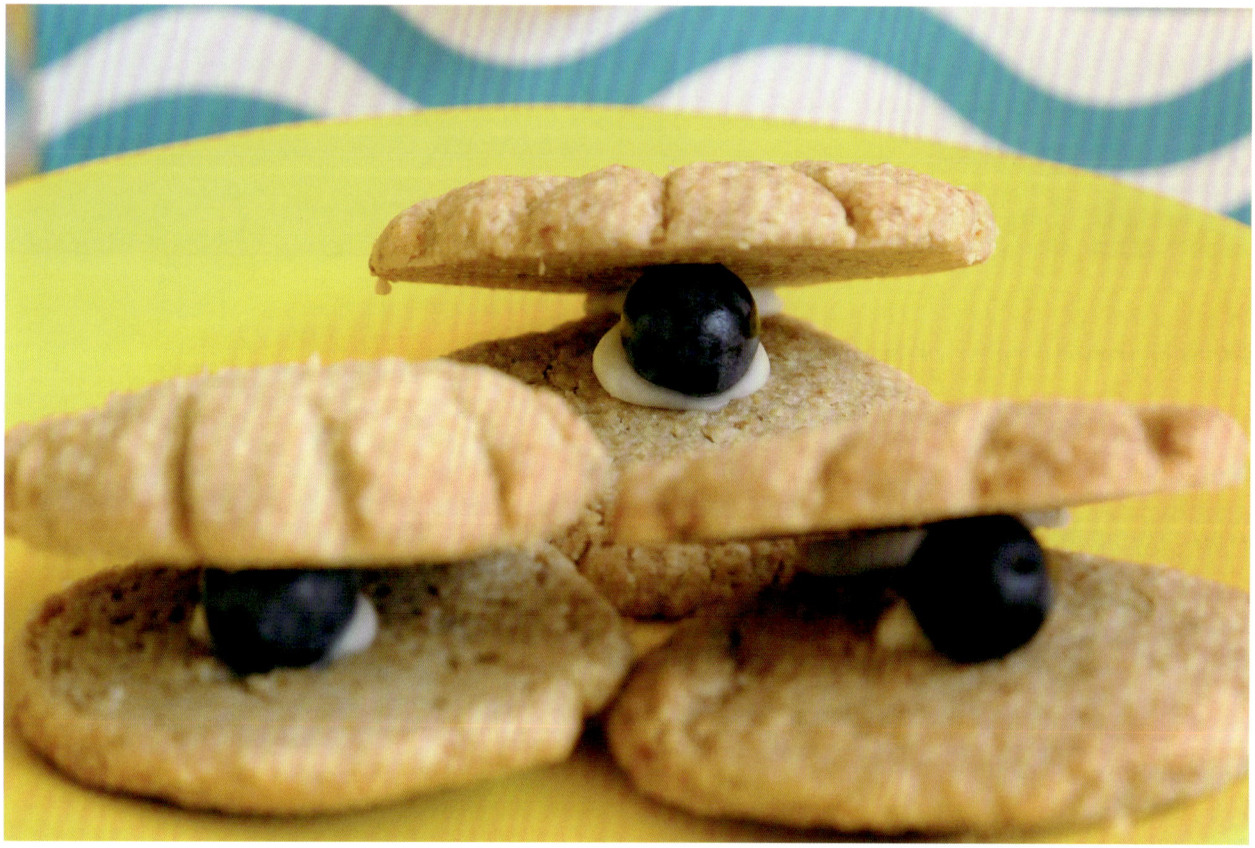

Espetinho de prancha de surf

Material

Cortador de biscoitos em formato de folha ou prancha de surf
Palitos para churrasco com as pontas cortadas

Ingredientes

Melancia sem sementes cortada em fatias de 2cm de espessura
Melão cortado em fatias de 2cm de espessura
Kiwi cortado em rodelas de 2cm de espessura

Modo de fazer

Corte as fatias das frutas com o cortador de biscoitos e faça como se fosse um quebra cabeça. Depois que as frutas estiverem cortadas no formato da prancha de surf, corte suas metades e vá misturando as frutas, para que a prancha fique colorida como mostra o passo a passo.

305

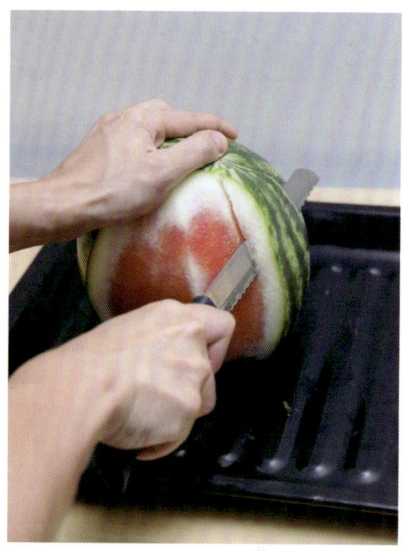

306

307

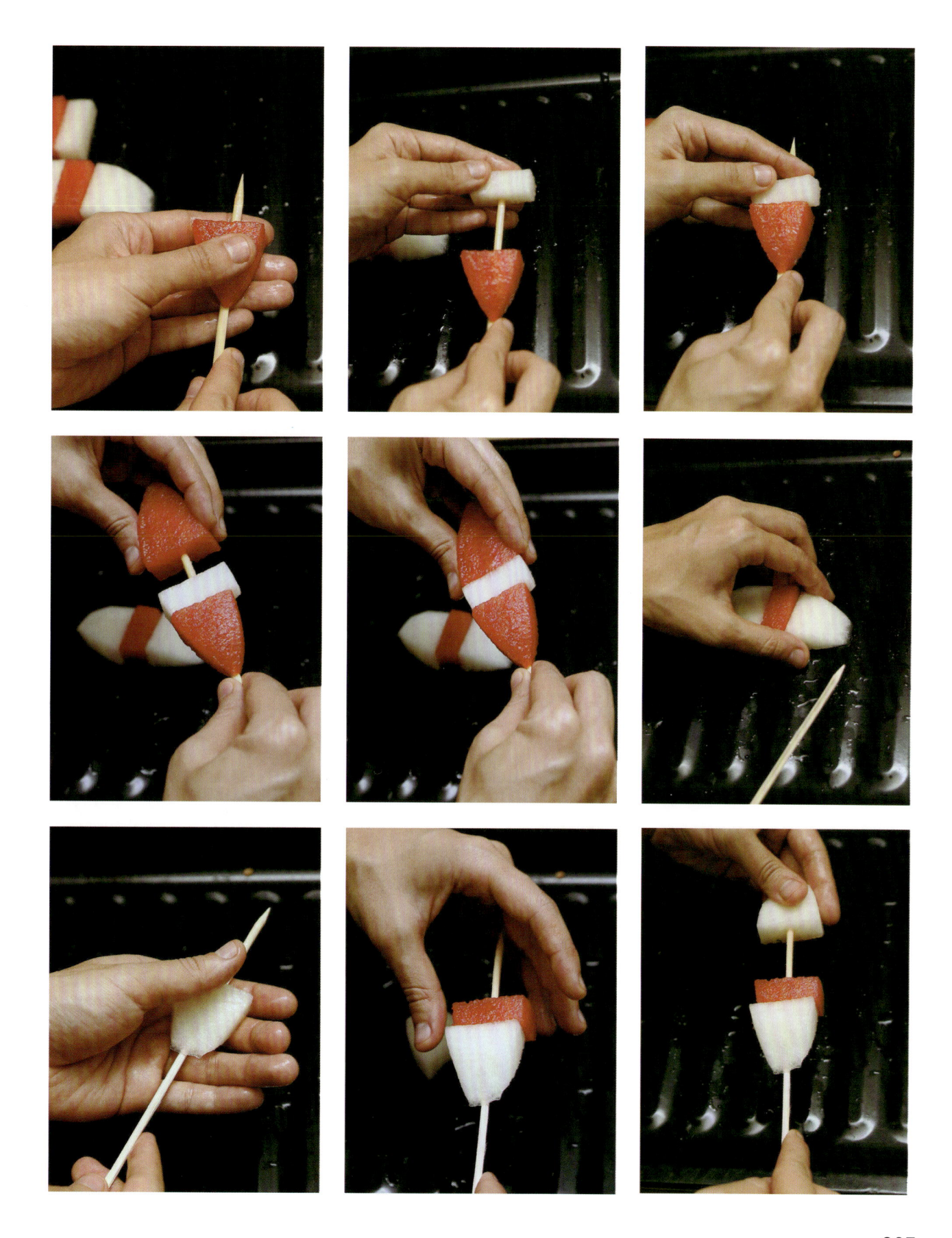

308

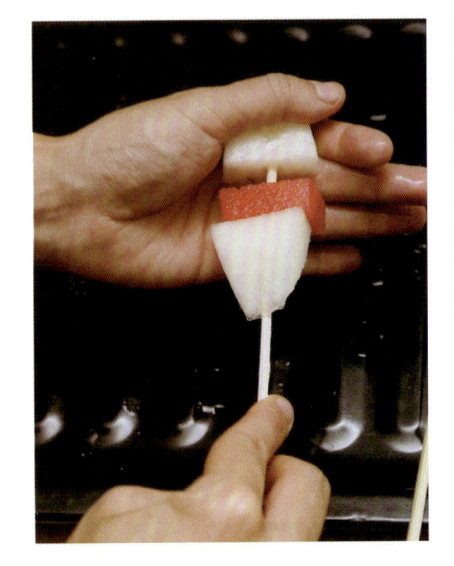

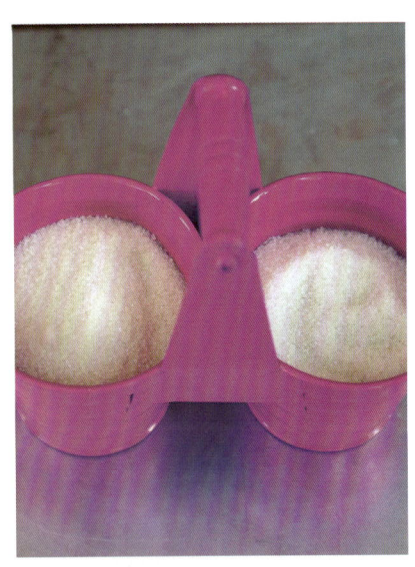

309

Baldinho de melão

Material

Faca
Cortador de biscoito em formato de caranguejo
Cortador de biscoito em formato de golfinho
Cortador de biscoito em formato de tartaruga
Cortador de biscoito em formato de palmeira
Cortador de biscoito em formato de estrela

Ingredientes

Melão pele de sapo
Melão amarelo
Fatia de melancia
Uvas
Morangos

Modo de fazer

Para fazer o baldinho, você deverá usar o melão pele de sapo; mas caso não encontre essa espécie de fruta, o baldinho pode ser confeccionado com outro tipo de melão ou com a melancia *baby* sem sementes.
Siga o passo a passo para o corte adequado do melão. Corte as frutas em fatias, para utilizar os cortadores de biscoito nos formatos variados. A espessura do corte pode variar, pois as frutas serão posicionadas no interior do balde com as uvas e os morangos.
Fique atento apenas ao corte da melancia para fazer o caranguejo, pois ele ficará na parte de fora do balde; então deve ter uma espessura maior, pois precisa ser mais resistente.

311

312

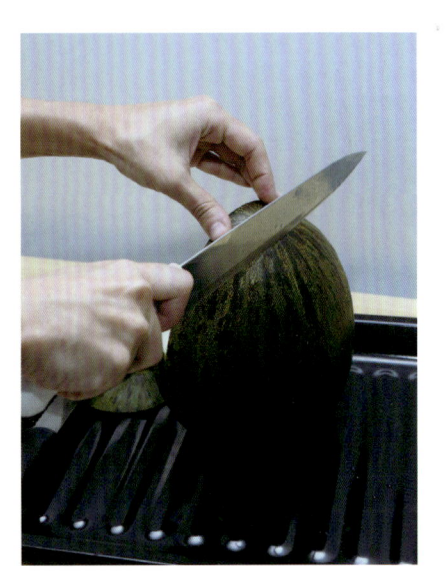

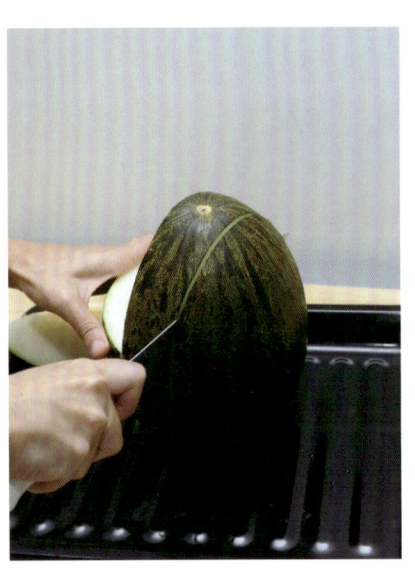

313

314

315

Croissant de caranguejo

Material

Carretilha para cortar massa

Ingredientes

10g de fermento biológico fresco
120ml de leite desnatado morno
30g de manteiga sem sal
20g de açúcar
320g de farinha de trigo

Modo de fazer

Misture o fermento com o leite morno até dissolvê-lo. Acrescente a manteiga sem sal e o açúcar. Adicione a farinha de trigo aos poucos, até obter uma massa firme. Coloque a massa em uma tigela untada com azeite e cubra com filme plástico, deixando-a descansar por meia hora. Abra a massa em uma mesa enfarinhada e corte-a em triângulos. Enrole a massa como mostra o passo a passo. Coloque os *croissants* em uma assadeira antiaderente, com uma distancia de 1,5cm entre cada um. Faça os olhinhos dos caranguejos como mostra o passo a passo. Leve ao forno médio por 30 minutos ou até que fiquem dourados.

Pode-se colocar um recheio no *croissant* enquanto ele está sendo enrolado. Recheios (p.29).

317

318

319

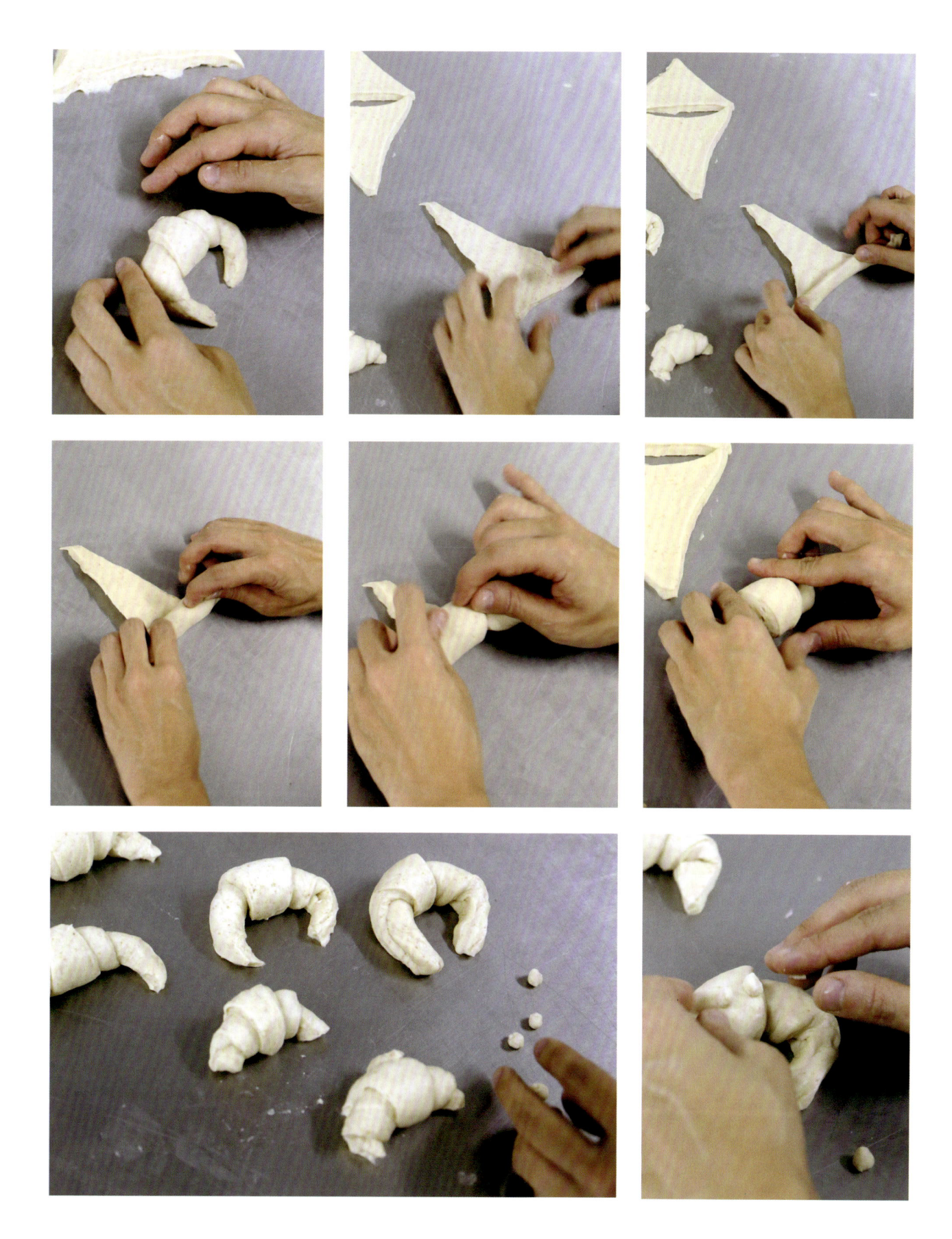

320

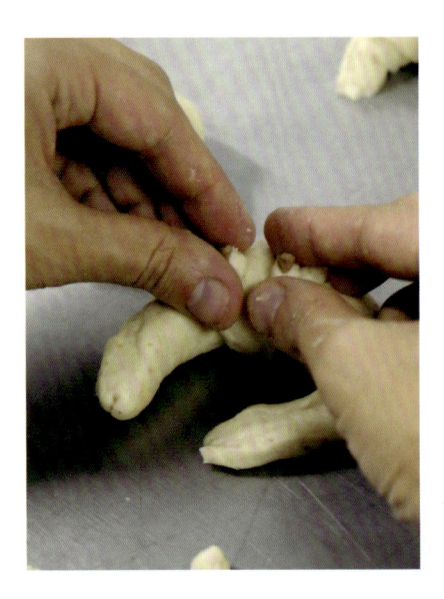

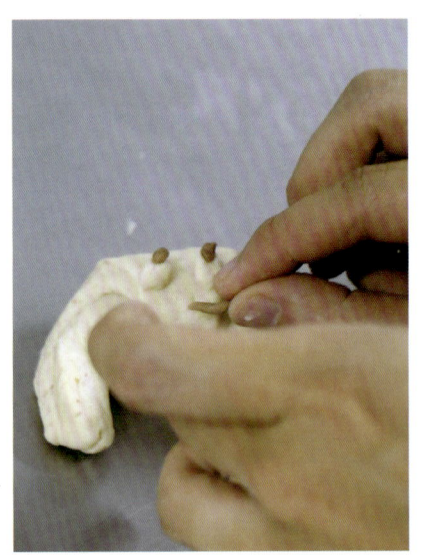

Bolo Castelinho de Areia

Material

1 bandeirinha para colocar no castelinho
Assadeira de bolo de 60cm x 40cm
6 formas para minibolo de aro 6cm
5 formas para tartelete de aro 6cm
2 espetinhos de frutas

Ingredientes para a massa do bolo de paçoca

500g de ovos
300ml de óleo
500ml de suco de maçã ou leite
200g de açúcar
200g de paçoca
500g de farinha de trigo
30g de fermento em pó

Modo de fazer

Misture todos os ingredientes, deixando por último a farinha peneirada e o fermento. Vá acrescentando a farinha e o fermento de forma delicada, até que a massa fique homogênea. Leve ao forno médio, em assadeira untada, por 45 minutos ou até dourar.

Para coberturas, recheios e cremes (p.23).

Siga o passo a passo para a montagem do castelinho. Corte o bolo da assadeira em dois quadrados iguais de 20cm x 20cm e três quadrados iguais de 7cm x 7cm.
Acrescente a recheio desejado, camada por camada, e depois passe o recheio ao redor de todo o bolo.

Caso queira fazer uma portinha e outros detalhes no castelo, siga o passo a passo.

As torres são feitas a partir das massas que foram assadas nas formas dos minibolos e das minitarteletes. Siga o passo a passo.

Para a farinha que imitará a areia da praia

Ingredientes

50g açúcar mascavo
100g paçoca
100g coco ralado
100g aveia em flocos finos
100g de amêndoas trituradas

Modo de fazer

Salpique o *mix* de farinha em todo o castelinho. Por último, acrescente os palitinhos de frutas nas torres e a bandeirinha no topo do castelo.Modo de fazer

Salpique o mix de farinha em todo o castelinho. Por ultimo acrescente os palitinhos de frutas nas torres e a bandeirinha no topo do castelo.

323

324

325

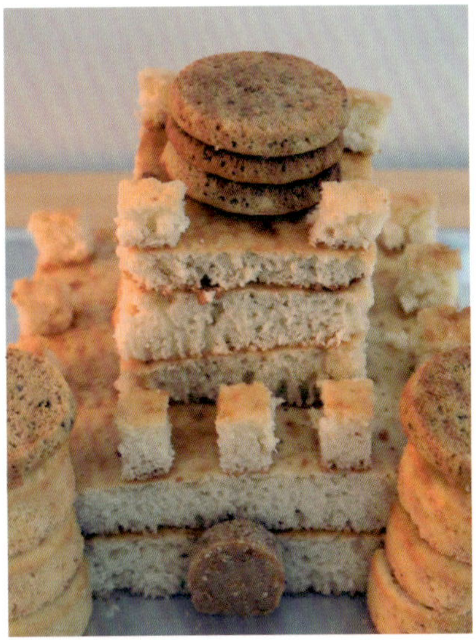
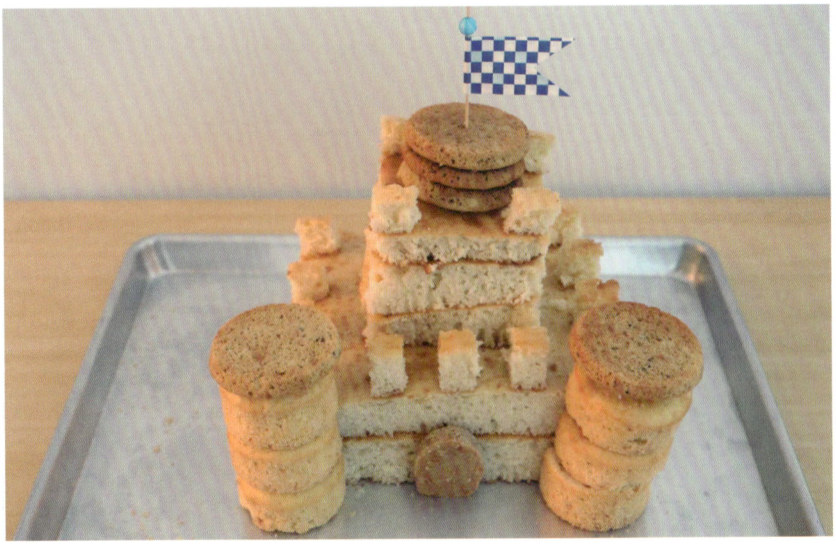
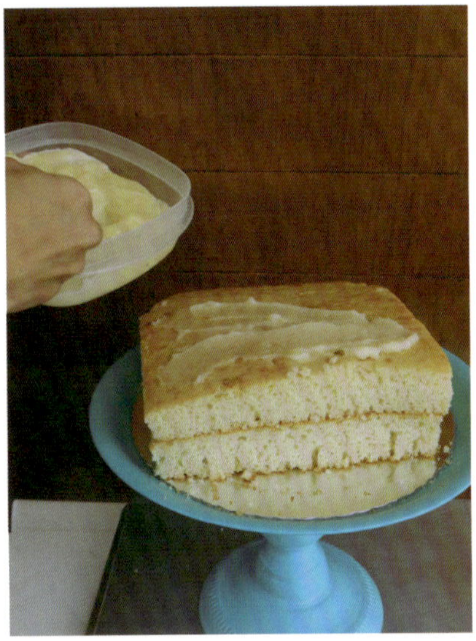
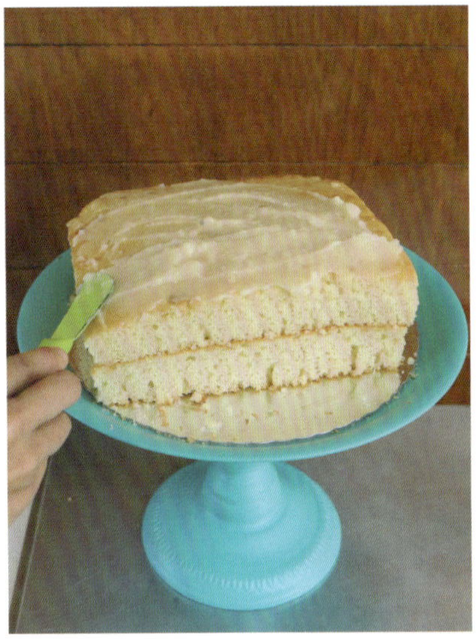
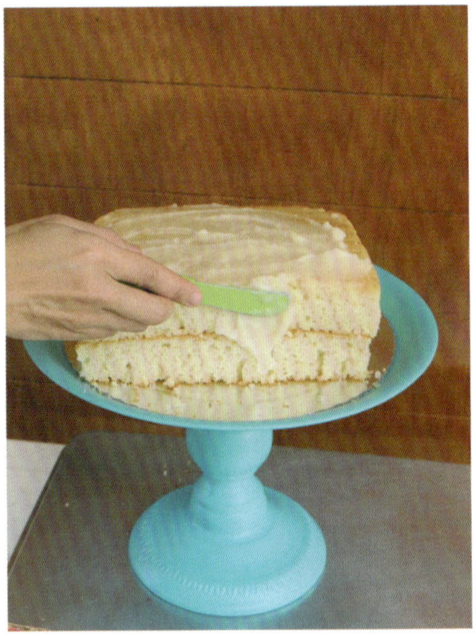
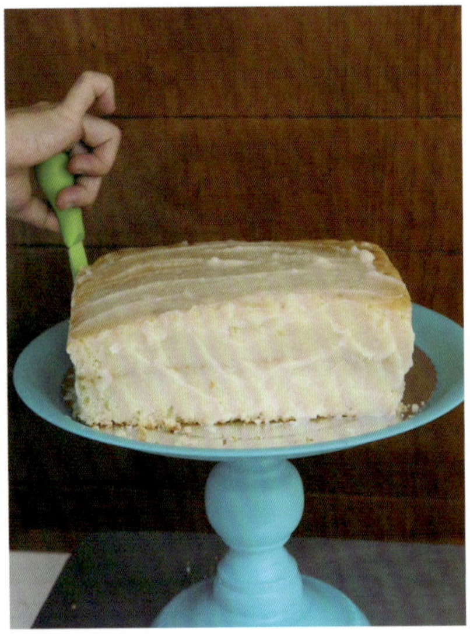
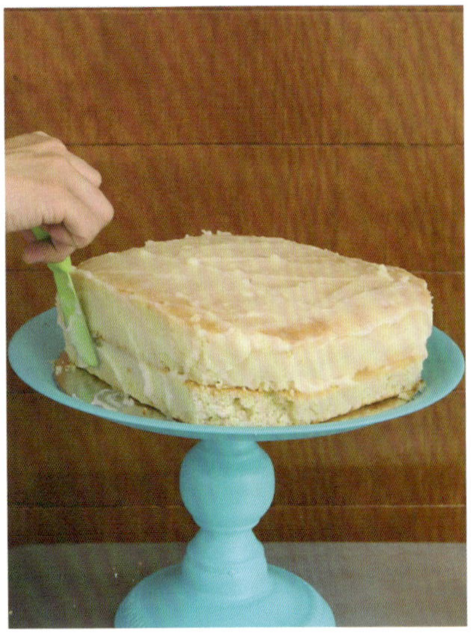
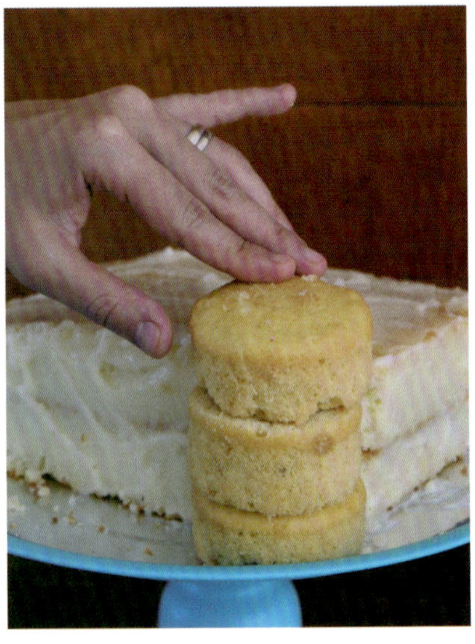

327

328

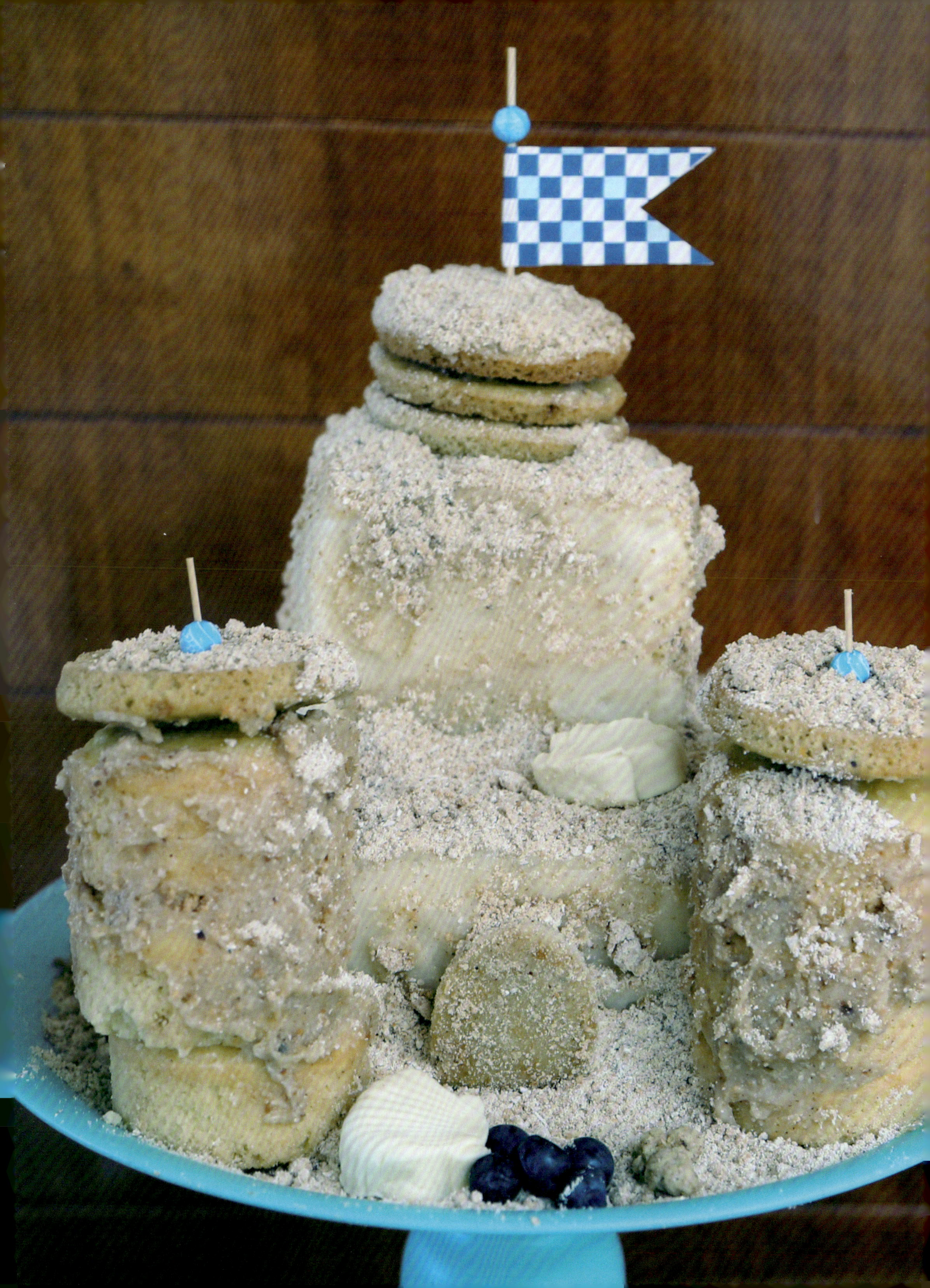

Letters to Santa

Natal

Natal é tempo de festa, união e gratidão. Receber as visitas, os amigos e comemorar essa data com uma bela mesa torna o momento especial e inesquecível.

Letters to Santa

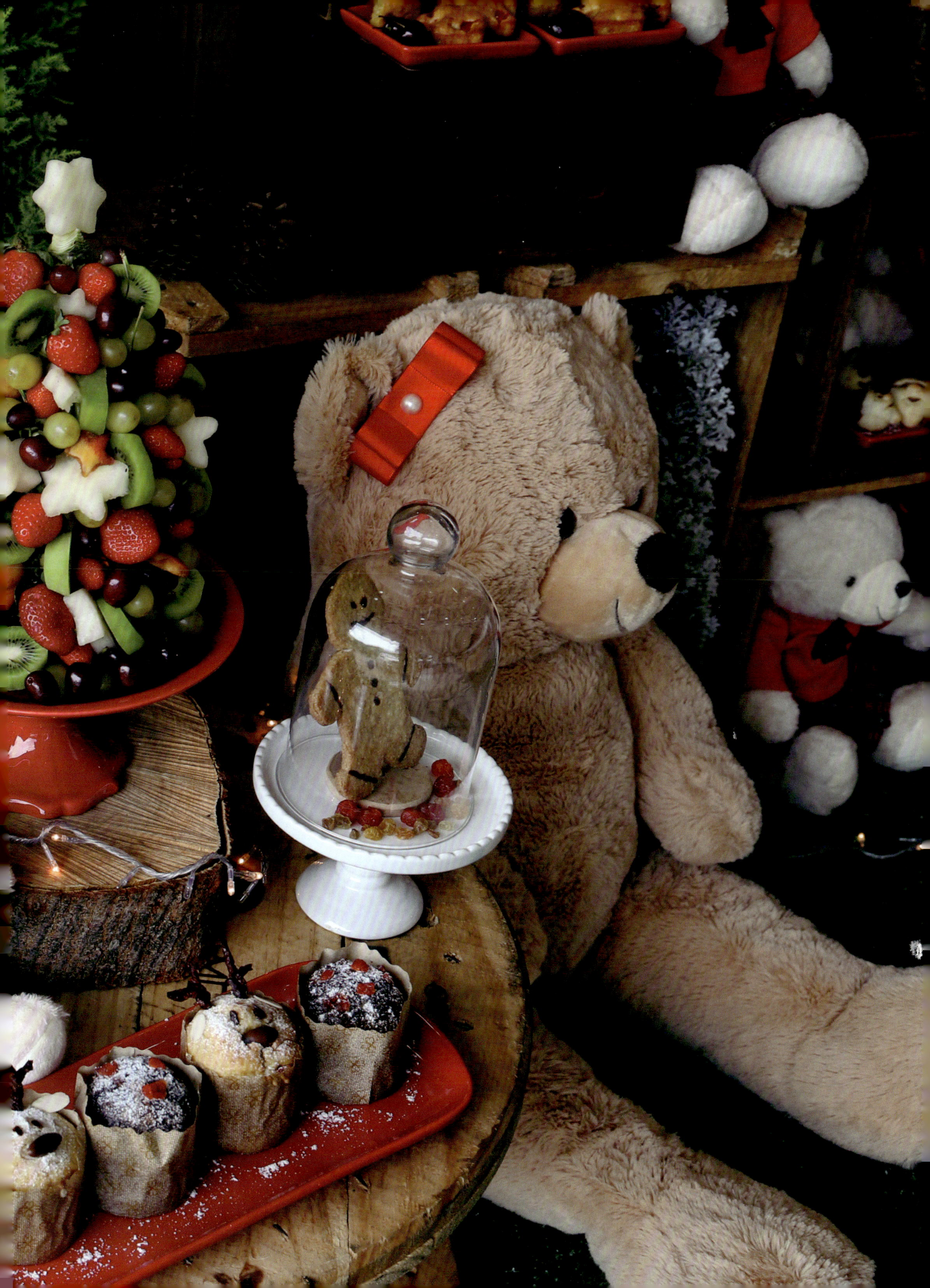

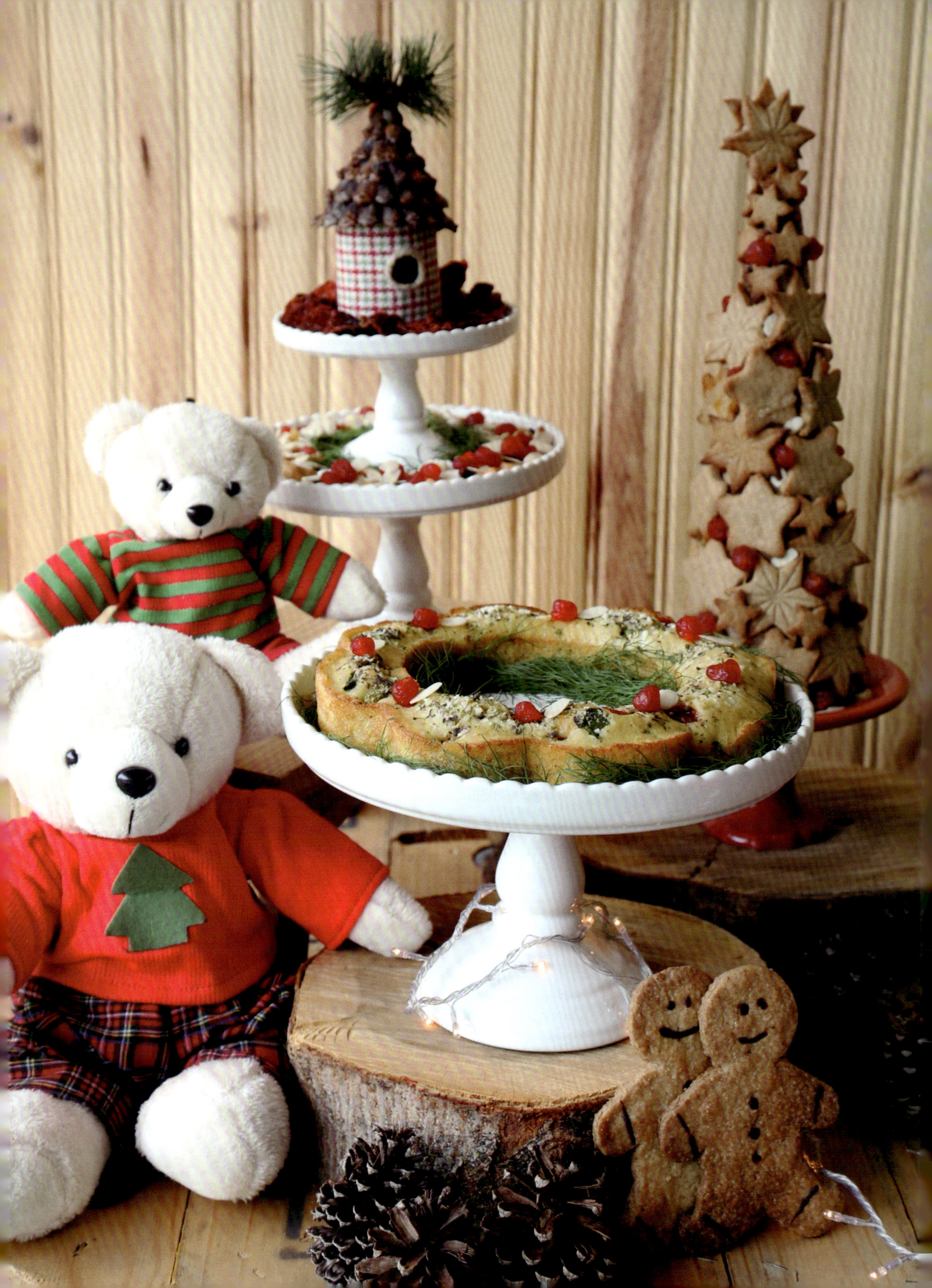

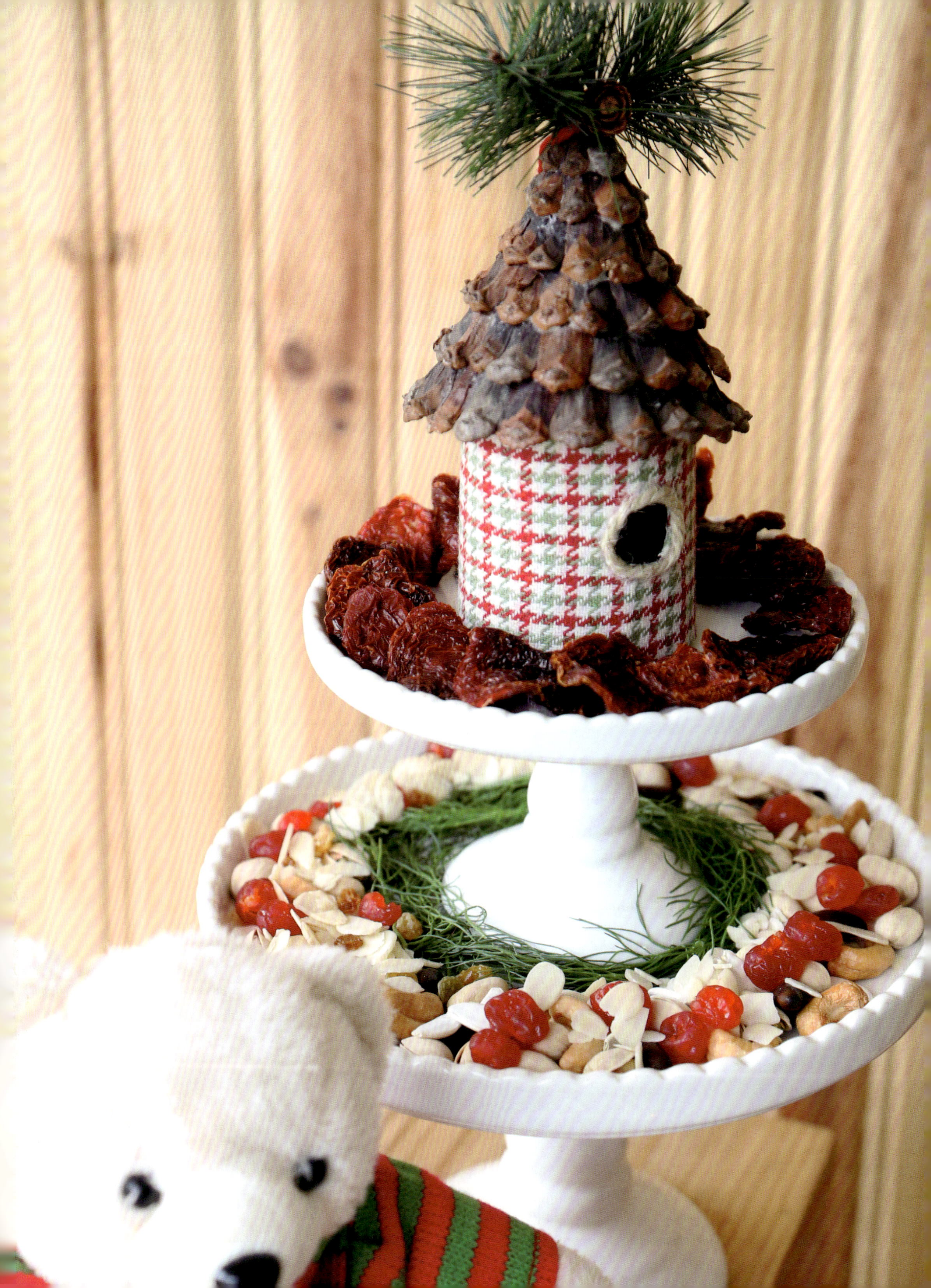

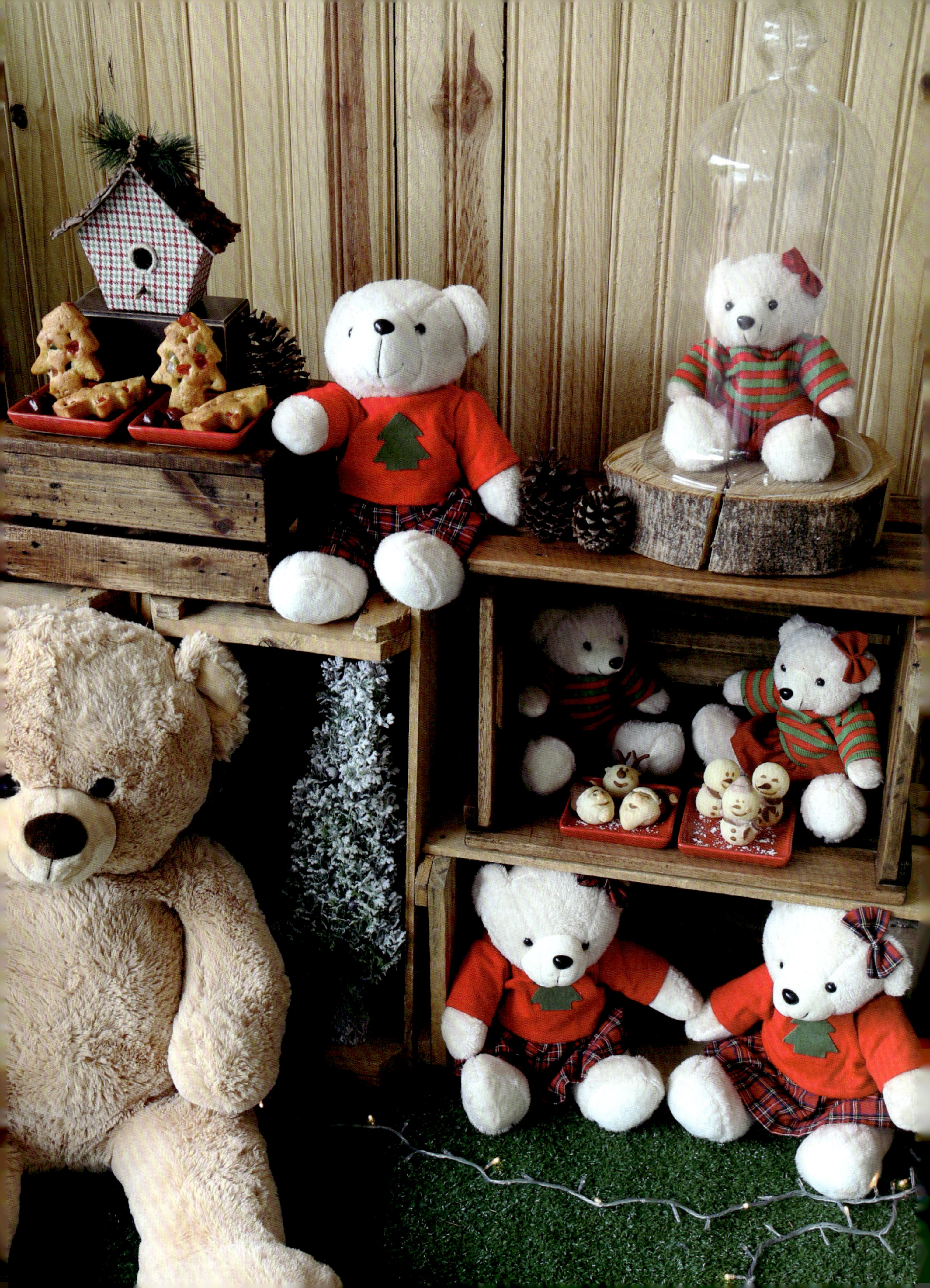

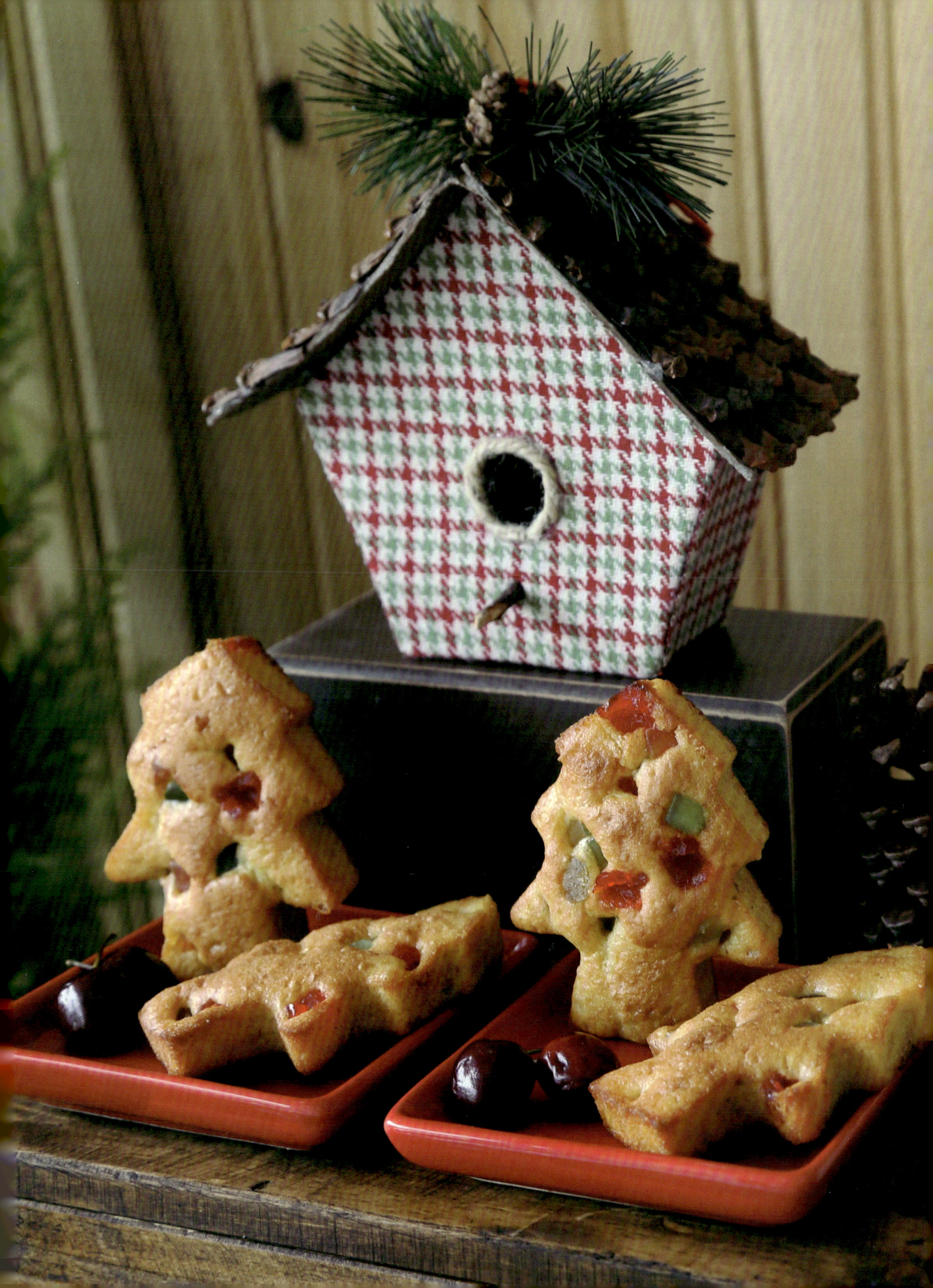

Torta salgada de guirlanda

Material

Uma assadeira de bolo grande, com um furo no meio
Ou
1 assadeira redonda (30cm diâmetro)
1 assadeira redonda (20cm diâmetro ou menor)

Para a massa tradicional

Ingredientes

360g de farinha de trigo
15g de fermento em pó
480ml de leite
100g ovos
24g de manteiga
5g de sal

Modo de fazer

Misture todos os ingredientes e adicione na massa da torta salgada o recheio desejado

Passo a passo

Preaqueça o forno a 180°C, por 10 minutos. Unte a assadeira redonda grande (a que tem um furo no meio) e em seguida adicione o recheio desejado. Asse por 35-40 minutos. Retire e decore com folhas de louro ou erva-doce ou funcho ou alecrim, alguns tomates cereja por cima, e está pronto!

Ingredientes para a massa sem glúten e sem lactose

70g de farinha de arroz
240g de fubá sem glúten
60g de amido de milho
100g ovos
120ml de óleo
240ml de leite de arroz ou de

coco ou de soja
5g de café de sal
15g de fermento em pó

Modo de fazer

Adicione os ovos, o leite, o óleo ou a manteiga e o sal em uma batedeira ou liquidificador. Em um *bowl*, adicione as farinhas e reserve o fermento. Despeje nas farinhas a mistura que foi batida na batedeira e, em seguida, adicione o fermento. Misture delicadamente até que vire uma massa homogênea.

Para fazer com as duas assadeiras

Pegue a assadeira menor e coloque centralizada no interior da assadeira maior. Se quiser, pode pegar um papel manteiga e envolver o interior das assadeiras, para a massa não vazar. Em seguida, adicione a massa e disponha os recheios em toda a sua superfície. Para finalizar, pode salpicar ervas como alecrim, manjericão, tomilho ou orégano. Caso queira, pode adicionar queijo ralado. Asse por 35-40 minutos. Retire e decore com folhas de louro ou erva-doce ou funcho ou alecrim, alguns tomates cereja por cima, e está pronto!

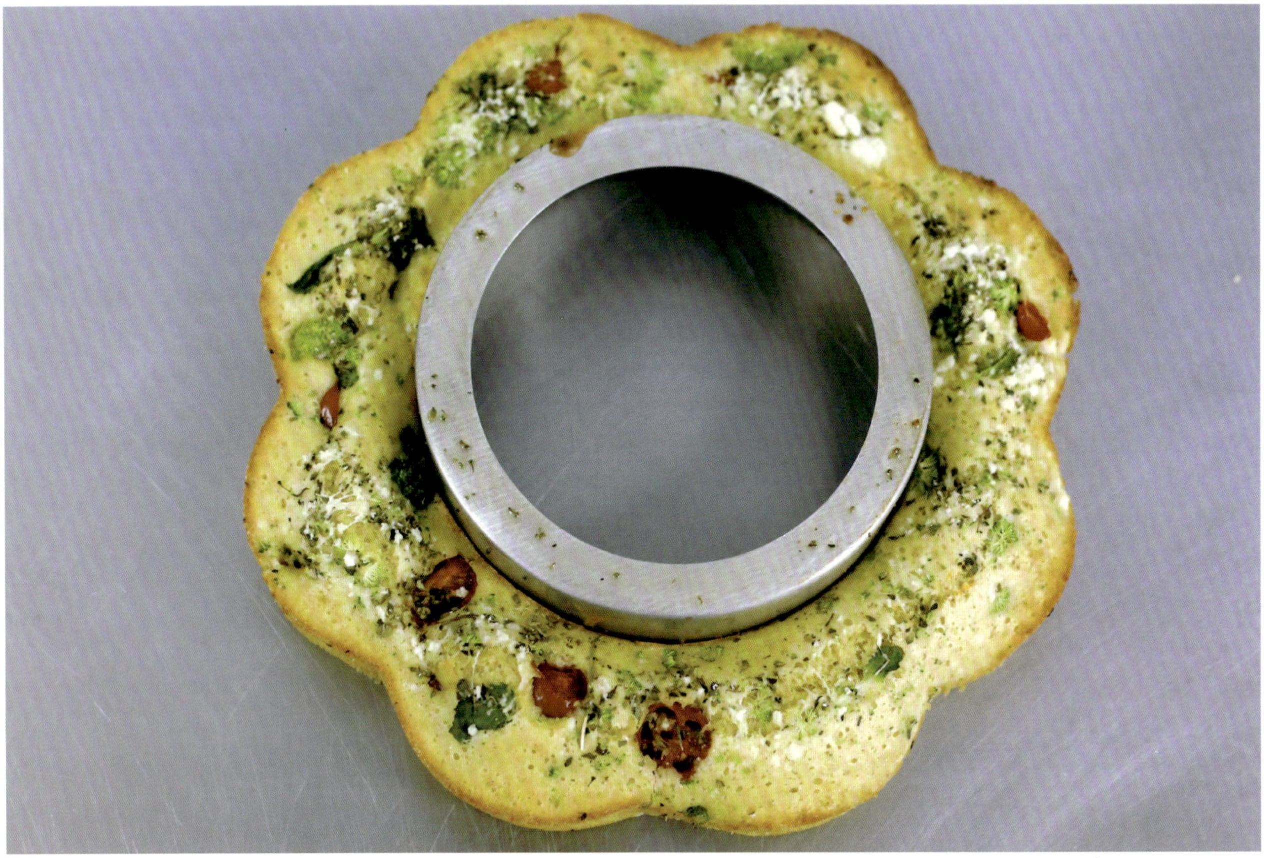

Massa de biscoito *gingerbread* para a árvore de biscoitos e para o *gingerbread man*

Ingredientes

150g de açúcar demerara
150g de açúcar mascavo
400g de manteiga ghee
15g de bicarbonato de sódio
150g de ovos
800g de farinha de trigo ou mix de farinha sem glúten
18g de noz moscada
15g de gengibre em pó
20g de canela em pó
10g de cravo em pó
90ml de mel

Modo de fazer

Em uma batedeira, coloque o açúcar demerara e a manteiga, até formar um creme homogêneo e esbranquiçado. Em seguida, acrescente o açúcar mascavo e os ovos e bata novamente. Enquanto a massa estiver batendo, adicione o mel. Desligue a batedeira e acrescente o gengibre, o cravo, a canela e a noz moscada. Utilizando o batedor em gancho, vá adicionando a farinha aos poucos, e em seguida adicione o bicarbonato de sódio, misturando até ficar uma massa homogênea. O ponto da massa é mole, sem grudar nas mãos. Divida a massa em quatro partes e as envolva em filme plástico. Deixe descansar na geladeira por 2 horas. Depois disso, abra a massa com meio centímetro de altura, mais ou menos, e use cortadores de estrela de vários tamanhos. Unte uma forma e coloque os biscoitos. Leve ao forno, a 180°C, por 15 minutos ou até que as bordas comecem a dourar levemente.

Dica

Para que a massa não grude no rolo e você não precise usar mais farinha, abra um saco plástico grande, transparente, ou use o filme plástico entre a massa e o rolo, e embaixo da massa, entre esta e a mesa.

Para o caramelo (sem glúten e sem lácteos)

Ingredientes

200g de açúcar
15ml de água

Opcional:
Granulados coloridos, brilhantes, pérolas comestíveis, frutas desidratadas

Modo de fazer

Coloque em uma panela pequena o açúcar e a água, leve ao fogo médio até que vire caramelo. Desligue e use o caramelo para grudar os biscoitos no suporte.

343

Ginger Bread Man

344

Árvore de biscoitos

Material

1 cone de isopor ou 1 cone de papel pardo (20 á 30 cm) para que a árvore fique bonita e firme.
Saco de confeitar com bico perlê 5,6,7 ou 8
Assadeira grande
Cortadores de biscoito em formatos de estrela com tamanhos variados

Para o caramelo(sem glúten/ sem lácteos)

200g de açúcar
15ml de água

Opcional:
Granulados coloridos, brilhantes, pérolas comestíveis, frutas desidratadas.

Modo de fazer

Coloque em uma panela pequena o açúcar e a água, leve ao fogo médio até que vire caramelo. Desligue e use o caramelo para grudar os biscoitos no suporte.

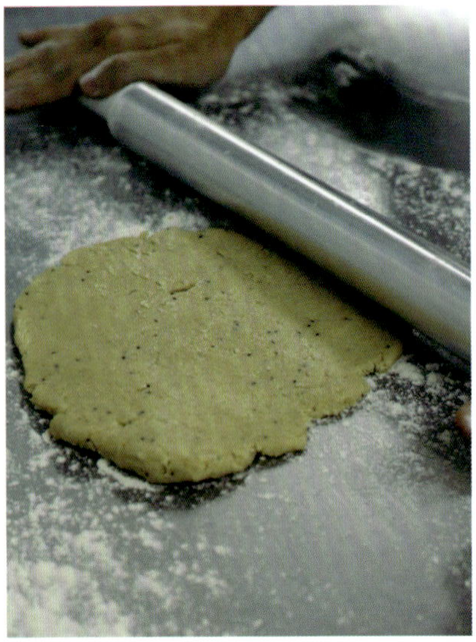
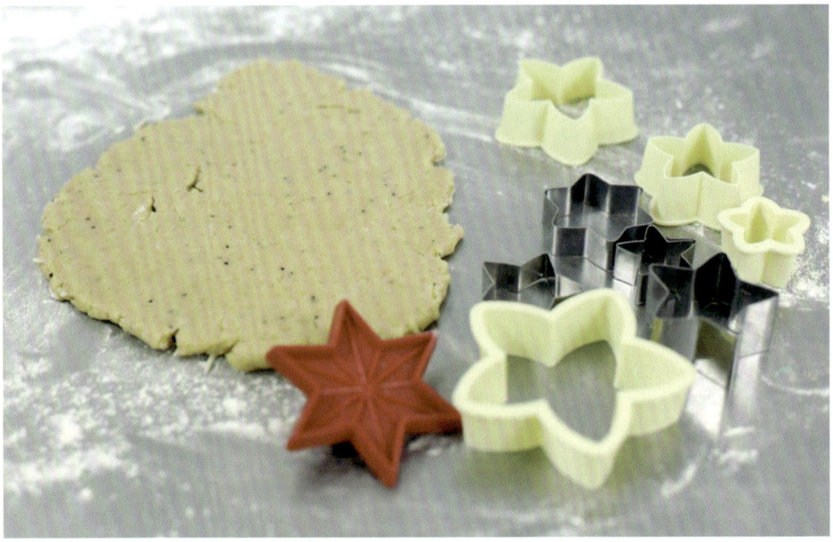
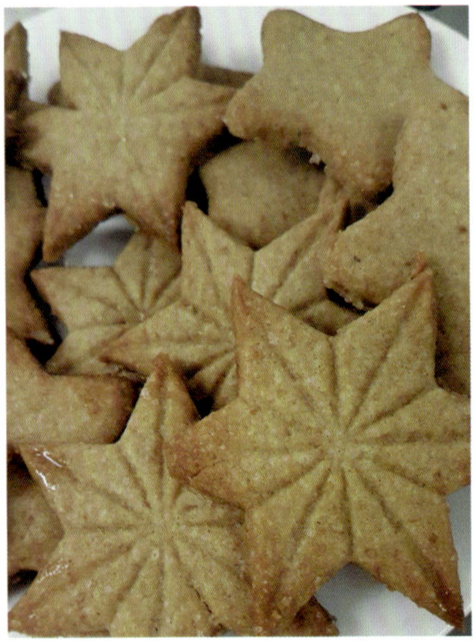
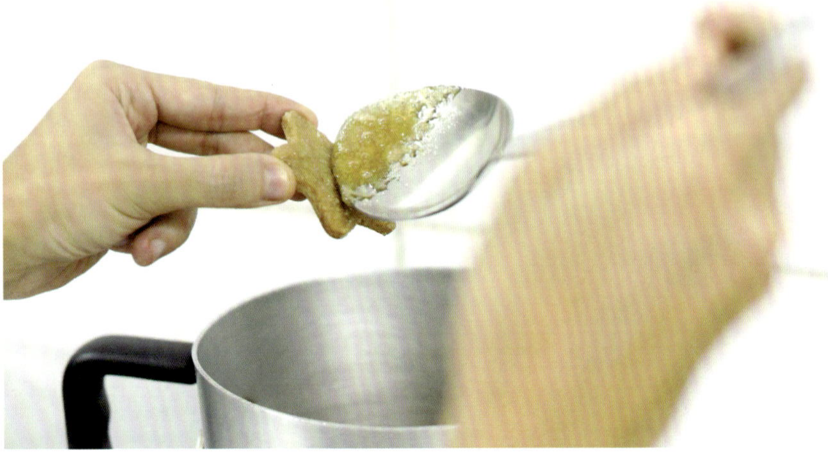
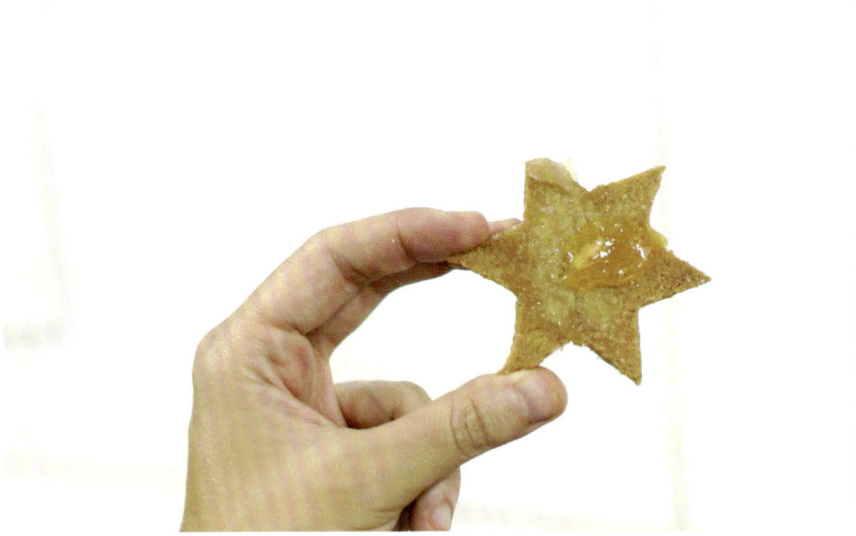
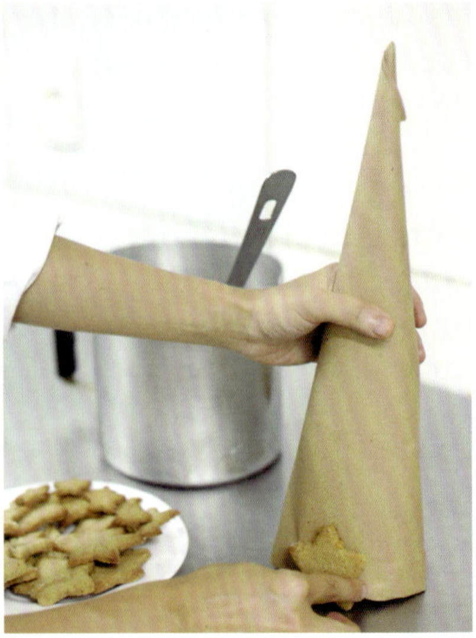

347

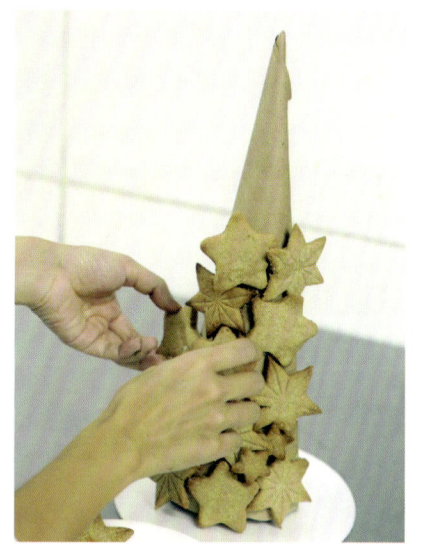

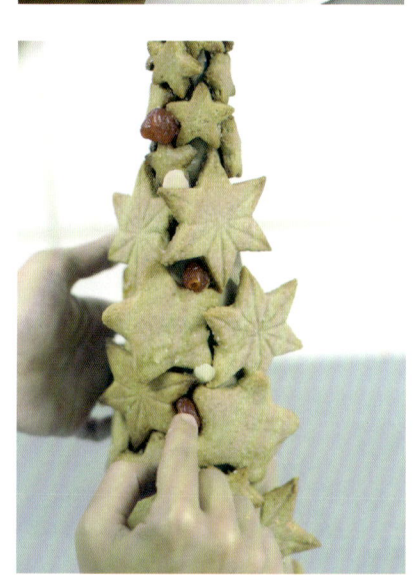

Panetone/chocotone sem glúten e sem lácteos

Ingredientes

250g de *mix* de farinha sem glúten (p.35)
5g de sal
100g de açúcar demerara
15g de CMC
20g de fermento biológico seco
255ml de água morna
50g de ovo
25ml de óleo vegetal

Opcional:
100g de gotas de chocolate ou
10ml de essência de panetone
100g de frutas cristalizadas

Modo de fazer

Em uma vasilha, adicione todos os ingredientes secos, misturando-os. Adicione a água morna e bata, em velocidade baixa, apenas para misturar os ingredientes. Adicione o ovo, o óleo e a essência. Em seguida, aumente a velocidade da batedeira por 3 minutos. Despeje a massa em formas pequenas de panetone. Deixe descansar por 40 minutos, ou seja, lembre-se de não encher as formas de panetone com a massa, pois ela ainda irá crescer. Deixe pelo menos 2 dedos sem a massa. Preaqueça o forno, a 200°C, por 10 minutos. Asse os panetones/chocotones por 30 minutos ou até que a sua superfície fique bem dourada. Retire do forno e pincele mel com canela, sem quiser, ou *icing sugar*.

Para fazer a rena

Nariz – 1 cereja cristalizada ou 1 semente de baru
Olhos – 2 uvas passas ou 2 gotas de chocolate

Chifres – 2 ameixas secas, cortadas como se fossem galhos de árvore

Opcional:
O uso de formas de silicone em temas natalinos também são ótimas opções para os panetones e chocotones.
(Foto bolo de arvore)

349

350

Panetone/Chocotone tradicional

Ingredientes

14g de fermento biológico fresco
45ml de água morna
240g de farinha de trigo (240g)
40g de açúcar demerara
1 ovo (50g) e 2 gemas (40g)
55g de manteiga amolecida
15ml de essência de panetone
60ml de leite morno
1 xícara de frutas ou gotas de chocolate
5g de sal

Modo de Fazer

Em um *bowl*, misture 3 colheres de sopa de farinha de trigo, o fermento biológico e a água morna. Misture tudo, tampe o *bowl* com filme plástico e deixe descansar por 20 minutos. Em outro *bowl*, junte o restante da farinha de trigo, o açúcar, ovo e as gemas, a manteiga, a essência e o leite morno. Misture bem. Adicione agora o fermento do outro *bowl* e o sal. A massa precisa ficar lisa e elástica. Divida a massa nas forminhas de panetone e em seguida adicione as frutas cristalizadas ou o chocolate em gotas. Deixe os panetones descansarem, por 40 minutos, em algum local quente e abafado, para que cresçam. Preaqueça o forno, por 10 minutos, a 180°C. Leve para assar por 30 minutos ou até dourar. Assim que começar a dourar a superfície, abaixe o fogo para 150°C, para terminar de assar a parte interna do panetone.

Dicas e observações:

Esse panetone pode ser congelado por até 3 meses, se embalado corretamente.
O leite e a água devem estar mornos, e não quentes. Caso contrário, podem matar o fermento.
O fermento biológico seco foi testado, mas não obteve o mesmo êxito que o fermento biológico fresco.

Pão de Queijo Natalino

Ingredientes

1kg de polvilho doce
200ml de óleo
600ml de leite
200ml de água
15g de sal
300g de ovo
200g de queijo minas meia cura
150g de queijo minas curado
18g de cacau em pó

Modo de Fazer

Coloque para ferver o óleo com o leite e a água. Em uma bacia, adicione o polvilho doce. Assim que os líquidos estiverem fervendo, adicione-os ao polvilho e, com a ajuda de uma colher, misture bem. Deixe descansar até que a massa fique morna ou fria. Adicione, em seguida, os ovos e o queijo. Trabalhe a massa até que ela fique lisa e homogênea.
Pegue ¼ da massa, coloque em outra vasilha e adicione 1 colher de sopa de cacau em pó ou chocolate do frade. Misture bem, para corar a massa do pão de queijo, para fazer os detalhes dos pães de queijo natalinos. Caso queira fazer um pão de queijo rosado, utilize o suco da beterraba no lugar da água para escaldar o polvilho; ou avermelhado, cúrcuma, coloral ou urucum, no mesmo procedimento do cacau em pó.

354

355

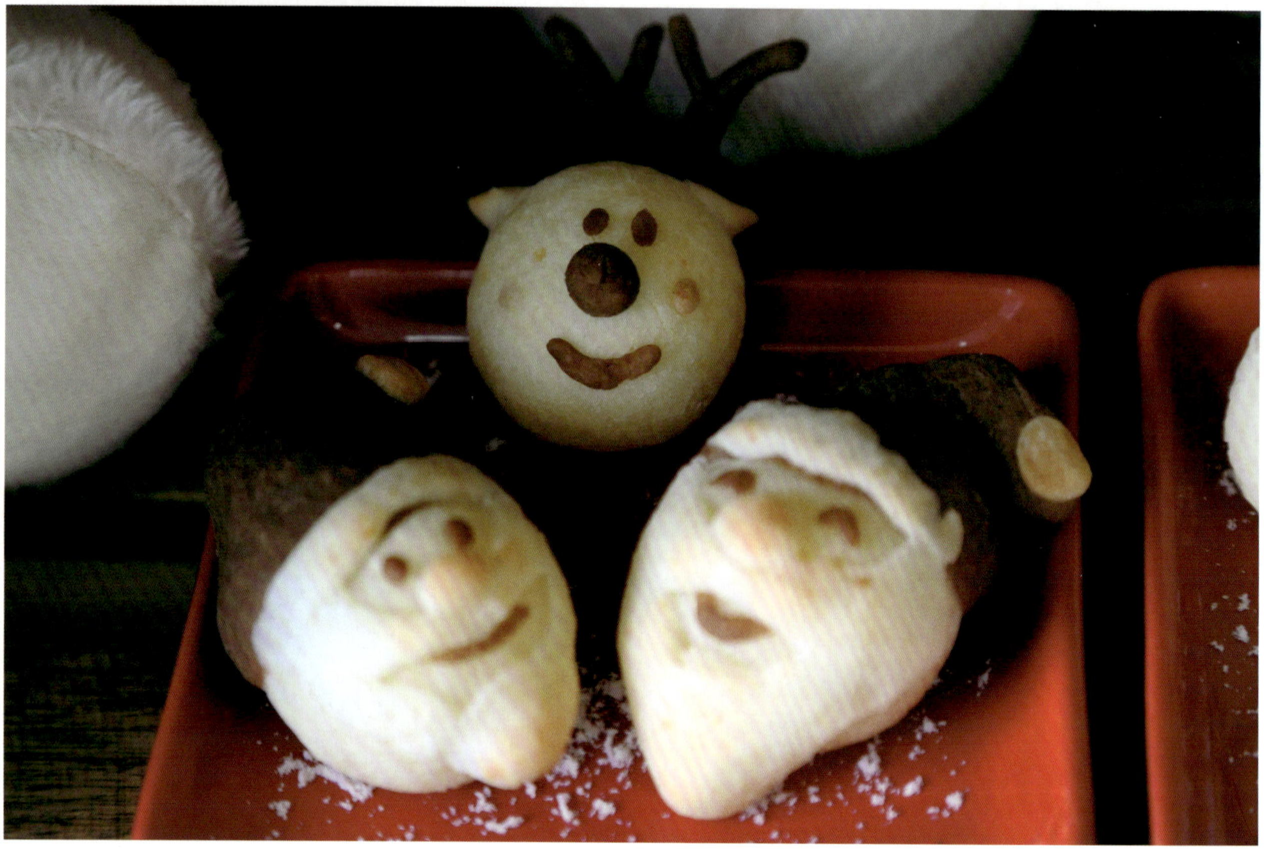

Árvore de natal de frutas

Material

1 cone de isopor de 20-30cm de altura ou um abacaxi cortado no formato de um cone
Palitos
Cortadores de biscoitos em formatos de estrelas e corações, em vários tamanhos.

Ingredientes

500g de uva
1 bandeja de morangos
1 melão
1 melancia
2 kiwis
Algumas frutas podem ser substituídas ou adicionadas, como: cerejas, amoras, framboesas, carambolas. Evite frutas como a banana, a pera e a maçã, pois escurecem com o tempo, e o mamão e a manga, porque amolecem facilmente.

Modo de Fazer

Descasque o abacaxi de forma que ele fique com a base reta e formato semelhante a um cone ou uma pirâmide. Em seguida, posicione os palitos da base para o ápice, na forma de uma crescente espiral. Corte as frutas como o melão e a melancia com os cortadores desejados, em diversos formatos (estrelas grandes e pequenas, corações grandes e pequenos etc.). Primeiro coloque as uvas em alguns palitos e vá distribuindo os morangos também. Em seguida, preencha os espaços com estrelas e corações, e o kiwi. Caso tenha amoras e framboesas, pode preencher alguns espaços com elas no final.

359

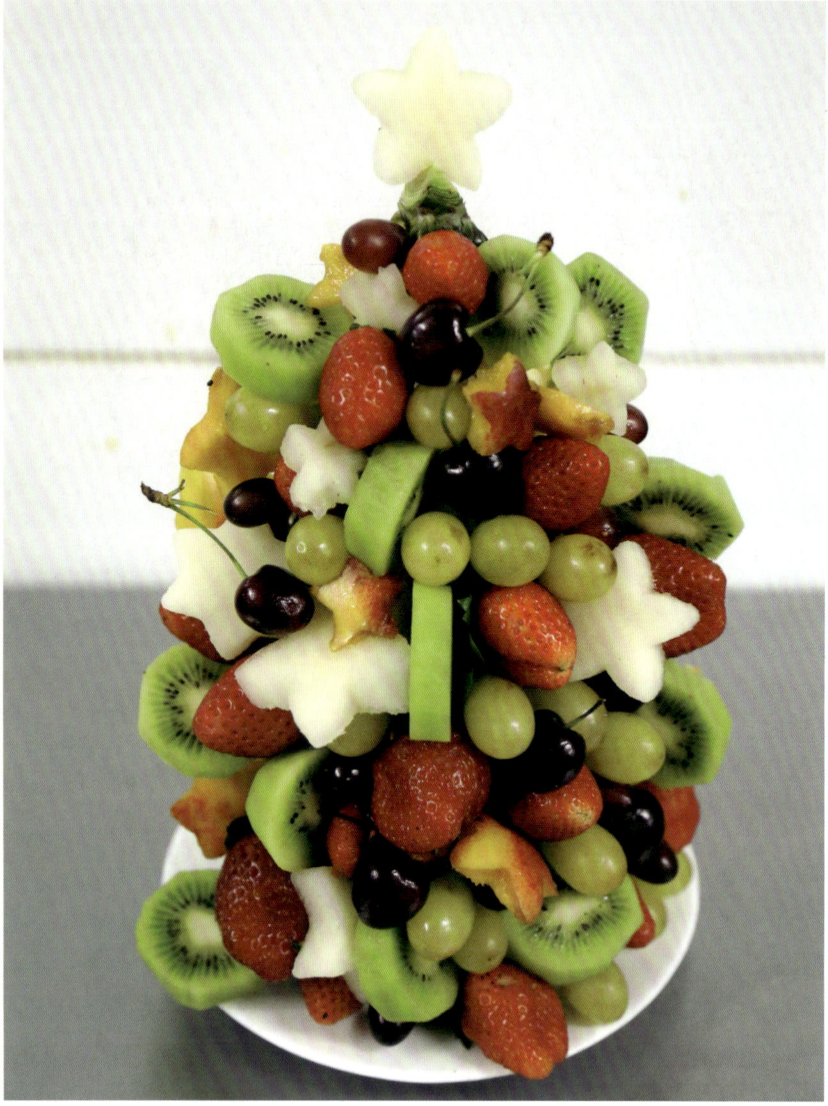

Extra - Pãozinho com patê - Árvore de Natal

Receita do pão (Flat Bread)

Ingredientes

120g de farinha branca
15ml de azeite
10g de sal
Água morna até dar o ponto
(em média 100ml)

Modo de Fazer

Misture os ingredientes e vá adicionando a água morna até dar o ponto da massa desgrudar das mãos. Sove a massa por mais ou menos 3 minutos. Em seguida abra a massa o mais fino que puder. Usando um cortador de estrelas, corte a massa e leve ao forno médio ou em uma frigideira antiaderente. No forno o pão fica pronto em 20 minutos.

Para montar a árvore de Natal

Escolha um patê, de preferência um com aspecto claro ou cor branca. Fatie um pepino com o fatiador fino de legumes. Com um palito vá espetando a fatia de pepino em zig zag e depois espete o palito no pão com patê e está pronto! Para melhorar o visual da sua árvore de Natal, você pode espetar na ponta do palito uma pimenta rosa.

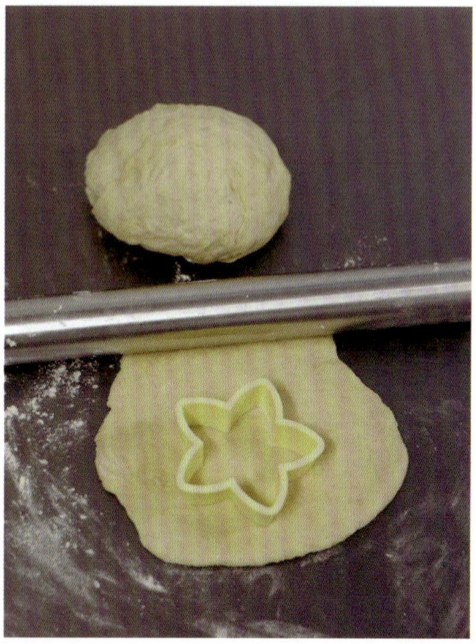
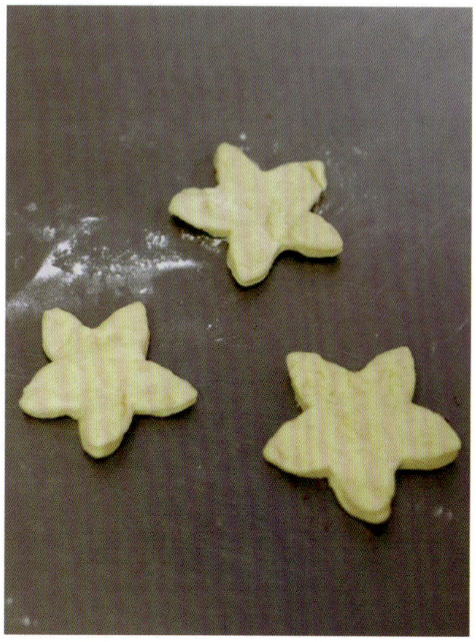
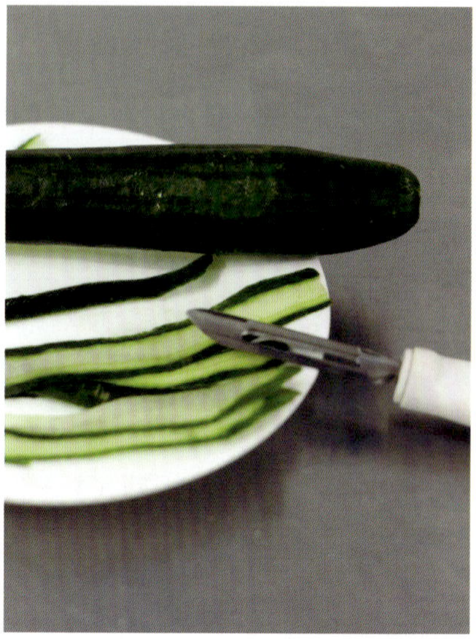
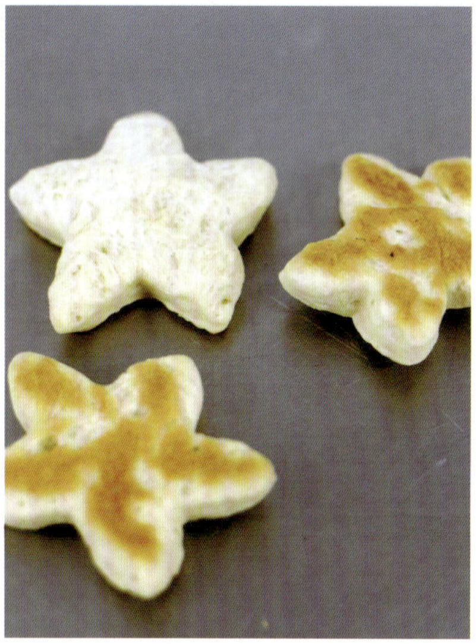
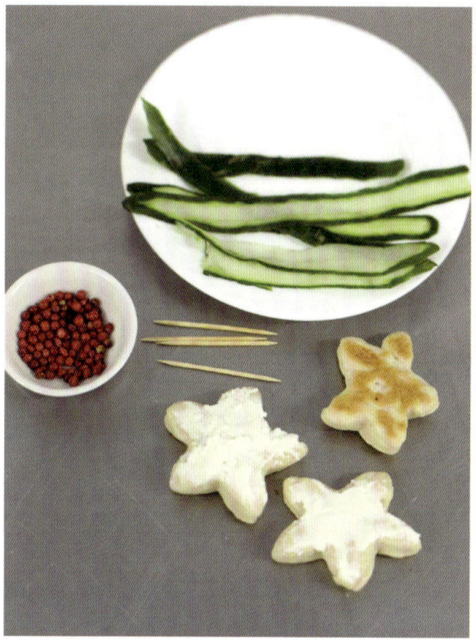
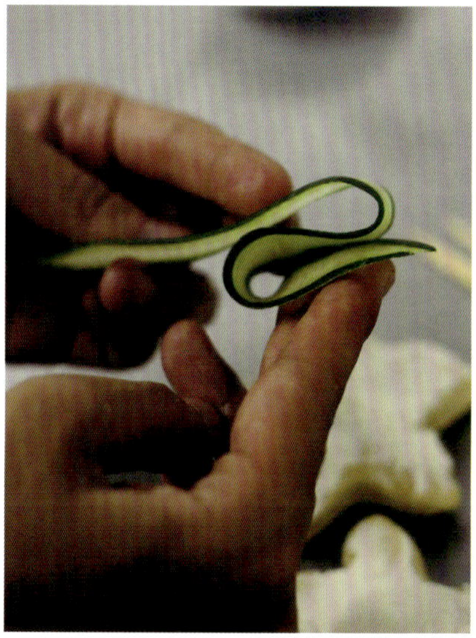
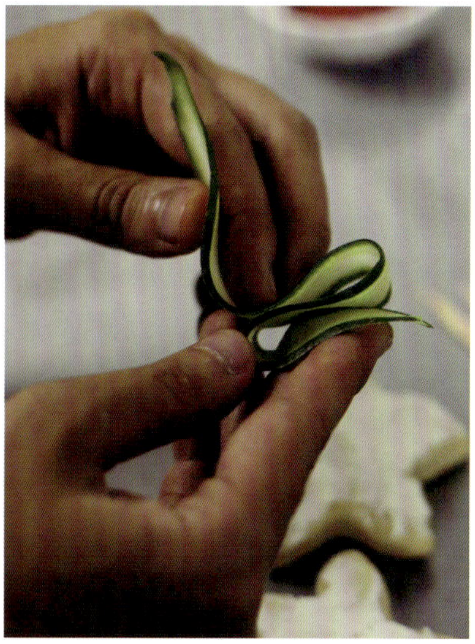
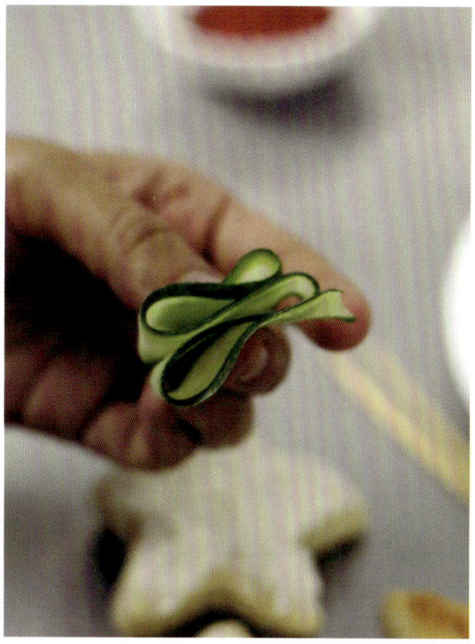
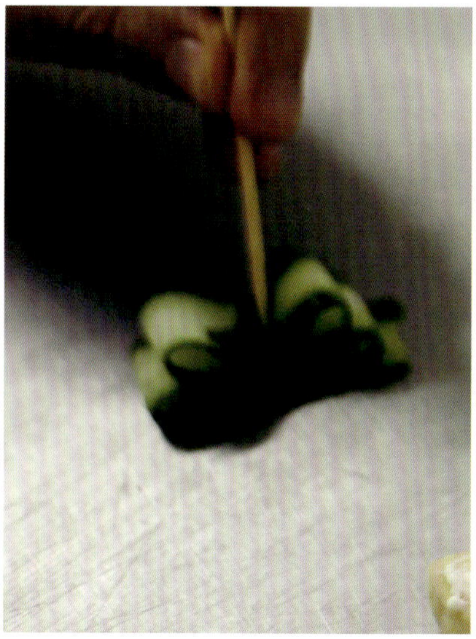

363

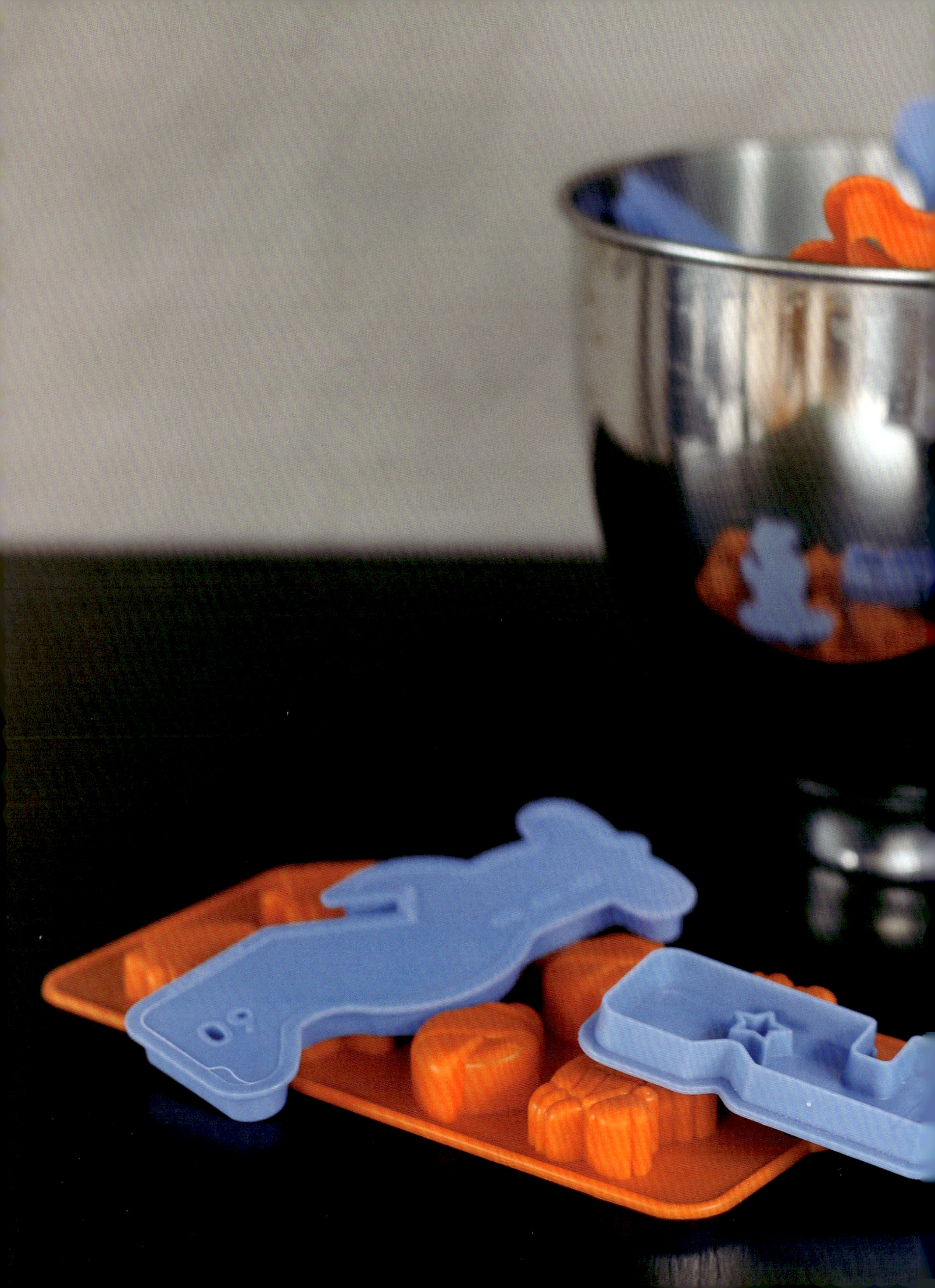

ANEXO

Molde arara

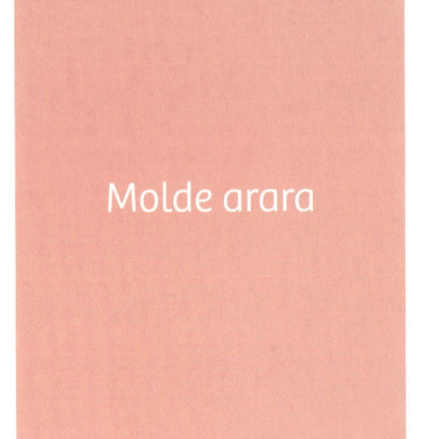

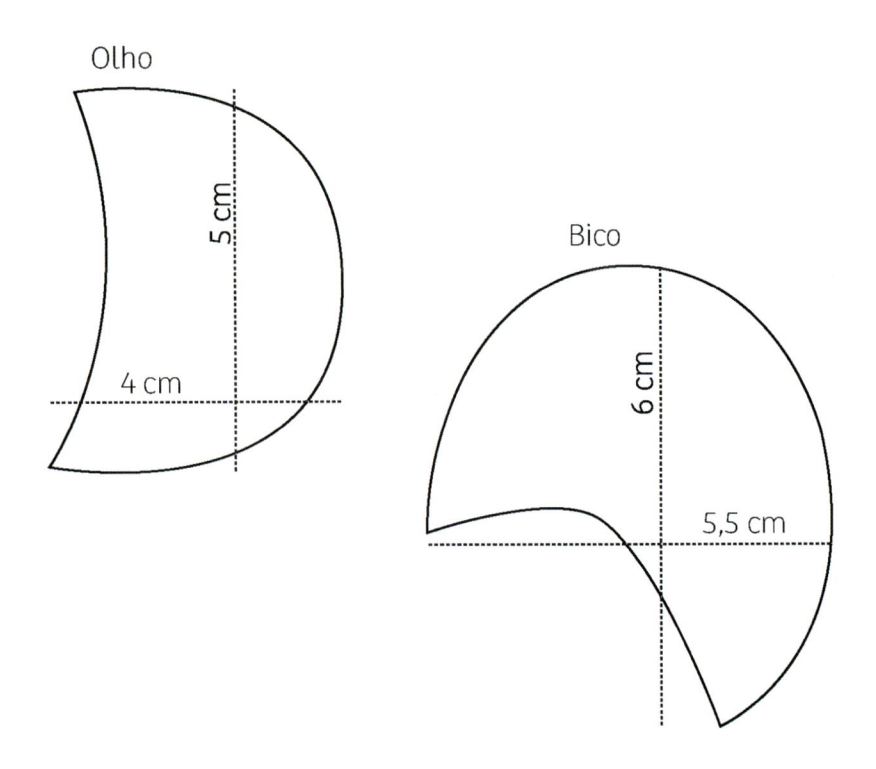

Olho

5 cm

4 cm

Bico

6 cm

5,5 cm

366

Molde pipa

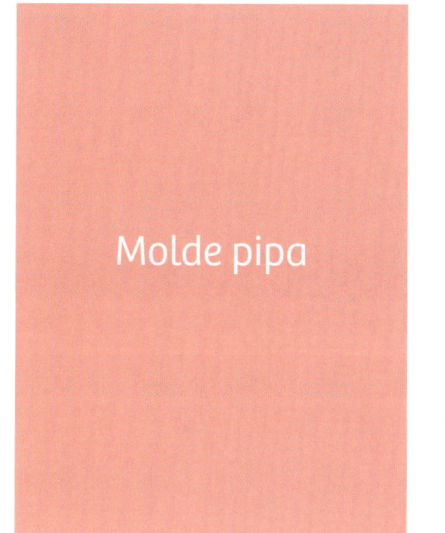

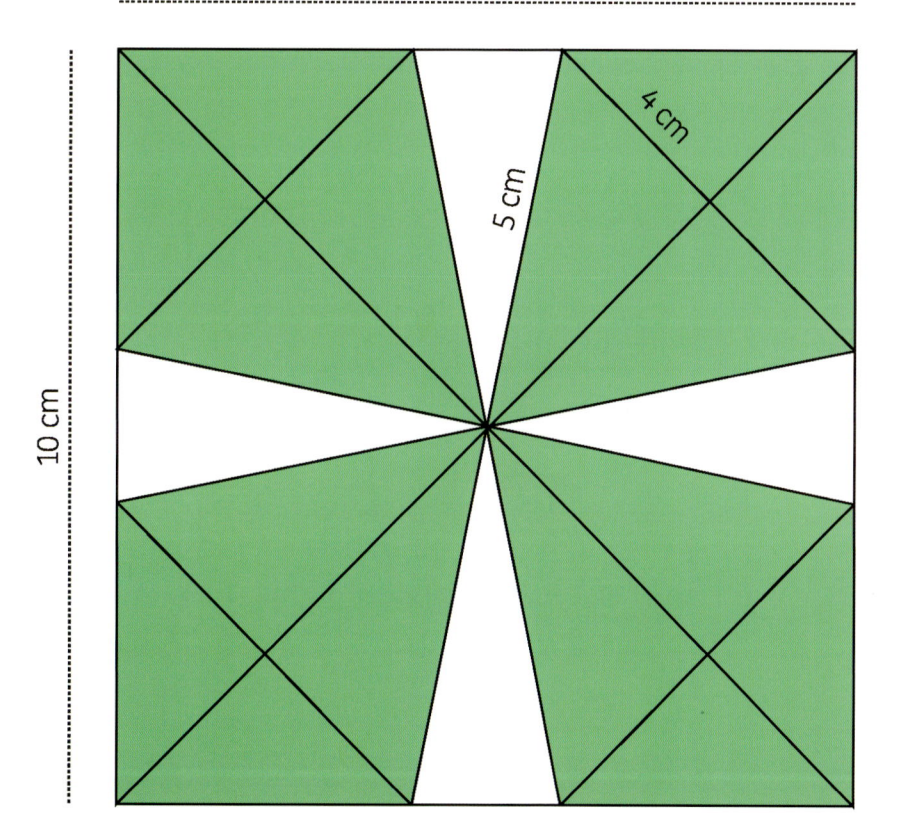

10 cm

4 cm

5 cm

10 cm

Molde urso

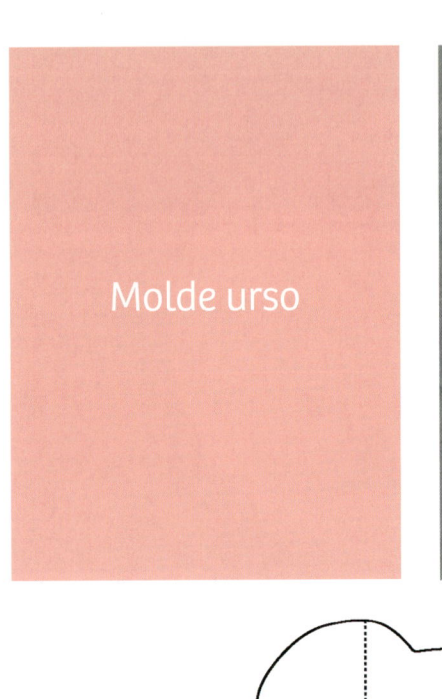

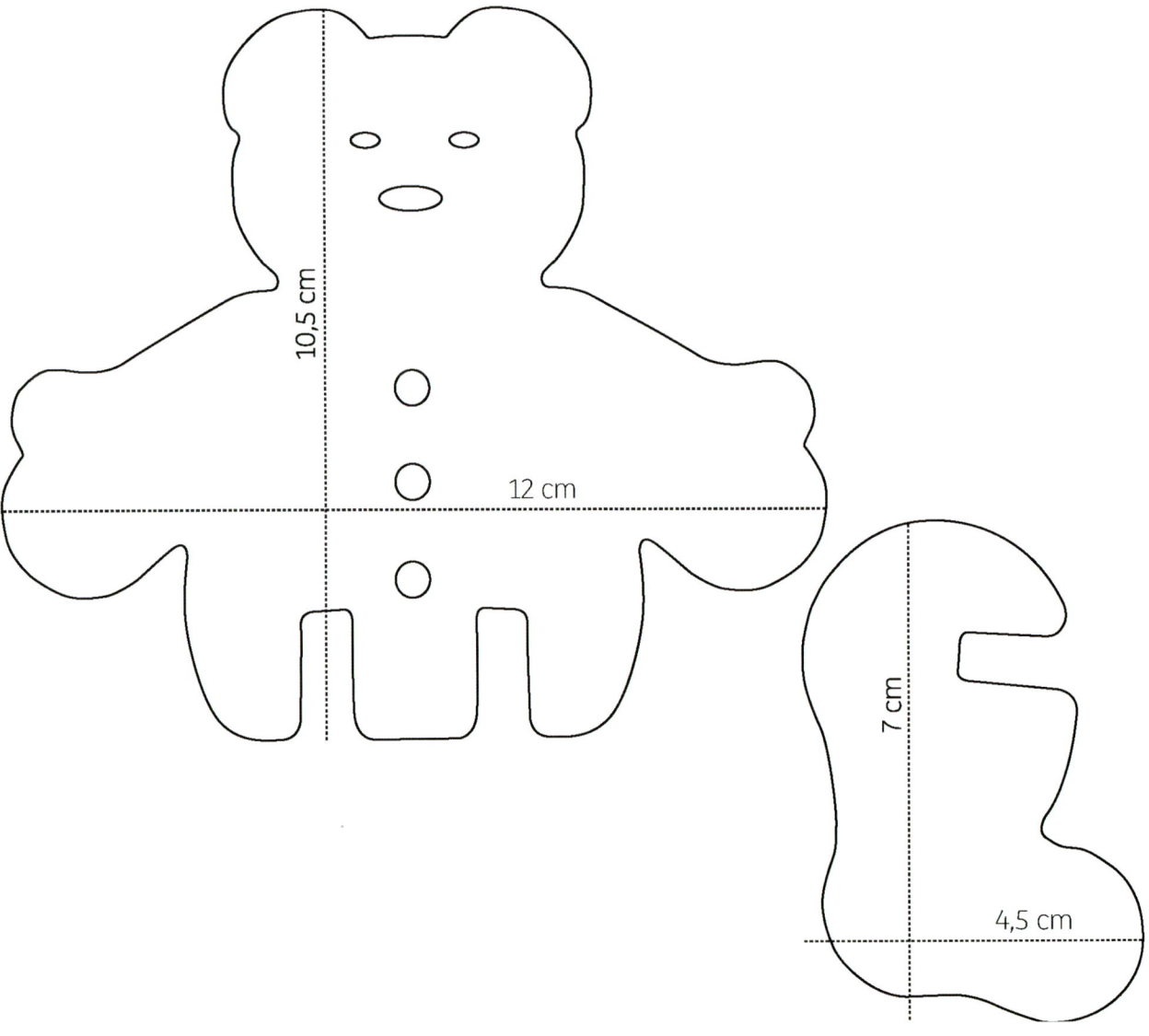

10,5 cm

12 cm

7 cm

4,5 cm

368

Molde avião

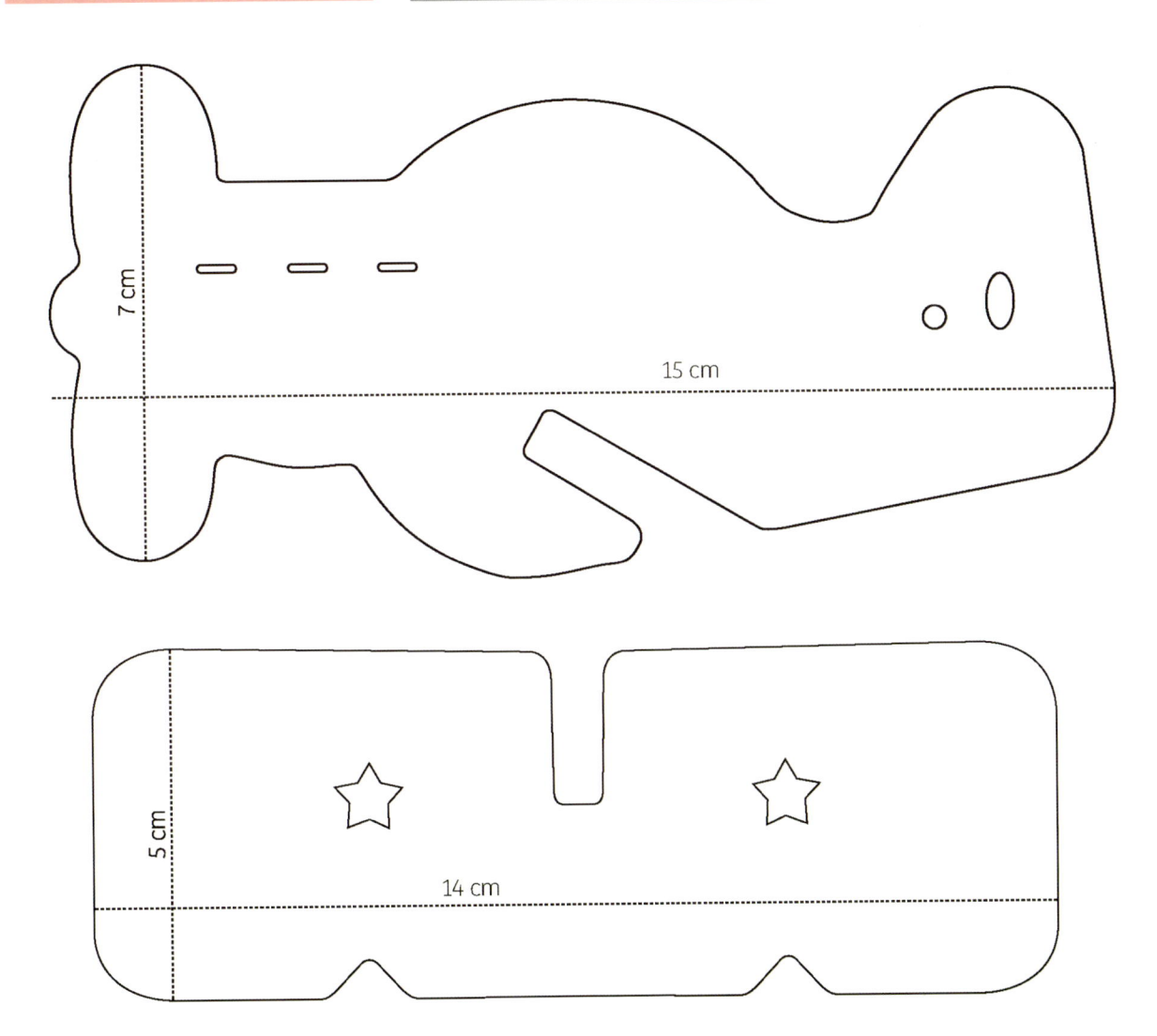

7 cm

15 cm

5 cm

14 cm

369

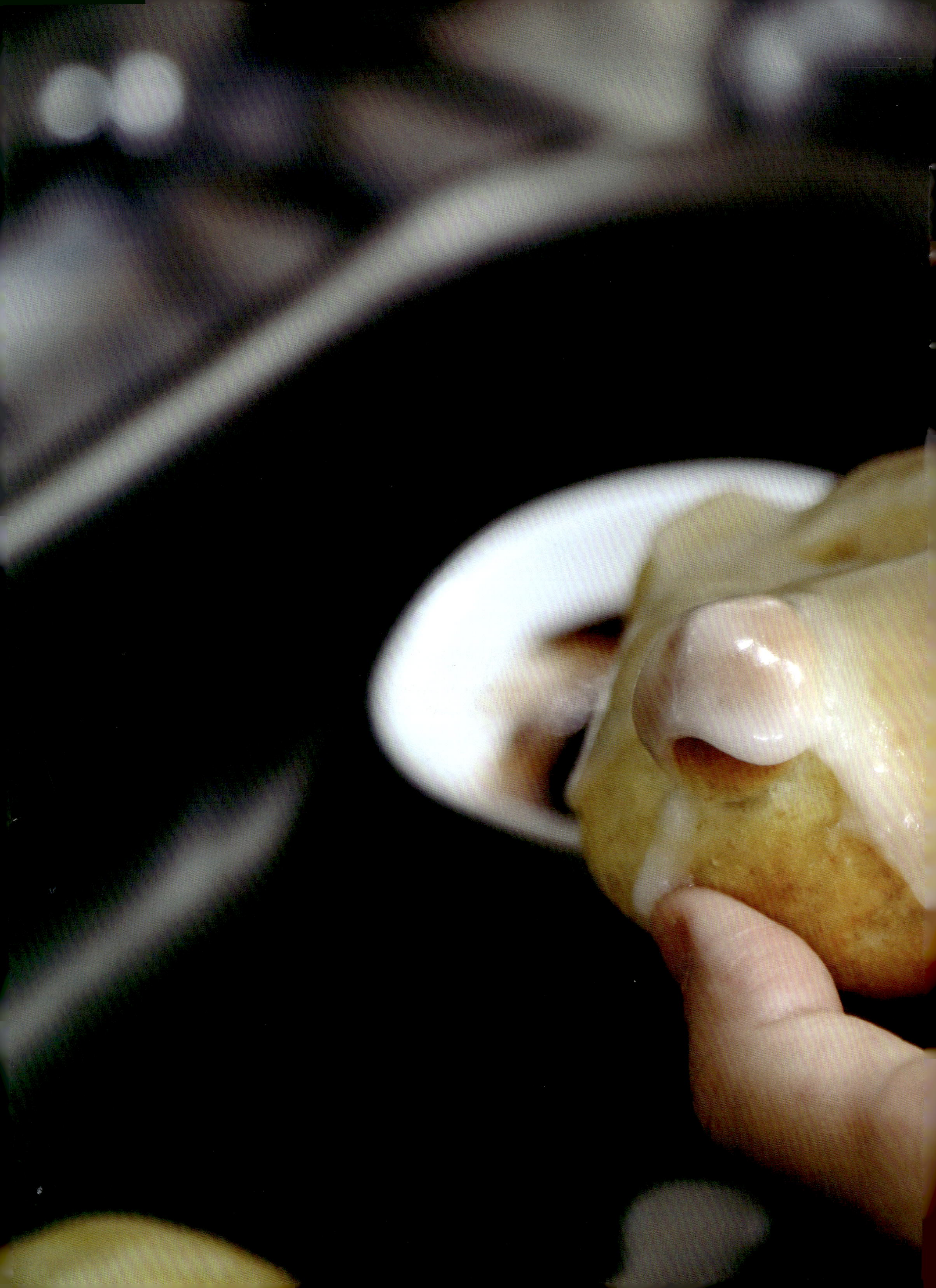

Colaboradores

Capítulo Cabanas

Decoração e Cabanas:
Daniella Musy – Kids Kabana
– Festa do Pijama (Foto
Daniella Musy)
Instagram: @kidskabana
www.kidskabana.com.br

Capítulo Bosque

Decoração: Fernanda Araújo
– Craft Room (Foto Fernanda
Araújo)
Instagram: @craftroombyfe
www.craftroom.com.br/

Papelaria: Tom&Sophie
Instagram: @tomesophie
www.tomesophiefestas.com.br

Peças: Mimo Chic
Instagram:
@mimochicfestaselocacoes
mimochic.com.br

Foto: porco-espinho – receita
do livro – Alegria na cozinha
– Lanches divertidos

Capítulo Brinquedos Antigos

Decoração: Fernanda
Araújo – Craft Room (Foto
Fernanda)
Instagram: @craftroombyfe
www.craftroom.com.br/
Papelaria: Tom&Sophie
Instagram: @tomesophie
www.tomesophiefestas.com.br
Peças: Mimo Chic
Instagram:
@mimochicfestaselocacoes
mimochic.com.br

Capítulo Natal

Decoração: Fernanda Araújo
– Craft Room (Foto fernanda)
Instagram: @craftroombyfe
www.craftroom.com.br/

Papelaria: Tom&Sophie
Instagram: @tomesophie
www.tomesophiefestas.com.br

Peças: Mimo Chic
Instagram:
@mimochicfestaselocacoes
mimochic.com.br

Capítulo Piquenique

Decoração: Verônica Machado e Yslan A. Da Silva (foto Verônica e Yslan)
Empresa: Espaço Dunamis Decoração
Instagram: @espacodunamis
Papelaria: Tom&Sophie
Instagram: @tomesophie
www.tomesophiefestas.com.br

Capítulo Dinossauros

Nome da Decoradora: Verônica Machado e Yslan A. Da Silva (foto Verônica e Yslan)

Empresa: Espaço Dunamis Decoração
Instagram: @espacodunamis

Papelaria: Tom&Sophie
Instagram: @tomesophie
www.tomesophiefestas.com.br

Capítulo Araras

Decoração: Tempo de Festejar & Conká - Locação de peças para sua festa (foto Marcela e Karina)
Instagram: @tempodefestejar @conkaloja
Mobiliário: Cubo de Roda
Instagram: @cuboderoda

Papelaria: Feito a Mão Paper Design
Instagram: @feitoamaopaperdesign

Peças: Conká - Locação de peças para sua festa
conka.com.br

Plantas: Transplantas
Instagram: @transplantasgarden

String Art: Porta a dentro Design
Instagram: @portaadentrodesign

Estúdio fotográfico: Magneto Fotografia
Instagram: @magnetofotografia
Ilustração lousa: Xi Risquei
Instagram:@ xi_risquei

Capítulo Verão

Decoração: Sonho de Decoração por Maria Sales (Foto de Maria Sales)
Instagram:
@sonhodedecoracao
@maryasales

Site:
www.sonhodedecoracao.com
E-mail: contato@sonhodedecoracao.com

Colaboradores:
Ana & Mel Balões (@anaemelbaloes)
Arquifesteira (@arquifesteira)
Cataventu (@cataventu)
Conká (@conkaloja)

Peças: Conká - Locação de peças para sua festa
Descartáveis premium: Cataventu
Coqueiro painel: Arquifesteira
Balões: Ana & Mel Balões

Bolo de frutas

Decoração em Feltro – Vânia Estrela – Papá de Pano (foto Vânia Estrela)
Instagram - @papadepano

Fotografia

Andreia Fernandes Fotografia
Site www.andreiafernandesfotografia
Insta @andreiafernandesfotografia
https://www.facebook.com/AndreiaFernandesFotografia/

Graduada em Biologia e pós-graduada em Psicopedagogia pela Universidade Católica de Brasília, Evelyne Ofugi, neta de japoneses, é apaixonada por culinária infantil, com foco na alimentação saudável e divertida. Além de ministrar cursos e workshops sobre o assunto para crianças e adultos , é empresária na área de alimentação e proprietária da Bênto Kids. Possui ainda várias qualificações na área, como: Bases Nutricionais Infanto Juvenil; Menu para crianças; Aproveitamento de Alimentos; Educação infantil - Características e singularidades e Nutrição Funcional, além do curso de Child Nutrition and Cooking pela Universidade de Stanford. É autora do livro Alegria na Cozinha: Lanches divertidos da Editora Senac-DF.

Para conhecer mais sobre o trabalho da autora acesse:
www.facebook.com/bentokidsbrasilia
bentokids@gmail.com
Instagram: bento_kids_evelyne

Tipografia	Sassoon Prymary
	Bree
Papel	Couché fosco ld
Impressão	Teixeira Gráfica e Editora